설득의 심리학 5

설득의 심리학

압도적 성과를 내는 일잘러의 7가지 설득법

INFLUENCE AT WORK 5

스티브 마틴 지음 | 장진영 옮김 | 황성현 감수

21세기북스

로버트 치알디니와 린지 마틴에게

이 책을 바친다.

이 책에 바치는 찬사

"탁월하다. 내가 본 설득에 관한 최고의 설명서다.
흥미롭고, 근거가 충실하며 윤리적이다.
정말로 훌륭한 책이다!"

— 로버트 치알디니 (《설득의 심리학》 저자)

"스티브 마틴은 특유의 엄밀함과 명료함으로
설득에 관한 실용적인 방법을 제시한다.
이 책은 리더, 관리자 그리고 직장에서 더 큰 영향력을 발휘하고 싶은
모든 사람이 반드시 읽어야 할 필독서다."

— 다니엘 핑크 (《파는 것이 인간이다》, 《Drive 드라이브》 저자)

"재치와 유머가 담긴 이 책은 쉽고 실용적이다.
직장뿐 아니라 개인의 삶에서도 더 큰 영향력을 발휘할 수 있는
방법을 알려준다."

— 스테판 마이어 (컬럼비아 경영대학원 교수, 《The Employee Advantage》 저자)

"스티브 마틴은 가장 어려운 기술 중 하나인 설득을
일곱 가지 원칙으로 설명한다.
누구나 직장에서 더 큰 영향력을 발휘할 수 있도록
정밀하고 실천 가능한 단계를 제시하는 매우 실용적인 안내서다."

— 버네사 본스 (코넬대학교 조직행동학 교수, 《당신의 영향력은 생각보다 강하다》 저자)

"탁월할 정도로 실용적이며 탄탄한 근거를 기반으로 한 이 책은
직장 안팎에서 더 큰 영향력을 발휘하도록 돕는 훌륭한 길잡이다."

— 케이티 밀크먼 (와튼스쿨 교수, 《슈퍼 해빗》 저자)

"현대인이 직장 생활을 헤쳐 나갈 때
꼭 필요한 지도를 제공하는 책이다.
명료하고 근거가 충실한 이 책은
모든 리더에게 필수적인 교재다."

— 알렉스 아이켄 (영국 정부 커뮤니케이션 총괄 국장)

"누구에게나 필요한 설득의 기술을
흥미롭고 신뢰할 수 있으며 실용적으로 안내하는 책.
우리 모두를 위한 책이다."

— 존 바라소 (미국 상원의원)

"읽을 때마다 호기심을 자극한다.
스티브 마틴은 원칙에 기반한 명확한 사고를 통해
영향력을 발휘하는 방법을 탁월하게 설명한다.
모든 리더가 반드시 읽어야 할 뛰어난 책이다."

— 존 미치 미첼 (잉글랜드 럭비 대표팀 감독)

"일터에서 작동하는 보이지 않는 규칙들을
유쾌하고 기발하게 풀어낸 책."

— 카밀라 캐번디시 (《파이낸셜 타임스》 칼럼니스트)

"설득이라는 오래되었지만 본질적인 기술을 위한 현대적 선언문.
진실성을 잃지 않으면서도 즉각적으로 활용할 수 있는 도구를 제공한다."

— 제임스 팀슨 (《선데이 타임스》 칼럼니스트)

감수자의 말

영향력을 발휘하고 싶은 모든 사람을 위한 종합 안내서

오늘날의 직장은 과거와는 전혀 다른 방식으로 작동하고 있습니다. 위계적 지시와 권위에 기반한 전통적 조직 운영 방식은 빠르게 힘을 잃고 있으며, 구성원들이 수평적으로 의견을 교환하고 서로의 아이디어를 존중하는 문화가 확산되고 있습니다. 원격 근무와 글로벌 협업이 보편화되면서 직장 내 의사소통 방식 또한 과거보다 훨씬 더 다층적이고 복잡해졌습니다. 이런 환경에서 단순히 '명령'을 내리거나 논리적 설명만 해서는 상대방을 움직일 수 없습니다. 결국 핵심은 설득persuasion입니다. 상대의 마음을 열고, 행동을 변화시키며 공통의 목표로 이끌어내는 능력이야말로 현대 직장인과 리더에게 요구되는 결정적 역량입니다.

스티브 마틴의《설득의 심리학 5》는 바로 이 지점을 날카롭게 파고듭니다. 이 책은 단순히 '설득이 중요하다'라는 당위를 이야기하는 데서 멈추지 않습니다. 저자는 수십 년간 축적된 심리학·행동과학 연구 성과를 토대로 설득이 작동하는 구체적 원리와 실제 현장에서 활용 가능한 방법론을 제시합니다. 상호성, 호감, 연대감, 권위, 사회적 증거, 일관성, 희소성이라는 일곱 가지 원칙은 이미 다양한 연구와 실험을 통해 검증된 보편적 원리이며 직장 생활의 거의 모든 장면—회의 발언, 협상, 피드백, 프로젝트 제안—에서 곧바로 활용할 수 있습니다.

특히 주목할 점은 이 책이 '설득에 대한 세 가지 오해'를 먼저 짚어낸다는 것입니다. 첫째, 단순히 많은 정보를 제공하는 것이 상대방을 설득하지는 못한다는 점, 둘째, 생각을 바꾼다고 해서 곧바로 행동이 바뀌는 것은 아니라는 점, 셋째, 사람들은 자신이 왜 설득되는지조차 자각하지 못한다는 점입니다. 이는 실무 경험에서도 자주 확인되는 사실입니다. 구글과 카카오에서 조직 변화를 추진하던 시절, 저는 수많은 데이터와 분석 자료를 제시했음에도 불구하고, 사람들이 쉽게 움직이지 않는 경우를 많이 목격했습니다. 반대로 상대가 신뢰하는 인물의 짧은 조언이나, 함께 공유한 경험에서 비롯된 공감이 더 강력하게 행동 변화를 이끌어내는 사례도 많았습니다. 설득은 '논리적 설명'이 아니라 '심리적 맥락'에서 시작된다는 사실을 이 책은 잘 보여줍니다.

실리콘밸리의 구글, 한국의 카카오 등에서 조직 문화 변화를 직접 경험한 제 입장에서 보더라도 이 책은 시의성이 매우 높습니다. 글로벌 환경에서 팀워크와 혁신을 이끌어내기 위해서는 위계적 지시가 아니라 설득과 협업이 핵심 동력이 됩니다. 예컨대 신제품 아이디어를 채택하게 하거나, 변화에 대한 저항을 줄이는 과정에서도 설득은 가장 중요한 촉매 역할을 합니다. 무엇보다도 설득은 단순히 상대를 이기는 기술이 아니라 상호 신뢰와 존중 속에서 함께 더 나은 선택을 가능하게 하는 과정이라는 점을 이 책은 분명하게 보여줍니다.

《설득의 심리학 5》가 제시하는 일곱 가지 원칙은 그 자체로 실용적이지만, 동시에 조직 차원의 문화 변화를 이끄는 나침반 역할도 할 수 있습니다. 예컨대 '상호성 원칙'은 피드백 문화 개선에 직접적으로 적용할 수 있습니다. 단순히 일방적 지적을 하는 대신, 먼저 도움을 제공하고, 그 관계를 기반으로 상호 피드백을 주고받는 것이 훨씬 효과적입니다. '연대감 원칙'은 협업적 문제 해결 과정에서, '권위 원칙'은 리더가 신뢰를 얻는 방식에서, '사회적 증거 원칙'은 변화 관리 과정에서 유용하게 활용될 수 있습니다. 이렇게 보면 일곱 가지 원칙은 단순히 개인의 설득 기술을 넘어서 조직 문화 전반을 건강하게 만드는 지침으로 작동할 수 있습니다.

나아가 이 책은 윤리적 설득에 대한 중요성도 강조합니다. 직장에서 영향력은 반드시 공정하고 투명하게 사용되어야 합니다. 단기적 성과를 위해 왜곡되거나 강압적인 설득은 결국 조직의 신뢰를 무너뜨립니다. 반대로 존중과 진정성에 기반한 설득은 장기적으로 조직을 더 강하게 만들고, 구성원들의 자발적 몰입을 이끌어냅니다. 글로벌 기업들은 이미 이를 깊이 인식하고 있으며 ESG와 같은 비재무적 성과 지표에서도 설득과 커뮤니케이션 방식이 중요한 평가 요소로 다뤄지고 있습니다.

결국 《설득의 심리학 5》는 단순히 '설득의 노하우'를 배우는 책이 아닙니다. 저는 이 책을 현대 조직에서 영향력을 발휘하고 싶은 모든 사람을 위한 종합 안내서라고 생각합니다. 과학적 근거에 기반한 일곱 가지 원칙은 직장에서 즉시 적용 가능한 실천 도구이자 동시에 우리가 어떤 조직 문화를 만들어가야 하는지에 대한 철학적 성찰을 제공합니다. 이 책을 읽는 독자라면 설득 기술을 익히는 데 그치지 않고, 설득을 통해 더 나은 관계를 만들고, 더 신뢰받는 조직을 구축하며 나아가 더 큰 성과를 만들어낼 수 있을 것입니다.

이 책이 독자들에게 단순한 자기계발서가 아니라 직장 생활의 현실적 과제와 직접 연결되는 멘토로 다가가길 기대합니다. 설득은 이제 '부가적인 능력'이 아니라 '일 잘하는 사람'을 규정하는 핵심 요소입니다. 《설득의 심리학 5》를 통해 많은 직장인이 그 사실을 깊이 깨닫고, 일과 삶 모두에서 긍정적인 변화를 경험하기를 진심으로 바랍니다.

황성현

가천대학교 교수 / 前 카카오 인사 총괄

프롤로그

"도대체 내가 뭘 잘못한 거지?" 샘은 친구들을 올려다보며 말했다. 그녀의 얼굴에는 좌절과 피로가 뒤섞인 표정이 역력했다.

모든 게 순조로웠다. 회사에 다닌 지 3년이 다 되어가지만, 도심의 탄탄한 회사에서 꿈꾸던 직무를 맡게 됐을 때의 기쁨은 조금도 바래지 않았다. 정말 바쁜 나날이었지만 회사 생활은 성공적이었다. 샘은 불안감을 마음 한편으로 애써 밀어내며 주어진 기회를 단 하나도 놓치지 않으려고 최선을 다했다. 그 덕에 회사의 관리자들에게 주목을 받았다. 그들은 그녀의 열정과 업무 태도, 꼼꼼함을 높이 평가했고 기꺼이 지지해 주었다. 샘은 입사 1년 차에 첫 승진을 했고, 입사 2년 차에도 또 한 번 승진했다. 이번에는 관리자로서 더 많은 책임감과 영향력도 보장받았다. 하지만 친구들과 함께 지난날을 되짚으니 오직 더 많은 책임감만이 생겼을 뿐이라는 사실을 깨달았다.

더 많은 책임감이 주어진 건 확실했다. 샘은 그 어느 때보다 바빴다. 하지만 보장받은 대로 더 많은 영향력도 주어졌을까? 그건 아니었다.

이번 주초에 있었던 회의가 그 현실을 여실히 보여줬다. 샘은 분기마다 열리는 자원 회의에 참석했다. 이 회의는 관리자라면 반드시 참석해야 하는 회의였다. 십여 명 남짓한 주니어급 관리자들이 회사 임원들에게 각자 자신이 맡은 부서의 인력과 프로젝트 현황을 보고하고, 향후 3개월 동안 프로젝트를 진행하는 데 필요한 자원을 요청하고 따내야 했다. 그래서 자원 회의는 치열한 공방전으로 흘러가기 일쑤였다. 샘은 자원 회의의 중요성을 누구보다 잘 알고 있었고, 철저히 준비해야 한다는 말을 귀가 따갑도록 들었다.

최근에 열린 자원 회의도 예외는 아니었다. 샘은 스프레드시트를 빈틈없이 준비하고 비상 계획까지 꼼꼼히 마련했다. 그런데도 필요한 자원을 또다시 배정받지 못했다. 자원을 배정받은 사람들의 업무 보고가 샘보다 더 나았던 것도 아니었다. 심지어 샘보다 업무 보고를 훨씬 더 못한 사람들도 업무에 필요한 자원을 확보했다.

"내 말이!" 테이블 맞은편에서 샘의 말을 듣고 있던 제이크가 툴툴댔다. "나도 이 회사에 다닌 지 거의 5년이 됐는데, 달라지는 건 진짜 하나도 없어. 위에서 승인할 때 중점적으로 보는 건 딱 2개라고 늘 얘기하잖아. '사실'하고 '재무제표'라고 말이야. 그래서 나도 사실과 재무를 중심으로 업무 보고를 준비했거든? 근데 내 보고에 귀를 기울인 사람들은 손에 꼽아. 데이터 분석 회사의 임원들은 결정을 내릴 때 당연히 데이터를 본다고 생각하겠지? 절대 아니야. 데이터 같은 건 거들떠보지도 않더라니까. 다들 이런저런 요소가 의사 결정에 영향을 미친다고 말하지만 현실은 완전히 달라."

*

샘과 제이크의 상황은 전혀 특별하지 않다. 우리는 매일 직장에서 다른 사람들에게 영향력을 발휘하고 설득해야 한다. 우리가 설득해야 할 상대는 조직의 먹이 사슬에서 우리보다 더 높은 곳에 있는 상사, 관리자, 고위 의사 결정자일 때도 있고 동료일 때도 있다. 때로는 같은 팀의 팀원으로 우리에게 업무를 보고하는 사람일 때도 있다. 하지만 영향력을 행사해서 설득해야 하는 사람들이 동료가 아니라 고객, 클라이언트, 유권자나 환자일 때도 많다.

상대가 누구든, 우리가 목표를 달성할 수 있을지는 결국 그들에게 영향력을 행사하여 잘 설득하는 능력에 달려 있다. 하지만 영향력을 발휘해서 상대를 설득하는 기술은 전혀 단순하지 않다. 최고의 증거와 타당한 경제적 유인책을 바탕으로 호소하고 요구하면 누구든 설득할 수 있다고 믿고 싶을 것이다. 하지만 현실은 전혀 그렇지 않다. 오늘날처럼 경쟁이 치열하고 빠르게 돌아가며 집중력이 쉽게 분산되는 세상에서, 그저 탄탄한 논리를 바탕으로 주장하는 것만으로는 상대를 설득할 수 없다. 샘, 제이크 그리고 그들과 비슷한 수많은 사람이 깨달았듯이 '내용이 좋은 주장을 하는 것'과 '그 주장을 잘 전달하는 것'은 전혀 다르다.

직장에서 성공하고 싶다면 영향력을 기르고, 발휘해야 한다. 그러려면 먼저 영향력의 규칙을 이해해야 한다. 영향력의 규칙은 논리, 재무제표, 회사 정책과 같은 공식적인 규칙뿐만 아니라 비공식적인 규칙도 포함된다. 사람들이 좀처럼 입 밖에 내지 않지만 누가 주목받고 무엇이 실행되는지, 반대로 누가 무시당하고 무엇이 묻히는지를 결정짓는 데 엄청난 영향력을 행사하는 암묵적인 규칙도 영향력의 규칙이다. 이러한 영향력의 규칙을 이해하고 잘 다루는 것은 누군가를 성공적으로 설득하는 데 있어 매우 중요하다.

사람들은 이런 능력을 타고나는 사람들이 있지 않느냐고 종종 묻는다. 그런 사람들은 본능적으로 타인을 설득하는 남다른 능력을 타고난 '운 좋은 부류'에 속하지 않느냐고 말이다. 물론 천부적으로 유달리 남을 잘 설득하는 사람들이 있을 수 있다. 하지만 그렇다고 그런 능력을 타고나지 않은 나머지 사람들이 그들과 경쟁할 수 없다는 뜻은 아니다. 여기에는 중요한 이유가 있다. 영향력은 천부적인 능력이 아니라 익히며 숙달할 수 있는 기술이다. 그 누구도 자신은 고전을 면치 못하면서 목표와 목적을 척척 달성하는 남들을 체념한 듯이 바라보기만 할 필요는 없다. 누구나 더 성공적이고 많은 것을 이루는 영향력자influencer, 즉 영향력을 발휘하는 사람이 될 수 있다. 이 직설적이고 실용적인 책이 그 방법을 알려준다.

이 책은 '주장을 잘 펼치는 법'을 다루며 주로 직장에서 다른 사람들에게 영향력을 발휘하는 능력을 키우는 데 초점을 맞추고 있다. 하지만 이 책이 제공하는 교훈과 통찰은 사적 영역에도 똑같이 적용할 수 있다. 무엇보다 중요한 건 이 책은 개인의 윤리와 가치관을 훼손하지 않으면서 또는 상대를 조정하거나 기만한다고 느끼지 않으면서 상대를 효과적으로 설득할 수 있도록 돕는다.

*

이 책은 총 세 부분으로 구성되며 각 PART는 3개의 장으로 이루어져 있다. PART 1의 1장에서는 현재 자신의 영향력이 어느 정도인지를 점검할 기회를 제공한다. 짧은 테스트를 통해 직장에서 타인을 설득할 때 자신이 주로 어떤 방법을 사용하는지 파악할 수 있다. 테스트를 반드시 거쳐야 이 책을 완독할 수 있는 건 아니다. 원하면 곧장 2장으로 넘어가도 무방하다. 하지만 이 테스트는 영향력을 발휘하는 기술과 지식을 습득하면서 스스로 얼마나 성장했는지를 평가하는 데 유용한 개인적인 기준점을 제공하니 건너뛰지 말고 해보는 것을 추천한다.

2장에서는 영향력의 역사와 정의를 살펴본다. 이 부분은 중요하다. '영향력'은 종종 설득, 권력, 복종, 협상, 캠페인, 영업 등과 같은 개념들과 혼용되기 (그리고 심지어 혼동되기) 때문이다. 물론 이들 사이에는 공통점과 유사점이 있지만, 영향력은 그중에서도 가장 본질적인 개념이라고 할 수 있다. 영향력은 의미 있는 변화를 이끄는 중심에 자리 잡고 있기 때문이다.

3장에서는 영향력을 발휘하는 과정에 대한 흔한 오해와 잘못된 통념을 바로잡는다. 타인에게 영향을 미치는 방법에 관해 상식처럼 통용되는 개념이 있다. 그런데 그중 상당수는 사실보다 허구에 가깝다. 이 책은 그런 허구를 걷어내고 사실을 알려준다. 또한 사람들이 무언가를 하게 되는 이유의 근저에 깔린 인간의 본질적 동기를 탐구하며 영향력 방정식influence equation도 소개한다. 영향력 방정식은 누구나 더 성공적으로 영향력을 발휘할 수 있도록 돕는 일종의 공식이다. 영향력 방정식은 증거, 경제적 유인책 그리고 감정이라는 세 가지 변수를 최적으로 조합하여 누구나 성공적인 영향력 전략을 세울 수 있다는 것을 보여준다. 영향력 전략에서 각 변수의 비중은 상황에 따라 달라진다. 다시 말해 성공적으로 영향력을 발휘하는 건 사실, 경제적 유인책 그리고 감정을 적절히 조합해 주장을 구성하고 전달하는 것이다.

PART 2에서는 영향력 방정식의 세 가지 변수를 더 깊이 다룬다. 각 변수에 한 장씩 할애하여 집중적으로 살펴본다. 영향력을 발휘해서 성공적으로 상대를 설득하느냐 못하느냐는 제시하는 증거의 양과 질이 아니라 그 증거를 제시하는 방법에 따라 주로 결정된다. 4장에서는 이 부분을 중점적으로 살펴본다. 메시지를 전달하는 사람이 때로는 그 메시지의 진실성보다 얼마나 더 중요한지, 이야기가 설득 대상자들의 마음속에서 통계를 얼마나 자주 대체하는지도 살펴본다.

5장에서는 경제적이고 재정적인 논리를 이용해 사람들에게 영향력을 발휘하고 설득하는 방법을 집중적으로 살펴본다. 사람들이 경제적 유인책에 반응하는 방식은 대체로 합리적인 계산보다 심리적인 메커니즘에 의해 결정된다. 인센티브를 무시하는 건 아니니 오해는 하지 않길 바란다. 경제적 유인책은 영향력을 발휘하는 훌륭한 도구가 될 수 있다. 경제적 유인책은 보편적으로 사랑받고, 널리 이해되며 쉽게 실행되는 설득의 도구다. 하지만 경제적 유인책을 제시한다고 설득에 항상 성공하는 건 아니다. 5장에서는 경제적 유인책의 장단점을 짚고 효과적으로 활용하는 방법도 제안한다.

6장에서는 감정이 성공적으로 영향력을 발휘하는 전략에서 어떤 역할을 하는지 살펴본다. 많은 사람이 모든 결정에는 일부 감정적인 요소가 개입된다고 주장한다. 나 역시 이 의견에 대체로 동의한다. 6장에서는 사람들을 설득하는 데 특별히 강력하고 효과적인 감정들을 구체적으로 살펴보고, 효과적이면서 윤리적으로 활용하는 방법도 함께 제안한다.

PART 3에서는 설득 원칙, 영향력 실천, 영향력 윤리를 다룬다. 7장에서는 저명한 사회심리학자 로버트 치알디니의 연구를 바탕으로 정리된 설득의 일곱 가지 보편적인 원칙을 살펴본다. 운 좋게도 나는 20년 넘게 그와 함께 연구하고 일했다.

8장에서는 사람들이 직장에서 흔히 맞닥뜨리는 설득 과제와 실제로 영향력이 발휘된 사례를 살펴본다. 대다수가 설득 과제는 저마다 다르다고 생각한다. 하지만 우리가 영향력을 발휘해서 상대를 설득해야 하는 상황은 거의 비슷하다. 8장에서는 흔히 겪는 상황을 예로 들어 실질적이고 실행할 수 있는 접근법과 전략을 소개한다. 이와 함께 각자의 처지와 상황에 맞게 어떻게 접근법과 전략을 조정할 수 있는지도 살펴본다.

마지막으로 9장에서는 오늘날 영향력의 중요한 부분인 윤리를 다룬다. 우리가 타인에게 영향력을 행사할 수 있다고 해서 항상 그래야만 하는 건 아니다. 이 책은 끝으로 개인의 가치관이나 진정성을 훼손하지 않으면서도 효과적인 영향력 전략을 수립할 수 있도록 도와주는 체크 리스트를 제공한다.

오늘날의 직장은 과거보다 수평적이고, 비대면 근무와 다문화 협업이 일상화됐다. 강압적인 업무 지시는 외면받고 '나는 상사야'라는 태도는 용납되지 않으며 아부나 아첨은 환영받지 못한다. 이런 환경의 직장에서 성공을 좌우하는 핵심 기술은 바로 직장에서 영향력을 성공적으로 발휘하는 규칙을 이해하고 적절하게 실천하는 능력이다.

지금부터 이러한 영향력의 규칙을 효과적이고 윤리적으로 활용해 주목받고, 타인과 소통하며 회의적인 사람들을 설득하고, 우유부단한 사람들을 움직이며 양극단으로 분열된 집단을 단결시키고, 결국 사람들이 행동하도록 동기 부여하는 방법을 살펴보자.

차례

PART 1 영향력: 영향력은 무엇이고 왜 중요한가?

PART 2 영향력 방정식: 세 가지 변수를 활용해 설득 전략 세우는 법

PART 3 직장인을 위한 설득의 심리학

PART 1

영향력:

영향력은 무엇이고 왜 중요한가?

개요

Overview

링크드인LinkedIn은 마이크로소프트Microsoft가 소유한 소셜 미디어 플랫폼으로 주로 전문직 종사자들이 네트워크를 구축하고 아이디어를 공유하며 구직 활동을 하는 데 사용한다. 링크드인은 직장인의 최신 트렌드, 고용인의 관심사 그리고 근로자의 변화하는 인식을 파악하기 위해 설문 조사를 자주 한다. 수백만 명이 링크드인에서 상사의 단점을 가감 없이 이야기하고 동료의 기묘한 행동을 생생하게 공유하며 '노동의 현주소'를 업데이트한다. 이런 점을 고려하면 링크드인은 전 세계 사무실과 생산 현장에서 요즘 사람들이 어떤 태도와 관점으로 일하는지를 보여주는 유용한 지표라 할 수 있다.

링크드인은 한 설문 조사에서 직설적인 질문을 했다. "직원이 반드시 갖춰야 하는 가장 중요하고 바람직한 기술은 무엇인가?" 오늘날의 역동적인 시장에서는 필요한 기술과 역량이 시시각각 변하고 종류도 어지러울 정도로 다양하다. 따라서 이 질문에 대한 답은 시대에 따라 달라질 수밖에 없다. 이 질문에 답하는 사람의 처지도 중요하다. 어떤 산업과 직무는 다른 분야에서는 전혀 쓸모없는 기술을 요구하기도 한다. 재무제표를 관리하는 능력은 금융업 종사자에게는 유용하지만, 소방관에게는 큰 의미가 없다. 그런데도 전 세계 어디에서든, 어떤 직무든 빠지지 않고 고용주가 직원들이 반드시 갖추길 바라는 기술과 역량이 있다.

바로 '영향력influence'이다.

이런 설문 조사는 영향력이 직장에서, 더 나아가 인생에서 얼마나 중요한 역할을 하는지를 잘 보여준다. 그리고 왜 인류 역사가 시작된 이후로 타인을 설득하고 동기 부여하는 기술과 능력을 지닌 사람들에 대한 수요가 꾸준히 존재했는지 설명한다. 영향력은 그 누구에게도 알려주지 않는 일종의 '비법 양념'이다. 영향력이 없으면 발전을 이루거나 변화를 만들어내기가 어렵다. 영향력은 일상적인 아이디어나 쉽게 잊힐 메시지를 설득력 있게 변화시켜 사람들의 굳게 닫힌 마음의 문을 열고, 회의론자들을 지지자들로 바꾸며 단순한 의도를 실질적인 행동으로 바꿀 수 있다.

하지만 영향력은 종종 오해받기도 한다. 앞으로 3개의 장에 걸쳐서 무엇이 영향력인지, 더 중요하게는 무엇이 영향력이 아닌지를 살펴볼 것이다. 타인과 소통하며 관계를 맺고, 그들을 설득해 행동과 생각을 바꾸는 방법으로 널리 통용되는 개념을 검토하고, 그것이 얼마나 신뢰할 만한지도 따져본다. 그리고 영향력을 발휘하는 과정에 대한 흔한 오해와 잘못된 통념도 집중적으로 살펴본다. 영향력자가 되고자 하는 사람이라면 누구나 강력하고 설득력 있는 영향력 전략을 수립할 수 있도록 영향력 방정식을 통해서 영향력에 대한 접근법도 제시한다.

본격적으로 시작하기에 앞서 타인을 설득할 때 자신이 현재 어떤 영향력 전략을 주로 사용하는지 스스로 점검해 볼 기회를 제공하고자 한다.

1장

직장에서 나의 영향력

Your influence, at work

이 간단한 테스트는 현재 자신이 타인에게 영향력을 행사할 때 주로 사용하는 방식을 평가하고, 어떤 부분을 어떻게 개선할 수 있는지 파악하는 데 유용하다. 주로 직장에서 영향력을 발휘하는 상황을 염두에 두고 설계되었지만, 사적 영역에서 사람들에게 영향력을 행사하고 설득할 때도 충분히 도움이 될 수 있다. 테스트는 15분 정도가 소요되며 테스트할지 말지는 전적으로 개인의 선택이다. 이 책의 본론을 바로 읽고 싶다면 2장으로 곧장 넘어가도 좋다.

온라인 테스트를 진행하고 싶다면 influenceatwork.co.uk/the_economist에 방문하면 된다. 만약 어떤 조직의 관리자이거나 팀을 이끌고 있다면 팀원들도 이 테스트를 할 수 있도록 공유해도 좋다(테스트는 무료다).

영향력 테스트

테스트에는 총 10개의 설득 과제가 제시되며 각 상황에 대처하는 세 가지 접근 방법이 주어진다. 과제 당 총점은 10점이고 과제를 읽은 후 실제로 이런 상황에 마주했을 때 자신이 어떻게 행동할지를 가장 잘 반영하는 순서로 점수를 배분한다.

예를 들어 한 가지 접근 방법이 자신의 행동과 완전히 일치한다고 생각하면 그 접근 방법에 10점을 모두 주고 나머지 두 접근 방법에는 0점을 줄 수 있다. 하지만 어떻게 행동할지 망설여진다면 자신의 관점을 가장 잘 반영한 순으로 10점을 배분한다. 가장 마음이 가는 접근 방법에 6점, 두 번째로 끌리는 접근 방법에 3점, 설득력이 가장 떨어진다고 생각되는 접근 방법에 1점을 주는 것이다. 세 가지 접근 방법 모두에 점수를 배분하거나 한두 가지 접근 방법에만 점수를 몰아서 줄 수도 있지만 과제 당 점수의 총합은 반드시 10점이 되어야 한다는 것을 잊어서는 안 된다.

이 테스트에서 정답과 오답은 없다.

영향력 테스트 질문 10개

1. 당신의 상사는 내일 중요한 회의에 참석할 예정이다. 막판에 상사가 당신에게 내일 회의를 위한 발표 자료를 준비해 달라고 요청했다. 하지만 당신은 오늘까지 마무리해야 하는 다른 프로젝트를 진행하고 있다. 그래서 동료에게 도움을 요청하고자 한다. 동료와는 업무적으로 꽤 원만한 관계

를 맺고 있지만, 개인적으로 친구라고 할 만큼 친하지는 않다. 당신은 동료에게 어떻게 도움을 요청하겠는가?

제시된 세 가지 접근 방법 옆의 빈칸에 자신이 실제로 하게 될 행동을 가장 잘 보여주는 접근 방법에 총점 10점을 기준으로 적절하게 점수를 배분한다.

a.	동료에게 발표 자료 전체를 준비해 달라고 요청한다. 만약 그가 거절한다면 당신이 수집한 데이터를 검토하는 등 어떤 식으로든 발표 자료 준비를 도와달라고 다시 부탁한다.	
b.	동료에게 도움을 요청하기 전, 상황부터 설명하고 나중에 처지가 바뀐다면 자신도 기꺼이 도와주겠다고 약속한다.	
c.	도와준다면 감사의 뜻으로 술집에 가서 한잔 사겠다고 제안한다.	

2. 당신은 동료들의 교육 과정 참여를 독려하기 위한 이메일 작성 업무를 받았다. 이전 교육 과정의 직원 참여율은 매우 저조했다. 이번 교육 과정에서 직원 참여율을 높이기 위해 어떤 접근 방법을 선택하겠는가?

a.	이번 교육 과정의 정원은 한정적이며 다음 교육 과정은 몇 달 후에나 있을 거라는 점을 강조한다.	
b.	메일 도입부에 교육 과정에 참여해야 하는 세 가지 이유를 명확하게 제시한다.	
c.	이전 교육 과정에서 얻은 교훈이 자신에게 얼마나 유용했는지를 이야기 형식으로 설득력 있게 전달한다.	

3. 팀의 업무 효율과 품질을 높여줄 새로운 소프트웨어가 출시됐다. 하지만 현재 회사 자원은 부족하고 부서 예산도 많이 삭감됐다. 동

료들도 각자의 니즈를 해소하기 위한 추가 예산을 요구하고 있다. 이런 상황에서 새로운 소프트웨어를 도입하고 싶은 당신의 니즈를 우선시하도록 상사를 어떻게 설득하겠는가?

a.	소프트웨어를 도입하지 않을 경우 회사는 비용을 절감할 기회를 잃게 된다고 설명한다.	
b.	재무제표, 수치와 비용-편익 분석을 포함한 소프트웨어 도입 제안서를 간략하게 만들어서 전달한다.	
c.	소프트웨어를 도입하면 모든 직원의 업무 효율이 어떻게 올라가는지 그리고 그 결과로 상사가 어떤 이득을 보게 되는지를 열정적으로 설명한다.	

4. 회사는 재활용, 카풀, 종이 사용 줄이기, 사용하지 않는 전등과 전기 기구 끄기 등 환경 보호 활동을 사내에 도입하는 데 다소 소극적이다. 지속 가능한 환경 보호 활동을 받아들이고 매일 실천하도록 어떻게 동료들을 설득하겠는가?

a.	연간 에너지 소비량이 가장 낮은 부서에 특별 휴가를 제공하는 대회를 도입한다.	
b.	'환경을 위해 에너지를 절약하자'라는 문구가 담긴, 슬픈 표정의 북극곰이 녹아내리는 빙하 위에 서 있는 사진 등 환경 오염의 심각성을 보여주는 도발적인 이미지를 사무실 곳곳에 붙인다.	
c.	비용 절감 효과와 같은 에너지 절약을 실천했을 때 회사가 누리게 될 장점을 명확하게 전달한다.	

5. 당신의 부서는 업무 효율을 크게 높일 방안을 찾았고, 당신은 이를

시도해 보고 싶다. 하지만 직원들은 잦은 새로운 시도에 피로감을 느끼고 종종 반발하기도 한다. 직원들의 마음을 열기 위해서 어떻게 접근하겠는가?

a.	모든 직원에게 두 가지 선택지를 제시한다. 첫 번째는 큰 노력이 필요한 실행하기 어려운 방안이고, 두 번째는 현실적인 방안이다. 그러면서 당신은 대다수가 쉽고 매력적인 두 번째 선택지를 받아들이길 기대한다.	
b.	새로운 방안을 도입하지 않아서 얼마나 많은 시간이 낭비되고 있는지를 계산하도록 한다. 그러고 나서 당신이 제안하는 방안을 도입했을 때 확보할 수 있는 추가 시간으로 무엇을 할 것인지 묻는다.	
c.	솔직하게 털어놓는다. 지금까지 여러 시도가 있었지만 기대만큼 성과가 없었다는 점을 인정한다. 그러나 부서가 '예전 방식'만 고수한다면 앞으로도 결코 발전할 수 없다고 열정을 담아 강조한다.	

6. 당신과 팀은 현재 진행하는 프로젝트에 추가 자원이 절실히 필요하다. 그러나 다른 부서들도 한정된 자원을 두고 경쟁하고 있다. 의사 결정권자들이 자원을 배분할 때 당신의 프로젝트를 우선시하도록 어떻게 설득하겠는가?

a.	추가 자원이 필요한 프로젝트들을 꼼꼼히 분석한 후, 예산 담당자와 가까운 사람에게 당신의 의견을 전달해 달라고 부탁한다.	
b.	질 게 뻔한 상황인 '11명이 뛰어야 하는 축구 경기에 6명이 출전하는 상황'을 비유하며 당신의 프로젝트에 자원이 충분히 지원되지 않았을 때 회사가 입게 될 타격을 설명한다.	
c.	당신의 프로젝트가 다른 부서와의 공동 목표를 달성하는 데 어떻게 도움이 되는지를 설명한다. 그리고 당신의 프로젝트에 자원이 충분히 투입되지 않으면 다른 프로젝트도 실패할 위험에 처하게 된다는 점을 명확하게 전달한다.	

7. 당신은 맡은 역할을 훌륭하게 소화하고 있다. 그래서 그에 걸맞게 연봉이 인상되어야 한다고 생각한다. 회사에 대한 기여를 고려할 때 연봉 인상은 합당한 요구라고 생각된다. 그렇다면 연봉 인상을 위해서 관리자를 어떻게 설득하겠는가?

a.	먼저 관리자의 입장에 공감하는 태도를 보인다. 연봉 인상을 요구하는 직원들이 계속 찾아오는 게 얼마나 피곤한지 잘 안다고 말한다. 이어서 당신도 요즘 경제적으로 힘들다고 털어놓으며 지금까지의 업무 성과를 고려하면 연봉 인상 요청은 합리적이고 정당하다고 말한다.	
b.	대담하게 요구한다. 경쟁사들이 일부 직원의 연봉을 15퍼센트 인상했다는 이야기를 들었지만 그보다 낮은 10퍼센트 인상만으로도 충분히 만족할 거라고 말한다.	
c.	적절한 때를 노린다. 새 회계 연도가 시작될 때까지 기다렸다가 연봉 인상을 요청하며 전체 예산에서 당신이 요청한 연봉 인상분이 지금보다 훨씬 작게 보이도록 한다.	

8. 당신과 동료들은 특정 요일에 재택근무를 허용하면 생산성, 일과 삶의 균형이 모두 향상될 거라고 상사를 설득하려고 한다. 더 유연한 업무 방침을 채택하도록 어떻게 상사를 설득하겠는가?

a.	여러 관리자를 직접 만나서 재택근무 하는 날에 직원들의 생산성과 웰빙이 얼마나 개선되는지를 직접적인 사례로 설명한다.	
b.	생산성과 웰빙의 관계를 보여주는 데이터와 출퇴근하는 동안 손실되는 시간, 생산성에 관한 데이터를 수집하여 발표 준비를 한다.	
c.	상사가 재택근무에 회의적인 태도를 보인다고 느껴지면 재택근무를 적극적으로 지지하고 몸소 실천하는 상사의 동료를 찾아가 도움을 청한다. 때로는 '무엇을 말하느냐'보다 '누가 말하느냐'가 더 중요하다.	

9. 당신은 신제품을 개발했지만, 초기 피드백에서 일부 고객이 제품의 실용성에 회의적인 반응을 보였다. 이 제품의 장점을 명확하게 전달하고, 회의적이지만 중요한 잠재 고객의 지지를 얻기 위해 어떻게 제품 제안서를 작성하겠는가?

a.	고객들이 직관이 아닌 충분한 정보를 바탕으로 제품을 평가할 수 있도록 교육 프로그램을 마련한다.	
b.	제품을 체험하고 피드백을 제공할 수 있는 소수의 신뢰 고객과 우선 계약을 맺는다. 이후 그들의 피드백을 바탕으로 제품을 개선하고 최종 출시할 제품을 개발한다.	
c.	현재는 널리 알려지고 크게 성공했지만, 초기에는 회의론에 부딪혔던 유명 제품과 당신의 제품을 비교해 보여준다.	

10. 팀원 두 명이 또다시 심하게 말다툼을 벌였고, 나머지 팀원들에게도 부정적인 영향을 미치고 있다. 당신은 두 사람을 중재하고 설득해 원만하게 협력하도록 만들어야 한다. 어떤 접근 방법을 택하겠는가?

a.	두 사람에게 함께 책임지고 성공적으로 이끌어야 하는 중요하고 세간의 이목이 주목된 프로젝트를 맡긴다. 그리고 임원진 중 한 명이 이 프로젝트의 후원자라고 말하며 협력하지 않으면 임원에게 무능력한 직원으로 비칠 수 있다는 메시지를 은근히 전달한다.	
b.	갈등을 극복하고 유대감을 쌓도록 유도한다. 갈등의 원인을 찾기에 앞서 그들이 서로의 차이점보다는 공통점을 먼저 찾도록 만남을 주선한다.	
c.	강경하게 대응한다. 서로에 대한 불만을 제대로 관리하지 못할 경우 징계 등 두 사람이 직면할 불이익과 예상되는 부정적인 결과를 분명하게 설명한다.	

점수표

테스트를 완료한 후 각 접근 방법에 분배한 점수를 점수표에 옮겨 적는다. 접근 방법의 순서가 모든 행이 동일하지 않으니 주의한다. 점수표에 모두 옮겨 적은 후 각 열의 점수를 더해 합계를 계산한다. 이렇게 나온 합계를 바탕으로 자신이 영향력을 발휘할 때 주로 증거를 중시하는지, 경제적 유인책을 중시하는지 아니면 감정을 중시하는지를 확인할 수 있다.

1	a		b		c	
2	b		c		a	
3	b		a		c	
4	c		b		a	
5	a		c		b	
6	a		b		c	
7	b		a		c	
8	c		a		b	
9	a		c		b	
10	c		b		a	
총점	증거 중시형		감정 중시형		경제적 유인책 중시형	

증거 중시형에서 최고점을 기록했다: 데이터 마니아

증거에 근거해서 주장을 펼치는 걸 선호하는 사람들은 대개 세부적인 부분까지 신경을 쓴다. 이들은 탄탄한 데이터와 증거를 기반으로 조언하고 제안한다. 설득 전략을 세울 때도 시간을 들여 조사하고, 꼼꼼하게 데이터, 사실, 통계, 전문가 의견 등을 수집한다. 자신들의 주장을 뒷받침하는 신빙성 있는 정보에 의지하여 체계적으로 주장을 구성하고 논리적인 일관성을 유지한다. 이들은 남을 설득할 때 자신들의 주장이 얼마나 정확하고 정밀한지를 중요하게 생각한다. 다만 사람들이 변화하도록 설득하고 싶은 욕구가 크다 보니, 때로는 상대를 압도하거나 상대가 논리를 따라오지 못하면 인내심을 잃기도 한다.

이 유형에 속하는 사람들은 직장 내 영향력에 관해 곧잘 이런 말을 한다. "중요한 건 결국 사실이야!"

감정 중시형에서 최고점을 기록했다: 공감형 웅변가

주장의 중심에 감정적 호소를 두는 사람들은 사실보다는 감정을 우선시해 사람들을 설득하려고 한다. 이들은 주로 청중과 공감대를 형성한다. 다시 말해 다양한 관점을 고려해 감정적으로 와닿을 수 있도록 청중에 맞춰서 메시지를 조정한다. 신뢰를 형성하는 인간관계를 맺고, 쉽게 공감하며 설득력 있는 주장을 위해 일화나 비유를 자주 활용한다. 이들은 긴장을 해소하고, 사람들이 공통점을 찾도록 도우며 건설적인 대화를 유도하는 데 능하다. 대체로 창의적이고 순간적인 판단력도 뛰어나다. 혹자는 이들을 이상주의자라고 비난하거나, 심지어 그들의 주장에 현실성이 떨어진다고 이의를 제기한다.

이 유형에 속하는 사람들은 직장 내 영향력에 관해 곧잘 이런 말을 한다. "느낌에 집중해!"

경제적 유인책 중시형에서 최고점을 기록했다: 계산적인 감정가

실용적이고 합리적인 접근 방법을 선호하는 사람들은 주로 경제적 유인책과 인센티브를 자신들의 주장에 포함한다. 이들은 종종 다양한 선택지의 장단점을 평가하고, 사람들이 자신들의 주장을 받아들였을 때 얻게 될 경제적 이익이나 거부했을 때 감수해야 할 경제적 손해를 바탕으로 주장을 세운다. 영향력을 행사할 때 경제적 유인책을 이용하는 것을 좋아하고 대다수가 돈, 비용, 자원을 가장 신경 쓴다고 믿는다. 혹자는 이들을 두고 농담처럼 "스프레드시트가 사람이라면 딱 이런 모습일 거야"라고 말하기도 한다.

이 유형에 속하는 사람들은 직장 내 영향력에 관해 곧잘 이런 말을 한다. "결국 돈이 문제야!"

*

이 테스트는 개인의 정체성이나 성격을 확정적으로 평가하기 위해 설계된 건 아니다. 정체성이나 성격을 정확하게 평가하기 위해 특별히 고안된 더 우수한 테스트들이 있다. 그리고 필요하다면 언제든 손쉽게 찾아서 테스트를 진행할 수 있다. 이 테스트는 영향력을 발휘해 타인을 설득할 때 주로 선호하는 접근 방법을 간단하게 보여주는 일종의 스냅사진이다. 이 테스트는 영향력을 발휘하는 과정을 더 깊이 배우는 출발점이자, 자신의 영향력을 갈고닦는 첫걸음으로 생각해라.

실제 효과적으로 영향력을 행사하는 사람은 한 가지 접근 방법에만 의존하지 않는다. 특정한 맥락이나 상황에 적합한 여러 접근 방법을 적절히 조합해 활용한다. 타인에게 영향력을 행사하여 설득하는 능력은 획일적인 공식을 따르지 않는다. 훨씬 더 역동적이고 맥락에 따라 달라지며 민첩성과 경계심, 기꺼이 실험하려는 의지를 요구한다. 그리고 누구나 더 많이 배우고 다양하게 적용할 수 있는 탄탄한 원칙을 기반으로 연마하는 기술이기도 하다. 노련한 셰프가 한 가지 요리 안에 여러 맛을 조합하거나 분자 칵테일 장인이 여러 재료를 섞어 칵테일을 만들 듯 영향력의 달인은 증거, 경제적 유인책, 감정을 최적으로 조합해 호소력과 설득력이 있는 주장을 만든다.

2장

영향력의 역사

The history of influence

영향력에 관한 다양한 관점들

영향력의 역사는 실로 유구하다. 청중의 이목을 끌고, 아직 결정을 내리지 못한 사람들을 설득하고, 사람들을 변화시키려는 욕구는 인류 문명이 시작된 이후로 거의 끊임없이 이어져 왔다. 타인에게 영향을 미치는 방법에 대한 초기 기록 중 일부는 그리스 철학자들이 남긴 글이 아니라 고대 이집트와 중국의 문헌에 남아 있다. 프타호텝Ptahhotep은 이집트 제5왕조 시대의 도시 행정관이자 고관(오늘날의 장관에 해당하는 고위 관료)이었다. 그는 세계에서 가장 오래된 교과서로 널리 알려진 책을 집필했다. 그 책은 기원전 24세기 초《훈계Maxims》라는 제목으로 세상에 나왔다. 그는 이 책에서 시민들에게 '우주의 질서'를 세우고 '사회적 조화'를 이루도록 독려하며 사회를 더 나은 곳으로 만들기 위한 조언과 지혜를 전했다. 그는 올바른 식사 예절이 왜 중요한지, 사회생활을 어떻게 해야 하는지, 따지기 좋아하는 사람들을 어떻게 논리적으로 대할지(또는 가능하면 그들을 어떻게 피할지)에 관해 썼다.[1] 출간한 지 4,000년이 넘은 이 책은 아마도 인류가 남긴 세계 최초의 '사회적 영향력'에 관한 기록일 것이다.

중국의 고대 철학자인 노자 역시 시민들에게 통찰과 지혜를 전하기 위해 고대 문헌을 남겼다. 이는 중국 철학과 종교의 주요 학파에 깊은 영향을 미쳤고, 그 영향력은 오늘날에도 이어지고 있다. 지금도 여전히 출판되고 있으니 그의 문헌이 지니는 영향력이 얼마나 대단한지를 짐작할 수 있다.[2]

두 고대 문헌은 기본적으로 시민들에게 지혜와 조언을 전하기 위한 지침서로 쓰였지만, 흥미롭게도 청중을 설득하는 방식에서는 뚜렷한 차이가 나타난다. 프타호텝은 자신의 조언을 따르지 않으면 어떤 부정적인 결과가 초래되는지를 강조했다. 그의 책은 조언을 따르지 않으면 무언가를 반드시 잃게 된다는 경고로 가득했다. 반면 노자는 긍정적인 접근법을 취했다. 그는 시민들이 자신의 책을 읽고 실천하면 얻을 수 있는 이점과 혜택을 강조했다. 두 접근법 중 어느 쪽이 더 효과적인지는 수 세기 전이나 지금이나 여전히 논쟁거리다. 누군가를 설득할 때 상대방이 제안을 받아들이면 경험할 긍정적인 결과에 집중하는 것이 좋을까, 아니면 제안을 거부하면 겪게 될 부정적인 결과를 부각하는 것이 효과적일까? 수천 년이 흐른 지금도 이 논쟁은 계속되고 있다.

영향력과 설득의 역사를 되짚어볼 때 가장 많은 주목을 받는 건 고대 그리스 철학자들, 특히 기원전 4세기 아리스토텔레스가 교육을 목적으로 남긴 문헌들이다. 고대 이집트와 중국의 선조들처럼 그 역시 설득 과정을 고찰했고, 그 과정에서 얻은 많은 깨달음은 오늘날에도 여전히 의미가 있다.

아리스토텔레스는 '설득 이론의 선구자'였다. 비록 출판을 염두에 두고 쓴 글은 아니었지만, 《수사학》은 설득 과정을 다룬 가장 중요한 문헌 중 하나로 손꼽힌다. 그는 효과적인 설득에 '로고스logos', '에토스ethos', '파토스pathos'라는 세 가지 요소가 필요하다고 보았다.[3]

로고스는 논리 또는 이성을 뜻한다. 아리스토텔레스는 설득의 핵심에는 타인에게 영향력을 미치고자 하는 개인이나 집단이 가진 관점과 주장이 있다고 보았다. 그는 이러한 설득 유형을 '증명 책임이 따르는 설득'이라고 불렀다. 이는 법률적 개념으로 발언자나 제안자는 자신의 주장을 뒷받침할 증거나 논리를 제시할 의무를 진다는 뜻이다. 로고스는 설득력 있는 주장을 구성하는 틀을 제공한다. 누군가를 설득하려는 개인이나 집단이 제시하는 내용과 상대방(청중)이 이미 알고 있는 사실과 믿음 사이에 어떤 연결 고리가 존재한다고 전제하기 때문이다. 예를 들어 건강식품 회사가 자사 제품의 영양학적 가치를 소비자, 특히 스스로 건강에 관심이 많다고 생각하는 소비자에게 광고하는 건 로고스의 대표적인 사례라고 할 수 있다.

아리스토텔레스가 제시한 설득의 세 가지 요소 중 두 번째는 에토스다. 에토스는 발화 내용이 아니라 발화자의 인격과 관련이 있다. 발화자는 신뢰할 만한 사람인가? 믿을 수 있는 인상을 주는가? 아리스토텔레스는 무엇이 신뢰할 수 있는 발화자를 만드는지 구체적으로 설명하지 않았지만, 메시지보다 메시지를 전달하는 사람에 의해 더 쉽게 설득되는 순간이 언제인지에 대해 통찰력 있는 글을 남겼다. 그는 그 시기를 '불확실성이 존재할 때'라고 지목했다. "사람들은 신뢰할 수 없는 이보다 신뢰할 수 있는 이를 훨씬 더 빠르고 쉽게 따른다. 선택지가 불명확하고 흔들릴 때는 누가 그 말을 하는지를 보고 결정을 내린다." (참고로 아리스토텔레스와 달리 이 책은 신뢰받는 영향력자가 지녀야 할 특성을 다룬다. 이에 대해서는 뒤에서 더 자세히 살펴보자.)

이것은 중요하다. 설득력을 발휘해서 청중의 마음을 흔드는 힘은 메시지 자체가 아니라 그것을 전달하는 사람의 특성에서 비롯되는 경우가 많다. 이는 수많은 사례를 통해서 입증되었다. 온라인 인플루언서, 기후 변화 회의론자, 정치인 등 일부 인물들은 발언 내용의 타당성 여부와 무관하게 사회적으로 주목받고 영향력을 행사한다. 그들이 영향력을 갖게 된 건 그들이 하는 말(로고스) 때문이 아니라, 사람들에게 인식되는 모습(에토스) 때문이다.

아리스토텔레스가 제시한 설득 요소 중 세 번째는 파토스다. 파토스는 감정과 관련이 있다. 아리스토텔레스는 개인이나 집단은 어떤 제안을 듣고 나서 느끼는 감정이 판단에 직접적으로나 간접적으로 영향을 미치며 감정에 따라 설득의 정도가 달라진다고 보았다. 그는 판사가 기분이 좋을 때와 화가 났을 때 같은 범죄자의 위법 행위를 전혀 다르게 바라본다는 글을 남겼다. 이 글은 선견지명이 돋보이는 통찰로 내가 이렇게 말하는 데는 그럴만한 이유가 있다. 그가 글을 남긴 후 수천 년이 지난 2009년 이를 뒷받침하는 연구 결과가 나왔기 때문이다.

천 건이 넘는 법원 판결을 분석한 결과 재소자의 보석 허가율은 하루가 시작될 무렵에는 65퍼센트로 정점이었다가 점심시간 직전에는 거의 0퍼센트까지 떨어졌다.[4] 물론 교도관들이 보석 가능성이 높은 모범수를 아침 일찍 심사받게 했을 가능성도 있다. 하지만 그렇다고 점심시간 이후 보석 허가율이 다시 65퍼센트로 회복되는 현상을 설명할 수는 없다. 이는 휴식 시간 이후에도 마찬가지였다. 아무래도 아리스토텔레스의 파토스가 더 설득력 있는 설명이 될 것이다. 판사의 판단에 영향을 미친 건 개별 사건의 논리적 타당성(로고스)도, 재소자나 변호인의 신뢰성(에토스)도 아니었다. 판사의 판단에 직접적으로 영향을 미친 건 그가 판단을 내리는 순간에 느끼는 감정(파토스)이었다. 점심시간 직전 판사는 재소자들을 '행그리hangry', 즉 배고픔과 짜증이 뒤섞인 눈으로 바라보고 있었다.

그로부터 몇 세기가 지나 로마 제국도 영향력의 역사에서 중대하고도 영속적인 흔적을 남겼다. 다만 이번에는 이전보다 더 공식적인 방식을 통해서였다. 로마인들은 배심 재판, 시민권법, 유언장 작성 그리고 회사와 기업의 법인화에 이르기까지 오늘날에도 남아 있는 법적 절차와 체계를 처음으로 마련했다. 또한 로마 제국은 현대 사회에서 나타나는 영향력의 또 하나의 현상인 영향력을 대가로 제공하는 '유료 영향력자paid influencer'의 등장에도 기여했다.

오늘날 의류, 화장품, 스마트폰 등 제품을 홍보하고 그 대가로 거액을 받는 유명인과 스포츠 스타들이 많다. 하지만 이들이 제품을 홍보하고

받는 금액은 로마 시대의 유료 영향력자들이 벌어들인 액수에 비하면 초라하기 그지없다. 당시 최고의 검투사들은 우승 상금의 일정 비율을 자기 몫으로 챙겼을 뿐 아니라 홍보 활동에 대한 보상으로 다양한 인센티브를 받았다. 가이우스 아풀레이우스 디오클레스Gaius Appuleius Diocles는 로마 시대의 이륜차 경주 선수로 스포츠 선수 가운데 인류 역사상 가장 높은 몸값을 자랑했다. 그의 막대한 부의 상당 부분은 유료 홍보에서 비롯되었다고 전해진다. 그는 기원후 146년에 은퇴할 때까지 24년 동안 선수로 활동하며 3,600만 세스테르티우스(오늘날 가치로 약 16조 원)에 달하는 상금을 벌어들였다.[5]

역사 속 수많은 문학의 거장들 또한 영향력이 발휘되는 과정을 면밀히 관찰하고 날카롭게 논평했다. 윌리엄 셰익스피어는 설득을 대체로 어둠의 예술로 바라보았다. 그의 많은 희곡에서 설득은 모략과 술책의 도구로 등장한다. 《끝이 좋으면 다 좋아》에서 막되고 변덕스러운 인물인 패롤레스는 젊은 백작 버트람에게 궁중 지위를 이용해 '가장 인정받는 별의 영향 아래 먹고, 말하고, 움직이는' 이들을 유혹하라고 부추긴다.[6] 흥미롭게도 '패롤레스parolles'라는 이름은 문자 그대로 '말'을 의미한다. 이는 그가 '신념은 없고 그저 말뿐인 사람'이라는 걸 은근히 보여준다. 어쩌면 윌리엄 셰익스피어는 패롤레스라는 인물을 통해 영향력을 발휘해 누군가를 설득하려는 사람들에게 오늘날에도 유효한 교훈을 전하고자 했는지도 모른다. 말만으로 꽤 멀리 갈 수는 있지만, 어느 순간 행동이 따르지 않으면 그 모든 말은 무의미해진다.

셰익스피어만이 영향력을 불안한 예술로 바라본 건 아니었다. 오스

카 와일드 역시 1891년에 발표한 소설《도리언 그레이의 초상》에서 영향력의 위험성을 경계했다.[7] 이 소설의 중심인물 중 한 명인 헨리 경은 자신의 기지와 매력을 무기로 타인을 매혹하고 영향력을 행사하며 교묘히 속이는 데 쾌감을 느낀다. 그는 도리언에게 매혹적이고 자유분방하지만, 결국 그릇되고 해로운 이론들을 주입하며 기쁜 듯이 이렇게 선언한다. "모든 영향력은 부도덕하죠." 그리고 덧붙인다. "왜냐하면 누군가에게 영향을 미친다는 건 자신의 영혼을 그에게 주는 것이기 때문이오."

— 예술에서 과학으로, 어둠에서 빛으로

인류 역사에서 상당 기간 영향력은 일종의 예술로, 그것도 어둠의 예술로 간주했다. 다시 말해 신이 선택된 소수에게만 부여한 능력으로 웅변술이나 정치 공작에 서툰 사람들을 상대로 권력을 행사하고 착취하며 조정하는 능력이었다. 그러나 지난 75년 동안 영향력을 바라보는 시각이 크게 바뀌었다. 영향력이 발휘되는 과정은 점차 예술의 영역 못지않게 과학의 영역으로 인식되기 시작했다. 심리학자, 신경과학자 그리고 일부 저명한 경제학자들이 영향력을 발휘해 이를 이끌었다. 이러한 인식의 전환을 촉진한 중요한 계기는 제2차 세계 대전 이후 초기 몇 년 동안 나타났다. 호기심은 종종 돈을 좇는다. 일상적인 소비자의 힘이 세지던 시대적 흐름 속에서 심리학 연구에 갈수록 많은 자금이 투입되기 시작했다. 연구자들은 영향력과 변화의 과정에서 사회적 요인과 감정적 요인이 어떤 역할을 하는지 특히 주목했다.

쿠르트 레빈Kurt Lewin은 사회와 조직 심리학[8]의 초기 개척자였다. 레온 페스팅거Leon Festinger는 '인지 부조화(서로 모순되는 생각이 동시에 떠오를 때 경험하는 정신적 불편함)'[9]라는 개념을 처음 정의한 심리학자였다. 두 사람의 연구는 새로운 연구와 통찰을 촉발하며 유명해졌고, 오늘날에도 여전히 타인에게 영향력을 발휘하여 설득하는 방법의 핵심이 되는 풍부한 이해와 통찰을 제공한다.

미국의 심리학자 버러스 프레더릭 스키너Burrhus Frederic Skinner와 같은 연구자들은 자유 의지는 환상에 불과하다고 주장했다. 그는 인간의 행동이 대개 '강화reinforcement'의 영향을 받는다고 주장했다. 이전 행동의 결과가 부정적이면 인간은 그 행동을 반복하지 않는다. 그러나 이전 행동의 결과가 긍정적이면 그 행동을 반복할 가능성은 급격히 높아진다.[10] 오늘날에도 많은 부모가 말을 잘 듣지 않는 자녀를 대할 때 이를 양육의 기준으로 삼는다.

폴란드계 미국인 심리학자 솔로몬 애쉬Solomon Asch는 가장 유명한 심리 실험 중 하나를 진행했다. 그는 사람들에게 선의 길이를 판단해 보라고 요청했는데 그 전에 다른 실험 참가자들(실험의 조력자로 사전에 지시받은 사람들)이 명백히 틀린 답을 제시하는 모습을 보게 했다. 그는 이 실험을 통해 사람들이 집단에 속하고자 자신의 독립성을 얼마나 쉽게 포기하는지를 보여주었다.[11] 터키계 미국인 사회심리학자 무자퍼 셰리프Muzafer Sherif 또한 영향력 연구에 중요한 공헌을 했다. 그의 '로버스 동굴 공원 실험Robbers Cave Experiment'은 집단 역학이 개인의 행동과 태도를 형성하는 데 어떤 역할을 하는지를 보여주었다.[12] 이 실험은 오늘날 조직을 병들게 하는 양극화되고 고립된 사고를 설명하는 데 여전히 유용한 사례로 평가받는다.

영향력에 관한 과학적 연구가 폭발적으로 진행되면서 연구의 초점은 점점 개인으로 향했다. 인간성 심리학의 창시자 중 한 명인 칼 로저스Carl Rogers는 '내담자 중심 치료client-centred therapy'라는 접근 방법을 개발했다. 그는 자기 관점을 남에게 강요하기보다는 변하고자 한다면 상대의 관점을 이해하고 수용하는 데 집중해야 한다고 주장했다.[13] 그의 주된 관심사는 임상 환경이었지만 그의 접근법은 비즈니스 환경에도 널리 확산되었다. 데일 카네기의《인간관계론》은 이와 비슷한 고객 중심 접근 방법을 소개하며 이미 큰 성공을 거두고 있었다.[14] 그는 본래 맨해튼 YMCA 야간 학교의 교사였다. 그는 상대를 대하는 태도를 바꾸면 그에게 영향력을 행사하며 설득할 수 있다고 주장했다. 이는 오늘날에도 여전히 많은 사람의 공감을 얻고 있다.《인간관계론》은 역사상 가장 많이 팔린 책 중 하나로 지금도 서점에서 높은 판매 순위를 기록한다. 심지어 투자자 워런 버핏도 이 책의 팬으로 자신의 사무실 벽에 걸린 유일한 학위 증명서는 카네기 강좌 수료증이라고 자랑스럽게 말하기도 했다.

하지만 최근 영향력에 관한 과학적 연구에서 가장 큰 공헌을 한 사람을 꼽으라면 미국의 심리학자 로버트 치알디니일 것이다. 그는 자신이 설득과 소통 과정에 관심을 두게 된 이유를 성장 배경에서 찾는다. 시칠리아계 가정에서 태어난 그는 폴란드계가 대다수 모여 사는 지역과 미국 오대호에 걸쳐진 독일계가 대다수 거주하는 밀워키에서 성장했다. 그는 어린 시절 매일 같이 다양한 문화 및 사회적 규칙과 마주했고, 그때그때 적절한 소통 전략을 구사해야 했다고 말했다. 이런 성장 배경이 훗날 인간 본성을 탐구하는 토대가 되었을 것이다. 그러나 그가 설득과 소통 과정에 관심을 두게 된 데는 또 다른 이유가 있었다. 그는 자신이 '호구'였다고 스스로 인정했으며 누군가를 설득해서 원하는 것을 얻으려는 사람들에게 '쉬운 먹잇감'이었다고 말했다. 그는 별 관심도 없는 환경미화원 자선 행사 티켓을 사거나, 한 번도 읽지 않을 잡지 구독권을 사곤 했다. 그가 오늘날 설득을 이해하는 데 크게 기여할 수 있었던 이유는 그 자신이 쉽게 설득당하는 '봉'이었기 때문인지도 모른다.

로버트 치알디니는 45년에 걸쳐 설득 심리학을 연구하며 설득력을 높이고 싶은 사람이라면 누구나 활용할 수 있는 실용적이면서 강력한 접근 방법을 제시했다. 그는 단순한 경제적 유인책을 넘어 일곱 가지 보편적인 설득 원칙에 맞춰 주장하거나 요구한다면, 누구나 성공적으로 타인에게 영향력을 행사해 설득할 수 있다고 주장한다.[15]

1. 상호성Reciprocity: 우리가 먼저 사람들에게 호의를 베풀면 사람들은 우리의 요청을 들어줘야 한다는 의무감을 더 크게 느낀다.
2. 호감Liking: 우리가 사람들을 좋아하고 사람들도 우리를 좋아할수록 그들은 우리의 요청을 들어주고 싶어 한다.
3. 연대감Unity: 사람들이 우리를 그저 자신들과 비슷한 존재로 인식할 뿐만 아니라 자신들과 같은 집단의 인원으로 간주할수록 우리의 요청을 더 우선시한다.

4. 권위Authority: 사람들이 우리를 전문가로 인식할수록 우리의 조언과 제안을 더 잘 받아들인다.
5. 사회적 증거Social Proof: 사람들은 자신들과 비슷한 이들이 같은 행동을 하고 있다는 것을 알게 되면 우리의 제안을 따르고 싶어진다.
6. 일관성Consistency: 우리의 제안이 사람들의 가치관이나 이전에 한 약속과 일치할수록 설득력이 높아진다.
7. 희소성Scarcity: 우리의 제안이 독특하거나 시간이 지나면서 희소해지면 사람들은 그 제안을 더 원한다.

치알디니가 정리한 일곱 가지 설득 원칙은 그의 연구만큼이나 중요하고, 실용적이며 직장에서 영향력을 발휘할 때 활용할 수 있다. 그래서 7장에서는 이 일곱 가지 설득 원칙을 하나씩 자세히 살펴본다.

— 낯설고 익숙한 개념

어떤 의미에서는 영향력에 새로운 건 없다. 그러나 다른 의미에서는 영향력의 판도가 위대한 철학자나 역사가조차 예측하지 못할 만큼 변했다. 정보 시대의 도래와 소셜 미디어의 출현은 우리가 타인에게 영향력을 행사하는 방식을 완전히 바꿔 놓았다. 이제는 마우스 클릭 한 번이나 손가락으로 화면을 스치듯 넘기는 것만으로 정보와 데이터를 손쉽게 얻을 수 있다. 우리는 한 세대 전만 해도 절대 접촉할 일이 없었을 사람들과 소셜 네트워크와 온라인 커뮤니티에서 소통한다. 사실과 총명함만으로 허구와 어리석음을 이길 수 있던 시대는 이미 지나갔다.

직장 환경도 달라졌다. 조직 구조는 수평적으로 변했고, 매트릭스 조직도 등장했다. 이것은 직위가 항상 권력을 의미하지 않게 되었다는 뜻이다. 상호 작용이 일어나는 환경과 지리적 조건도 변했다. 상호 작용은 갈수록 가상의 장소에서 이뤄지고 있다. 이 모든 변화로 말미암아 우리는 타인과 소통하고, 영향력을 행사해 설득하는 방식을 다시 생각하지 않을 수 없게 되었다.

영향력을 바라보는 관점도 달라졌다. 영향력이 사람을 조정하거나 음모를 꾸미는 수단이라는 평판을 완전히 벗어던지지는 못했지만, 이제는 더 많은 사람이 영향력을 의식하고 주목하기 시작했다. 영향력을 행사해 변화를 만드는 능력은 우리가 직장, 가정, 지역 사회 그리고 사회 전체에서 마주하는 설득 과제를 모두 잠재적으로 해결할 수 있는 해결책의 일부로 인식되고 있다. 영향력이 없다면 변화도 없기 때문이다.

그렇다면 영향력은 도대체 무엇일까? 영향력을 얻는 방법에 관해 우리가 지닌 흔한 오해와 잘못된 통념은 무엇일까? 그리고 성공적으로 영향력을 발휘해 변화를 끌어내고 싶은 욕구의 중심에 존재하는 인간의 근본적인 동기는 무엇일까? 다음 장에서 이 질문에 대한 답을 찾아보자.

3장

영향력: 의미, 오해 그리고 동기

Influence: meanings, myths and motivations

영향력은 무엇인가?

영향력은 누군가나 무언가에 영향을 미치거나 행사하는 능력으로 정의할 수 있다. 이 단어는 '흘러 들어간다'라는 뜻의 라틴어 '**influens**'에서 유래했다. 영향력을 다른 누군가나 무언가의 자극이나 개입으로 개인이나 집단이 내리는 결정이나 취하는 행동으로 생각할 수 있다. 여기서 '무언가'는 사업 제안, 마케팅 메시지, 통계 자료 등과 같은 정보나 데이터일 수 있다. 특정 행동을 한 것에 대한 보상(판매 목표치를 달성하면 지급되는 보너스)이나 특정 행동을 하지 않은 것에 대한 불이익(세금 신고를 하지 않아 부과되는 벌금)일 수도 있다. 그리고 감정적 반응으로 불러일으키는 아이디어나 이야기일 수도 있다. 예를 들어 자선 단체는 가난하고 취약한 사람들의 이미지를 이용해서 청중의 기부를 유도

한다. 요컨대 특정 시점에 영향력은 누군가의 행동을 변화시키는 힘이라고 할 수 있다. 영향력은 설득과 다르다.

라틴어 '**persuadere**'에서 유래한 설득은 '완결짓다' 혹은 '마무리하다'를 의미한다. 영향력과 달리 설득은 (외적 변화보다는) 내적 변화로 이해하는 편이 더 타당하다. 다시 말해 오랜 시간에 걸쳐 서서히 내면에서 변화가 일어나고, 결국에 생각까지 변화하는 것이다. 영향력과 설득을 구분하는 건 중요하다. 사람들을 설득해서 그들의 생각 자체를 바꾸지 않더라도 그들의 결정이나 행동에 영향력을 행사하는 건 충분히 가능하기 때문이다. 예를 들어 선거에 출마하는 후보 중 그 누구에게도 큰 관심이 없고, 그들은 하나같이 무능하며 무능한 만큼 별반 차이 없는 정책을 내놓는다고 생각하는 유권자들이 있다. 그들은 투표소에 가서 자신에게 가장 친숙하거나 이름이 비슷한 후보에게 투표할지도 모른다. 유권자들은 '인지된 공통점'을 기반으로 행동하도록 영향을 받았다. 하지만 스스로 선택한 후보에 대한 평가나 의견을 바꾸도록 설득되지는 않았다.

'영향력'과 '설득'은 흔히 혼용된다(이 책의 저자도 예외는 아니다). 하지만 대부분의 직장인은 적어도 처음에는 설득보다 영향력을 더 우선시한다. 특히 직무의 성격상 아이디어를 전달하거나 제품을 판매하거나 청중과 직접 소통하거나 도움을 요청하거나 타인의 지지를 얻어야 한다면 영향력이 설득보다 더 우선시된다.

영향력이 직장에서 항상 중요한 위치를 차지하는 또 다른 이유는 관리자와 리더에게 필수적인 도구로 간주되기 때문이다. 리더십은 사람을 통해 일을 완수하는 것이고, 관리는 목표를 달성하기 위해 사람과 자원을 조직하는 것이다. 그렇다면 영향력을 행사하는 능력은 리더십과 관리의 핵심이다.

영향력을 지닌다는 건 곧 권력을 갖는다는 의미다. 그러나 권력을 지녔다고 해서 반드시 영향력을 갖게 되는 건 아니다. 높은 직책과 우월한 지위는 복종과 순응을 이끌어낼 수 있다. 하지만 상사의 권위를 내세워 얻는 성공은 대개 일시적이고, 친구를 만드는 데 전혀 도움이 되지 않으며 관계된 모든 이들을 지치게 한다. 사람을 조정하려는 언사와 의심스러운 전술로 상대를 몰아붙이는 방식도 마찬가지다. 이런 방식은 대체로 반감을 불러일으키고, 앞으로 영향력을 얻는 것을 더 어렵게 만들 수 있다.

하지만 권력은 여전히 영향력을 발휘한다. 15세기 르네상스 시대의 정치사상가 니콜로 마키아벨리는《군주론》에서 모든 지도자는 사랑받으면서도 두려움의 대상이 되기 위해 고군분투할 수밖에 없다고 했다.[1] 심리학자들은 오래전부터 사람들이 타인을 평가할 때 '따뜻함'과 '강인함'을 기준으로 삼는다는 사실을 알고 있었다. 연구에 따르면 긍정적이든 부정적이든 타인으로부터 받는 인상의 90퍼센트는 상대방이 따뜻한 사람인지, 강인한 사람인지에 대한 평가에 기반을 둔다.[2]

동료 조지프 마크스 박사Dr. Joseph Marks와 함께 수행한 연구에서도 사람들은 두 가지 유형의 메시지 전달자 중 한 유형에 영향을 받는다는 사실이 확인되었다.[3] 메시지 전달자는 강경형과 온건형으로 구분된다. 청중은 강경형 전달자를 자신보다 더 높은 지위를 가진 인물로 인식하고 그의 말에 귀를 기울인다. 강경형 전달자는 지배적이거나 더 많은 전문 지식을 가진 사람일 수 있다. 또는 부자이거나 유명 인사, 뛰어난 외모를 지닌 사람일 수도 있다. 반면 온건형 전달자는 청중과 연결을 형성함으로써 청중의 관심을 얻는다. 청중은 메시지 전달자와 자신이 감정적으로 연결되어 있다고 느끼고 그의 말에 귀를 기울인다. 온건형 전달자는 따뜻한 사람으로 보이며 여리거나 신뢰할 수 있거나 카리스마 있는 인물로 인식되기도 한다.

그렇다면 둘 중 어느 쪽이 더 나을까? 마키아벨리는 사랑과 두려움을 동시에 얻는 것이 이상적이라고 말했다. 그러나 사랑과 두려움의 대상이 동시에 될 수 없다면 기강을 잡는 확실한 방법으로 사랑의 유대보다 두려움을 지지했다. 그는 말했다. "사랑과 두려움의 대상이 동시에 될 수 없다면 사랑받는 것보다 두려움의 대상이 되는 편이 더 낫다."

이 말이 다소 불쾌하게 들릴 수 있지만 많은 사람이 그가 옳았다고 주장한다. 적어도 특정 상황에서는 그가 옳았다. 권력과 힘으로 상대를 제압하는 전략이 상대에게 따뜻하게 다가가 유대감을 형성하는 전략보다 더 나은지를 판단하는 한 가지 방법은 누군가를 설득하고자 하는 사람이 어떤 종류의 영향력을 얻으려 하는지를 따져보는 것이다. 영향력에는 두 가지 종류가 있다. 그중 하나는 결과 중심의 '**거래적 영향력**transactional influence'이다. 이는 관계보다 결과가 우선시된다. 그리고 직설적이고 간결한 소통이 우선되며 강인함과 확신이 따뜻함과 호감보다 선호된다.

반대로 '**변혁적 영향력**transformational influence'은 더 큰 그림에 관심이 있

다. 말하자면 당장의 행동이 더 큰 노력에 영향을 미칠 수 있다는 데 주목한다. 이것은 지속 가능한 결과를 추구하는 영향력이다. 거래보다 변혁을 추구하는 영향력자는 권력과 힘에 기반한 접근 방법보다 더 부드럽고 공감적으로 격려하는 접근 방법을 선택하는 게 좋다. 데일 카네기의 책처럼 먼저 상대를 친구로 만들고 나서 그에게 영향력을 행사해야 한다. 심리학자 잭 젠거Jack Zenger와 조셉 포크먼Joseph Folkman은 2014년 오만 명의 관리자를 대상으로 연구를 진행했다. 그 연구 결과도 이를 뒷받침한다. 오직 스물일곱 명만이 호감도 최하위 25퍼센트와 리더십 효과성 최상위 25퍼센트에 모두 속했다.[4] 다시 말해 개인적으로 미움은 받지만, 훌륭한 리더로 평가받는 관리자는 대략 이천 명 중 한 명에 불과했다.

역사적으로 보면 성공적인 영향력자는 소통 능력이 기민한 경우가 많다. 그들은 상황과 맥락에 따라 강인함과 따뜻함을 자유자재로 오가며 영향력을 발휘한다. 성공적인 영향력자에게는 또 다른 무언가가 있다. 그들은 영향력이 발휘되는 과정에 관한 잘못된 통념과 오해를 이해하는 능력을 갖추고 있다. 지금부터 대표적으로 잘못된 통념과 오해 세 가지를 더 깊이 살펴보자.

— 잘못된 통념과 오해 1

정보를 제공하다 = 영향력을 얻다

보통의 일과를 떠올려 보자. 몇 시에 일어나는가? 아침 6시나 7

시? 아니면 이보다 더 늦은 시간에 일어날지도 모른다. 몇 시에 잠자리에 드는가? 밤 10시 30분이나 11시? 그렇다면 당신은 아침형 인간보다는 올빼미족에 가까울지도 모른다. 어느 쪽이든, 당신은 일반적인 직장인들과 비슷하게 하루 평균 16~18시간 정도 깨어 있을 가능성이 크다.

자, 이제 이렇게 생각해 보자. 깨어 있는 16~18시간 동안 당신은 관심을 끌거나 어떤 식으로든 생각하거나 행동하게 만드는 정보를 몇 번이나 접하는가? 하루 동안 받는 메시지와 이메일을 모두 떠올려 보자. 이제 여기에 문자, 소셜 미디어 게시물, 신문 기사, 전화 통화, 광고까지도 더해 보자. 배우자, 자녀, 동료 등 관심을 쏟아야 하는 주변 사람들은 어떤가? 업무는 또 어떤가? 이처럼 많은 사람이 출근과 동시에 데이터, 보고서, 제안서 등 쏟아지는 정보의 홍수 속에 허우적댄다.

이제 일상에서 부인할 수 없는 사실이 있다. 바로 우리가 모두 쉴 새 없이 쏟아지는 정보를 관리해야 한다는 것이다. 일부 정보는 반갑지만, 대부분은 그렇지 않다. 역사를 돌아보면 이 문제는 갈수록 심각해질 것이다. 참고로 21세기 초 평범한 영국인은 하루 평균 약 2,000개의 메시지에 노출된다고 추정했다(미국인의 경우는 거의 두 배였다). 2010년대 초반에는 하루에 영국인이 접하는 메시지 수가 1~3만 개에 이르렀다는 주장이 인터넷에 넘쳐났다(물론 정확한 수치인지 확인하기는 어렵다).[5] 소셜 미디어의 등장과 언제나 손만 뻗으면 닿을 거리에 있는 스마트폰 덕분에 이제는 그 수치를 계산하는 것조차 불가능하다는 주장도 나온다. 그럼에도 일부 연구자들은 여전히 수치를 추산하려고 노력한다. 데이터리포털DataReportal이 2021년에 발표한 보고서에 따르면 평범한 미국인이 하루에 인터넷을 사용하는 시간은 평균 7시간에 이르렀다. 여기에 끝없이 쏟아지는 직장과 가정생활의 요구, 더 많은 광고 등 오프라인 자극까지 더하면 하루에 소비하는 데이터양은 거의 74기가바이트에 달한다.[6]

정보가 넘쳐나는 환경은 사람들의 의사 결정 능력과 타인에게 영향력을 행사하는 능력에 분명한 영향을 미친다. 사람이 받아들일 수 있는 정보의 양에는 한계가 있다. 그런데 많은 사람이 이 사실을 잊은 듯하다. 정보를 제공하면 그 정보가 영향력을 발휘할 거라고 믿는 사람들이 여전히 많다. 그러나 이미 가득 찬 양동이에 물을 붓는 것처럼 이미 정보로 포화된 사람들의 마음에 정보를 쏟아붓고 있을 뿐이다. 이 정보는 우리 마음에 담기지 못하고 그냥 흘러넘친다.

단순히 정보를 제공하면 변화를 이끌 수 있다는 생각은 오해다. 그리고 실제로 정보만 제공하는 게 영향력을 행사하는 효과적인 도구라는 주장을 뒷받침하는 증거는 거의 없다. 우리는 흡연자들에게 담배를 끊어야 한다고 말한다. 우리는 더 많이 운동해야 한다고 듣는다. 더 건강하게 먹고, 전자 기기 사용 시간을 줄이고, 잠을 더 자야 한다는 데이터를 접한다. 그러나 사람들에게 (그리고 우리 스스로에게) 무언가를 하면 얻는 혜택을 (혹은 그것을 하지 않으면 감수해야 하는 위험을) 알려주는 것만으로는 충분하지 않다. 정보를 제공하는 것과 영향력을 얻는 것 사이의 상관관계는 약하다.

그렇다고 해서 정보가 타인에게 영향력을 행사하는 데 효과적이지 않다는 건 아니다. 사실 정보는 적절하게 제공되면 영향력을 발휘하는 데 아주 효과적일 수 있다. 성공적인 설득에 있어 중요한 건 정보 자체가 아니라 정보가 제시되는 방식을 이해하는 것이다. 4장에서는 메시지가 설득력 있게 전달될지 아니면 무시될지를 결정짓는 세 가지 정보 전달 방식을 살펴본다.

그러나 한 가지는 분명히 이해하고 있어야 한다. 영향력을 발휘하는 가장 생산적인 방법이 사실과 데이터를 제공해서 변화를 유도하는 것이라고 믿는다면, 샘과 제이크처럼 오랫동안 사람들의 미온적인 반응과 저항에 좌절할 각오를 해야 할 것이다.

— 잘못된 통념과 오해 2
생각을 바꾸다 = 행동을 바꾸다

1990년대는 미국인 열 명 중 한 명만이 건강 전문가들의 조언을 따라 과일과 채소를 하루에 다섯 번 섭취하는 것이 중요하다고 믿었다. 사람들의 인식을 개선하기 위해 미국 농무부United States Department of Agriculture는 10년 동안 수백만 달러를 투입해 캠페인을 벌였다. 언뜻 보면 돈을 잘 쓴 것처럼 보였다. 2002년에 진행된 대규모 후속 연구에서 사람들의 인식 변화가 확인되었기 때문이다. 캠페인을 하기 전에는 열 명 중 한 명에 불과했지만, 그 이후 미국인의 35퍼센트가 권고대로 하루에 다섯 번 과일과 채소를 먹는 게 중요하다고 믿었다.[7] 하지만 소매업체의 판매 기록을 보면 과일과 채소 소비량은 전혀 달라지지 않았다.

영향력 연구에서도 비슷한 결과가 자주 나타난다. 사람들의 태도와 신념, 행동 사이에는 일관성이 없는 경우가 많다. 나는 런던에서 가까운 교외 지역에 살고 있다. 교육기준청Ofsted(교육 서비스를 관리 감독하는 영국 정부 산하 기관)이 좋은 학교가 있는 곳이라고 평가한 지역이다. 그래서 많은 가족이 자녀를 좋은 학교에 보내기 위해 이 지역으로 온다. 아침에 기차역으로 걸어가다 보면 자녀를 등교시키는 학부모들의 모습을 자주 본다. 그들의 행동은 실로 흥미롭다. 어떤 학부모는 이중 주차로 도로를 막는다. 어떤 학부모는 아이를 학교 정문 가까이 내려주려고 인도 위로 차를 몰고 올라온다. 어린 자녀를 동반한 다른 학부모들과 보행자들은 기름을 많이 먹는 대형 SUV가 내뿜는 매연을 마시며 차량 사이를 비집고 걸어야 한다. 그런데 대부분의 SUV 차량에 '지구를 지키자!'라는 스티커나 환경 보호를 호소하는 문구가 범퍼와 앞 유리에 붙어 있다.

어쩌면 이러한 불일치는 당연할지도 모른다. 운전자들은 대중적으로 널리 알려져 있고 사회적으로 인정받는 신념에 자신들도 동의한다는 점을 무척이나 알리고 싶어 한다. 바로 환경을 보호하는 것은 좋다는 신념이다. 하지만 그들은 자상하고 좋은 부모도 되고 싶다. 그래서 조니와 샐리를 안전하게 학교 정문까지 데려다줘야 한다는 더 즉각적이고 시급한 (그리고 환경 보호와 상충하는) 목표와 마주하면 아이들이 우선순위가 된다.

더 폭넓은 태도나 신념을 실제로 지녔거나 아니면 적어도 지닌 것처럼 보이길 바라면서도 어떤 구체적인 목표를 달성해야 해서 그에 어긋난 행동을 하는 사례는 무수히 많다. 많은 사람이 사회적 공정성과 같은 강한 정치적 신념을 지녔지만, 불평등을 조장하는 정책을 지지함으로써 그 신념에서 벗어난다. 분수에 맞게 사는 것이 중요하다고 믿으면서도 주말 쇼핑이 주는 즉각적인 만족감에 굴복하는 사람도 많다. 오늘 반드시 해야 하는 일을 내일로 미루면 어떻게 되는지를 알면서도 우리 모두 오늘 할 일을 내일로 미루기를 반복한다.

일관성 있는 사람이라는 평가는 자존감을 높이는 바람직한 인간적 특성이다. 실제로 대부분이 자신의 태도와 신념에 부합하게 행동하길 선호한다. 그래서 다른 사람들도 마찬가지일 거라 쉽게 생각하고, 그들의 결정이나 행동을 바꾸려면 먼저 생각부터 바꿔야 한다고 여긴다. 하지만 사람의 생각을 바꾸는 일은 쉽지 않다. 이게 얼마나 힘든 일인지 알고 싶다면 스스로에게 이런 질문을 던져보라. 이 질문은 양극화 전문가인 앨리슨 골즈워디Alison Goldsworthy, 로라 오스본Laura Osbourne, 알렉스 체스터필드Alex Chesterfield가 자신들의 인기 팟캐스트 〈내 생각을 바꿔라Changed My Mind〉에서 게스트에게 늘 했던 질문이다. "마지막으로 중요한 일에 대한 생각을 바꾼 게 언제였나요? 이 질문에 선뜻 대답하지 못하더라도 놀랄 일은 아니다. 많은 게스트가 이 질문 앞에서 쉽게 답하지 못했다.

사람들의 생각을 바꾸는 일은 분명히 어렵다. 하지만 그들의 결정이나 행동에 영향을 미치는 위해서 반드시 그들의 생각까지 바꿀 필요는 없다. 그렇다, 제대로 읽었다. 사람들의 행동에 영향력을 행사하기 위해서 언제나 그들의 생각을 바꿔야 하는 건 아니다. 내가 함께 일하고 있는 두 명의 동료가 2022년 진행한 연구는 이를 잘 보여준다.

비정상적으로 긴 혀, 뾰족한 주둥이, 비늘로 덮인 몸. 천산갑은 사하라 이남 아프리카에 서식하는 곤충을 먹는 포유류다. 외모만 놓고 보면 결코 귀엽거나 매력적이지 않다. 하지만 보기 흉하다고 해서 천산갑이 밀렵꾼이나 밀수업자들에게 덜 매력적으로 다가오는 건 아니다. 그들은 천산갑을 푹 삶아 벗겨낸 비늘을 중국 전통 약재로 사용하고, 남은 사체는 몰래 식당에 판다. 천산갑 고기는 메뉴에는 없는 별미로 아주 비싸게 불법적으로 팔린다. 이러한 관행은 널리 퍼져 있고, 규모도 크다. 자연 보전 기관인 세계자연기금World Wide Fund for Nature, WWF은 매년 약 이십오만 마리의 천산갑이 도살된다고 추산한다.[8]

야생 동물 밀렵과 밀거래는 해결이 유난히 어려운 문제로 악명 높다. 많은 관행이 오랜 관습이나 뿌리 깊은 문화적 신념에서 비롯된다. 일부 빈곤 지역에서는 비록 불법이고 혐오스럽더라도 야생 동물을 포획하고 밀거래하는 것이 몇 안 되는 안정적인 수입원이 되기도 한다. 여기에 부패도 한몫한다. 그리고 규모가 대단히 크다는 것도 문제다. 수천 명의 밀렵꾼과 밀수업자들이 산업 규모로 활동하고 있다. 국제형사경찰기구 인터폴Interpol은 이 시장의 규모가 연간 200억 달러(약 28조 원)를 넘는다고 추산한다.[9]

이처럼 복잡하고 다층적이며 문화적으로 고착된 문제를 해결하려면 다양한 정책과 접근 방법이 요구된다. 부패를 줄이기 위해서 각국 정부가 서로 협력하는 것도 도움이 될 수 있다. 민간 조직과 비영리 기구가 손잡고 지속 가능한 대체 생계 수단을 개발하고 투자해서 확산시키는 것도 도움이 된다. 불법으로 포획되고 밀거래되는 야생 동물을 소비하는 사람들의 생각을 바꾸기보다는 그들의 행동에 실질적으로 영향을 줘서 수요를 줄이는 것도 중요하다.

행동과학자 엘로이즈 코플랜드Eloise Copland와 올리비아 패티슨Olivia Pattison은 베트남 각지의 지역 사회에서 이 문제를 해결하기 위해 노력하고 있다. 그리고 그들의 노력은 실제 성과를 내고 있다. 그들은 현지 비영리 기구와 파트너십을 맺고, 식당 손님들이 메뉴에 없는 천산갑 고기나 야생 동물 고기를 주문하지 않도록 다양한 영향력 전략을 실험했다. 예컨대 '사람들 대다수는 야생 동물 고기를 먹지 않는다', '야생 동물 고기를 먹는 사람들은 사회적으로 비난받는다'와 같은 메시지를 전달했다. 이런 노력은 야생 동물 고기 소비를 거의 50퍼센트 가까이 줄이는 효과를 가져왔다.[10]

코플랜드와 패티슨은 이 실험 이후 후속 설문 조사와 암묵적 연합 검사(개인의 무의식적인 연상을 간접적으로 측정하는 검사)를 실시했다. 그들은 야생 동물 고기 소비가 줄어든 것이 불법적으로 거래되는 야생 동물을 먹는 행위에 대한 사람들의 태도나 신념의 변화로 이어졌는지를 알아보려고 했다. 하지만 변화는 없었다. 식당 손님들의 행동은 분명히 변했지만, 그들의 신념과 태도에는 거의 변화가 없었다.

사람들은 자신은 유연하고, 적응력이 있으며 신념과 태도를 지속적으로 업데이트한다고 믿는다. 하지만 현실은 다르다. 변화는 어렵다. 직장에서 타인을 설득해야 하는 우리는 이 사실을 항상 기억해야 한다. '당신들의 생각은 틀렸고, 내 생각이 맞다'라고 이해시키고 싶겠지만, 이런 마음가짐과 접근 방법은 바라는 결과를 얻는 데 거의 도움이 되지 않는다.

직장에서 다른 사람들에게 영향력을 발휘해야 할 때 중요한 건 논쟁에서 이기는 것이 아니라 원하는 결과를 얻어내는 것이다. 그리고 바라던 결과를 얻는 데 상대의 생각을 반드시 바꿔야 하는 건 아니다. 그들의 결정이나 행동만 바꾸면 된다. 결정이나 행동이 생각보다 유연하므로 더 바꾸기 쉽다. 물론 누군가의 행동이 바뀌고, 바뀐 행동에 따라 생각까지 바뀐다면 금상첨화일 것이다. 하지만 처음부터 기대하지는 마라.

— 잘못된 통념과 오해 3
사람들에게 무엇으로 자신들을 설득할 수 있는지 묻는다

워런 버핏, 빌 게이츠, 찰스 핸디Charles Handy와 같은 현대 경영 대가들의 말과 비교하면 고대 그리스 철학자들의 사색은 전 세계 이사회 회의실이나 사내 연수에서 진행되는 의사소통, 경영과 영업 교육 프로그램에서 거의 인용되지 않는다. 그러나 직원들이 영향력이라는 기술을 갖출 수 있도록 돕는 컨설턴트와 코치들이 규칙적으로 이용하는 말 가운데, 고대 그리스 철학자의 입에서 나온 말이 있다.

기원전 3세기 스토아학파 철학자였던 에픽테토스Epictetus는 인격을 갈고닦고 최우선의 가치로 삼는 데 삶의 본질이 존재한다고 보았다. 그는 올바르게 사는 삶의 궁극적인 목표 앞에서는 명성, 부, 평판과 같은 물질적인 요소들에 무관심해져야 한다고 믿었다. "신은 더 듣고 덜 말하라고 인간에게 2개의 귀와 1개의 입을 주셨다"라고 말한 사람이 바로 에픽테토스다.[11]

자신의 말이 현대 직장인들에게 정작 자신이 무의미하다고 여겼던 명성과 부를 얻겠다는 의욕을 북돋는 데 단골처럼 인용된다는 사실을 안다면 에픽테토스는 과연 어떤 반응을 보일까. 그럼에도 그의 통찰은 여전히 의미가 있다. 많은 사람이 에픽테토스의 조언을 따라 경청하는 데 더 집중했다면 세상은 지금보다 더 나은 곳이 되었을 거라고 생각한다. 하지만 여기서 반드시 짚고 넘어가야 할 부분이 있다. 수십 년의 설득 연구에서 공통으로 관찰되는 것이 하나 있다. 사람들은 자신들의 미래 행동에 무엇이 가장 큰 영향을 미칠 수 있는지 잘 모른다. 물론 무엇이 자신들에게 가장 큰 영향을 미치는지 묻고, 그들의 대답을 주의 깊게 듣는 건 분명히 중요하다. 그러나 그들의 대답을 곧이곧대로 믿고 받아들여서는 안 된다.

좋은 사례로 웨슬리 슐츠Wesley Schultz, 제시카 놀런Jessica Nolan, 로버트 치알디니, 노아 골드스타인Noah Goldstein, 블라다스 그리스케비시우스Vladas Griskevicius가 진행한 연구들이 있다.[12] 예를 들어 미국 남부 캘리포니아에 거주하는 사람들에게 에너지 소비를 줄이도록 권장하는 네 가지 문구를 들려주고, 각각의 문구가 얼마나 설득력이 있는지 순위를 매기게 했다. 첫 번째 문구는 각 가정의 에너지 절약이 사회 전체의 온실가스 배출량을 감축하는 데 기여한다는 내용을 담고 있었고, 두 번째 문구는 오늘 에너지 소비를 줄이면 미래 세대의 삶의 터전을 지키는 것이라는 내용을 전달했다. 다시 말해 자녀와 손주를 위해 에너지를 절약하자는 것이었다. 세 번째 문구는 에너지 소비를 줄이면 일반 가정이 얻을 수 있는 경제적 가치를 강조했다. 네 번째 문구는 많은 이웃이 이미 에너지를 절약하는 방법을 찾아 실천하고 있다는 사실만을 담담하게 전달했다.

주민들은 네 가지 문구 중 자신들의 노력이 사회 전체의 온실가스 배출량 감축에 기여할 수 있다는 첫 번째 문구가 가장 큰 동기를 부여하고, 행동에 가장 큰 영향을 미칠 것 같다고 평가했다. 두 번째로는 미래 세대의 삶의 터전을 지키자는 문구였고, 세 번째로는 에너지 절약으로 얻는 경제적 혜택을 강조한 문구가 꼽혔다. 반면 많은 이웃이 이미 에너지 절약을 실천하고 있다는 내용의 문구는 동기 부여나 설득력에서 가장 낮은 평가를 받았다.

하지만 연구진은 그 결과를 그대로 받아들이지 않았고, 대신 좀 더 정교한 실험을 설계했다. 몇 주 동안 네 가지 문구 중 하나의 푯말을 각 가구 현관 근처에 설치했다. 첫 번째 그룹은 에너지 절약이 환경을 보호한다는 문구의 푯말을, 두 번째 그룹은 에너지 절약이 미래 세대에게 도움이 된다는 문구의 푯말을 보았다. 세 번째 그룹은 에너지를 절약하면 경제적으로 이득을 볼 수 있다는 문구의 푯말을, 네 번째 그룹은 많은 이웃이 이미 에너지 절약을 적극적으로 실천하고 있다는 문구의 푯말을 접했다. 연구진은 이후 한 달간 각 가구의 전기 계량기를 확인하고 재활용품 배출량을 측정했다. 그리고 그 결과를 바탕으로 각 문구의 영향력을 평가하고 바라던 행동을 이끌어내는 데 얼마나 효과가 있었는지 판단했다.

앞서 대부분의 사람이 환경 보호를 강조한 문구가 에너지를 절약하도록 설득하는 데 가장 효과적일 것 같다고 대답한 걸 기억할 것이다. 하지만 이 문구가 적힌 푯말에 지속적으로 노출된 그룹의 행동은 전혀 달라지지 않았다. '자녀를 위해서' 혹은 '경제적 이익을 위해서' 에너지를 절약하자는 문구가 적힌 푯말도 사람들의 행동 변화를 이끌어내지 못했다. 사람들에게 영향력을 행사해서 변화를 이끌어낸 유일한 푯말은 앞서 동기 부여나 설득력에서 가장 낮은 평가를 받았던 이웃들이 이미 에너지 절약을 실천하고 있다는 내용이었다.

이처럼 사람들은 자신들의 미래 결정이나 행동에 무엇이 가장 큰 영향을 미칠지 잘 모른다. 게다가 사건이 발생한 후 무슨 일이 있었는지를 되돌아보면서도 정작 자신이 무엇에 설득되었는지도 인식하지 못하는 경우가 많다. 몇 해 전, 동료 중 한 명이 시사 프로그램 게스트로 초대받아 사람들이 응급 상황이 아닌 일상적인 상황에서 다른 사람들을 돕는 순간과 그 이유에 관해서 이야기했다.

촬영팀은 미리 거리로 나가 스튜디오에서 토론할 때 사용할 영상을 찍어왔다. 제작진은 번화한 교차로의 기차역 앞에서 공연하는 거리 연주자에게 돈을 주는 사람이 몇 명이나 되는지를 관찰했다. 처음에는 거리 연주자에게 돈을 주는 사람이 거의 아무도 없었다. 그런데 연기자가 일부러 다른 사람들 앞에서 거리 연주자의 모자에 돈을 넣자, 상황이 반전되었다. 그 장면을 본 후 거리 연주자에게 돈을 건네는 사람의 수가 여덟 배로 증가했다. 누군가가 먼저 행동하는 모습을 보자 다른 사람들도 그 행동을 따라 한 것이다.

하지만 촬영된 영상에서 가장 흥미로운 장면은 인터뷰였다. 누군가가 거리 연주자에게 돈을 건네는 것을 보고 따라서 돈을 줬다고 말한 사람은 단 한 명도 없었다. 대신 모두 엉뚱한(사실과 완전히 다른) 이유를 들었다. "제가 원래 베풀기를 좋아해요." "그 사람이 안쓰러워 보여서요." "제가 좋아하는 노래를 연주하고 있었어요."

이처럼 사람들은 대부분 어떤 요인이 자신들의 결정이나 행동에 영향을 미쳤는지 잘 모른다. 사건이 일어나기 전은 물론이고 일어난 후에도 마찬가지다. 이는 타인을 설득하는 데 관심이 있는 우리에게 딜레마를 안긴다. 시간과 노력을 투자하고, 때에 따라서 상당한 비용까지 감수하면서 동료, 고객 혹은 소비자에게 '무엇으로 당신을 설득할 수 있나요?'라고 물어도 정작 신뢰할 만한 답변을 얻기란 쉽지 않다. 그렇다고 해서 묻지 말라는 뜻은 아니다. 의미 있는 관계와 생산적인 소통의 기회를 망칠 위험만으로도 질문을 던지고 답변에 귀를 기울일 이유는 충분하다. 다만 상대가 현실을 미화해 답변할 가능성을 염두에 둘 필요가 있다. 그들의 답변을 (살짝) 회의적인 시선으로 바라보는 것이 도움이 될 수 있다. 그리고 우리에게 정보를 전달하는 수단(입)보다 정보를 수용하는 수단(귀)을 두 배 더 가지고 있다는 에픽테토스의 통찰을 마음에 새겨야 한다. 더 깊이 조사하고 파고들기 위해 몇 가지 보충 질문을 던지는 습관은 유익하다.

사람을 움직이는 세 가지 핵심 동기

사람들에게 정보를 제공해서 변화를 유도하는 전략은 신뢰할 수 없다. 행동이 바뀌기를 바라며 사람들의 생각을 바꾸려는 시도는 지치기 쉽고 대체로 효과도 없다. 그리고 무엇이 자신을 설득할 수 있는지를 사람들에게 직접 묻는 전략도 믿을 수 없다. 그렇다면 다른 사람들에게 영향력을 발휘하고자 할 때 더 효과적인 방법은 없을까? 한 가지 접근 방법은 우리의 요구, 제안. 요청이 사람이라면 갖고 있는 몇 가지 핵심 동기를 자극하도록 만드는 것이다. 바로 **정확성**accuracy, **연결**connection, **자아**ego다.

작고한 엘스트리의 그레이드 남작은 소문에 따르면 이런 이야기를 즐겨 했다. 어느 날 한 젊은이가 면접을 보러 그의 사무실에 찾아왔다. 젊은이가 사무실에 도착한 시간은 아침 7시 30분이었다. 남작은 두 번째 시가를 태우며 젊은이를 잠시 응시하더니 커다란 물 주전자를 집어 자신의 책상 한가운데에 올려놓았다. 남작은 "이봐, 젊은이. 자네가 설득의 달인이라고 들었다네. 이 물 주전자를 나에게 팔아보겠나"라고 말했다.

젊은이는 당황하지 않고 자리에서 일어나 방구석으로 가더니 서류가 가득 버려져 있는 쓰레기통을 들고 와서 물 주전자 옆에 내려놓았다. 그리고 남작을 몇 초간 응시하더니 침착하게 성냥개비에 불을 붙여 쓰레기통 안에 던졌다. 불꽃은 순식간에 치솟았고, 젊은이는 자기 상사가 될지도 모르는 남작에게 침착하게 물었다. "이 물 주전자를 얼마에 사시겠습니까?"[13]

이 이야기는 영향력을 키우고자 하는 사람에게 유용한 교훈을 제공한다. 젊은이는 물 주전자를 팔기 위해 그것의 구체적인 특징이나 기능을 설명하며 남작을 설득하려고 시도하지 않았다. 금전적인 인센티브를 제시하지도 않았다. 대신 물 주전자가 놓인 심리적 상황의 맥락을 바

꿨다. 물 주전자는 더 이상 갈증을 해소하는 시원한 물을 담고 있는 도구가 아니었다. 무섭게 치솟는 불길을 잡는 데 지금 당장 필요한 도구였다. 결국 그는 남작의 사무실에서 일하게 되었다. 그는 영리하게도 제안 상황의 심리적 맥락을 인간의 근본적인 동기에 맞춰 바꾸면 상대의 결정이나 행동에 효과적으로 영향력을 행사할 수 있다는 사실을 이해하고 있었다.

이 이야기에서 젊은이가 자극한 동기는 바로 **정확성**이다. 정확성은 자신이 처한 상황과 주어진 제약 속에서 스스로 가장 옳다고 판단하는 행동을 하려는 인간의 근본적인 욕구를 뜻한다. 책상 위, 불길이 걷잡을 수 없이 번져가는 상황에서 남작이 즉각적으로 느낀 동기는 그 불을 끄는 것이었다. 그것이 옳은 행동으로 판단되었기 때문이다. 그래서 결과적으로 불을 끄는 것이 그의 마음속에 최우선 과제가 되었다. 정확성은 세 가지 근본적인 동기 중 하나다. 나머지 두 가지는 **연결**(다른 사람들과 관계를 맺고자 하는 욕구)과 **자아**(자신과 자기 행동이 긍정적으로 느껴지게 행동하려는 욕구)다. 정확성, 연결과 자아는 개별적으로 혹은 결합해서 모든 성공적인 영향력 전략의 핵심이 되기 때문에 반드시 기억해야 한다. 기억하기 쉽게 각 영어 단어의 첫 글자만 따서 'ACE'로 정리할 수도 있다.

이 세 가지 동기를 하나씩 살펴보기 전에 왜 정확성, 연결 그리고 자아가 영향력을 발휘하고 설득하는 과정에서 그토록 핵심적인 역할을 하는지를 생각해 보자. 창문 하나 없는 깜깜한 방 한가운데 서 있다고 상상하자. 방 안은 칠흑같이 어둡다. 다행히 벽 어딘가에 스위치가 있다는 건 알고 있다. 그래서 벽을 손으로 더듬어 스위치를 찾아내고 그것을 누른다. 그러자 방 안에 불이 환히 켜진다. 이 불은 무엇 때문에 켜진 걸까? 단순히 스위치를 눌렀기 때문일까? 꼭 그렇지는 않다. 스위치 자체가 전기를 만들어내는 건 아니다. 전구에 불이 들어온 건 전기 덕분이다. 스위치는 전기와 전구를 이어주는 회로를 완성해 줄 뿐이다. 만약 전력이 없다면 아무리 스위치를 눌러도 전구에 불은 들어오지 않는다.

정확성, 연결 그리고 자아는 인간의 근본적인 동기로 이와 비슷하게 작동한다. 전기 시스템에 이미 전력이 흐르듯이 세 가지 동기도 이미 사람들의 내면에 내장되어 있다. 올바른 스위치만 누르면 언제든지 전력처럼 흘러서 전구에 불을 켤 준비가 되어 있다. 하지만 전기 시스템의 전력과 다른 점도 있다. 전력은 차단할 수 있지만 정확성, 연결, 자아는 차단되지 않고 늘 흐른다. 성공적인 영향력자들은 이 점을 알고 있다. 그들은 이 세 가지 동기가 어떻게 사람들이 내린 결정에 영향력을 깊이 행사하는지를 이해하고, 그것들을 어떻게 자극해서 활용할지를 안다.

정확성 동기: 옳은 일을 하고 싶은 욕구

우리는 복잡하고 정보가 넘쳐나며 불확실한 세상에 살고 있다. 이 세상에서 사람들은 정확하게 인식하고 판단하며 행동하기를 바란다. 그렇지 않으면 누릴 수 있었던 혜택이나 보상을 놓치게 될지도 모른다. 더 나아가 심각한 위협이나 위험에 노출되고 손실을 경험할 수도 있다. 다시 말해 사람들은 '옳은 선택'인 것 같은 행동을 하려는 동기를 지닌다.

하지만 우리는 항상 주어진 모든 선택지의 비용과 편익을 면밀히 분석하고 신중하게 따져본 뒤에 결정을 내리지 않는다. 대부분 그럴만한 시간도, 에너지도 없다. 그리고 균형 잡힌 정보를 바탕으로 결정을 내리지도 않는다. 애초에 정보 자체가 균형 잡혀 있지 않기 때문이다. 사실은 자주 왜곡되거나 조작되고 때로는 아예 만들어지기도 한다. 주장을 뒷받침하기 위해 사용한 데이터와 통계가 더 눈에 띄는 경우도 많다. 빈약한 주장에 통계가 가미되면 주장의 설득력이 강해진다. 마크 트웨인은 세 가지 종류의 거짓말이 있다고 했다. "보통의 거짓말, 지독한 거짓말 그리고 통계다."

정보는 방대하고 신뢰성에 합당한 의구심이 생기는 정보도 많다. 이런 상황에서는 정확한 결정을 내리기가 쉽지 않다. 그래서 사람들은 올바른 결정을 내리려고 할 때, 확실히 믿을 수 있는 검증된 단서와 신호에 의존하는 경향이 있다. 다시 말해 가용할 수 있는 모든 정보의 신뢰성을 평가하고 철저하게 무게를 따지는 대신 노벨 경제학상 수상자 허버트 사이먼Herbert Simon의 말처럼 스스로 충분히 만족할 수 있는 결정을 내리려고 한다.[14] 문제가 생기면 최고의 해답을 찾으려고 노력하기보다 충분히 만족스러운 수준의 해답을 먼저 찾는다. 예를 들어 레스토랑의 손님은 '와인은 와인 전문가가 제일 잘 안다'라는 생각에 따라 소믈리에가 추천하는 와인을 주문할 수도 있다. 재무 관리자는 믿기 어려울 만큼 좋은 조건의 제안을 받으면 그럴 수도 있다고 생각하면서도 결국에는 그 제안을 거절할 수도 있다. 연금 수급자는 '구관이 명관'이라는 생각으로 수익률이 높은 상품이 있는데도 수익률이 낮은 기존 상품에 그대로 예금을 유지할 수도 있다.

효과적으로 영향력을 행사하는 사람들은 이를 이해하고, 정확성 동기를 자극하는 단서와 신호를 제안, 요청, 메시지에 포함한다. 이 단서와 신호는 상황에 따라 다르다. PART 2에서는 많은 단서와 신호를 소개하고, 이를 효과적이고 윤리적으로 사용하는 방법도 살펴본다.

연결 동기: 타인을 위해 옳은 일을 하고 싶은 욕구

연결 동기는 사람들이 사실이나 경제적 유인책에 따라 결정하고 행동하기보다는 자기 행동과 결정이 타인과 건전한 유대감을 형성하고 유지하는 데 도움이 되는지를 기준으로 한다. 그리고 이상적으로는 상대의 인정을 얻는 데 도움이 되는지도 고민한다. 인간은 본래 타인과 긍정적인 사회적 유대를 형성하고 유지하려는 욕구를 지닌 사회적 동물이기 때문에 연결은 매우 강력한 동기 요인이다.

혼자 힘으로는 성공하기 어렵다. 성공은 대개 타인과 맺은 관계의 질과 양에 달려 있다. 사람들은 어떤 행동을 할지 결정할 때 자주 타인과의 관계를 우선시하는 경향이 있다. 심지어 그 결정이 그리 바람직하지 않더라도 마찬가지다.

어느 가족 이야기다.[15] 미국 텍사스에 사는 한 가족이 한여름 오후 집 앞 그늘에 앉아 있었다. 딸 집에 놀러 온 장인이 집에서 약 50마일(약 80킬로미터) 떨어진 곳에 있는 애빌린이라는 마을로 저녁을 먹으러 다녀오자고 제안했다. 딸이 "좋은 생각이에요"라고 말했다. 사위는 여럿이 작은 차를 함께 타고 두 시간이나 왕복해야 한다는 생각에 내키지 않았지만 "장모님이 원하시면 나도 괜찮아"라고 동의했다. 장모는 "재밌겠네.

저녁 먹으러 가세나"라고 답했다.

애빌린에 도착해서 간 식당의 음식과 서비스는 집에서 애빌린까지 다녀오는 여정만큼이나 끔찍했다. 가족은 네 시간 후 녹초가 되어 집으로 돌아왔다. 모두가 신경이 곤두서 있었다. 가라앉은 분위기를 바꿔보려는 듯 가족 중 한 사람이 즐거운 외출이었다고 말했다. 그러자 장모는 "시간이 다시 돌아간다면 집에 그냥 있었을 거야"라고 말했다. 다른 가족들도 그 말에 고개를 끄덕였다.

"그럼 왜 간 거예요?"

"당신이 지루할까 봐 제안한 거였어."

"전 당신이 신나 보이길래 갔죠."

가족 모두가 왜 아무도 원하지 않았던 외출을 했던 것인지 의아해하며 잠자리에 들었다. 오후 햇살을 받으며 충분히 즐겁게 시간을 보내고 있었으면서 왜 그런 결정을 내렸는지 아무도 이해하지 못했다.

이 상황을 '애빌린의 역설Abilene paradox'이라고 한다. 타인과 유대감을 느끼고 그들로부터 인정을 받고자 하는 욕구가 신중하고 정확한 사고를 얼마나 쉽게 압도할 수 있는지를 보여준다. 애빌린의 역설은 가족 관계에만 국한되지 않는다. 직장에서도 많은 직장인이 반대 목소리를 내는 게 부담스러워 정확성보다는 동료와의 관계, 즉 유대감을 우선시한다. 이것은 종종 프로젝트를 더 효과적으로 진행하는 데 방해가 되기도 한다.

애빌린의 역설은 집단 사고와 유사한 면이 있지만, 동일하지는 않다. 애빌린의 역설은 집단의 모든 구성원이 원한다고 오해하고, 사실 그 누구도 원하지 않는 행동이나 결정을 집단적으로 받아들이고 따를 때 발생한다. 반면 집단 사고는 집단이 합의에 이르는 과정에서 정보가 불완전하거나 비판적 사고가 제한되거나 외부 조언이 배제된 상황에서 결정을 내릴 때 발생한다.[16]

물론 연결 동기에 따라 내린 결정과 행동이 최적이 아니거나 가치가 없다는 뜻은 아니다. 오히려 그 반대인 경우가 많다. 사람들이 기업이라는 조직에 느끼는 신뢰는 조직과 자신이 얼마나 끈끈하게 감정적으로 연결되어 있다고 느끼는지에 따라 달라진다. 의료 분야에서 일하는 많은 사람은 경제적으로 큰 보상을 받지 못하지만, 그 일이 제공하는 감정적 연결emotional connection 때문에 일한다. 심지어 직계 가족이나 친구 범위를 넘어 더 넓은 공동체와 연결을 형성하기 위해 개인적 니즈를 외면하는 사람들도 있다. 코로나19 팬데믹 시기에 백신 접종을 권고하는 많은 캠페인은 백신을 맞아서 얻게 될 개인의 이익보다 타인을 보호하는 게 중요하다는 메시지를 전달하는 데 초점을 맞췄다. 연구 결과에 따르면 이러한 접근 방법은 많은 사람들에게 효과가 있었다. 많은 이들이 개인적으로 백신을 맞는 걸 꺼림칙하게 여기면서도 팔을 걷어붙이고 백신 접종에 응했다. 그것이 더 큰 공동체의 이익을 위해 해야 하는 옳은 일로 느껴졌기 때문이었다.

효과적으로 영향력을 행사하는 사람들은 연결 동기를 활용해 타인과 관계를 맺기 위해서는 자신들의 주장이 지니는 가치와 그 주장이 관계된 사람들에게 미칠 영향을 자연스럽게 연결해야 한다는 것을 알고 있다. 그리고 연결은 감정이 결여된 데이터나 차가운 통계에서 비롯되는 것이 아니라 의미 있고 감정이 담긴 이야기에서 나온다는 것도 정확하게 인지하고 있다.

연결을 형성하는 데 이야기가 실제로 효과적인지 확신이 서지 않는다면 자기 경험을 떠올려 보라. 주장을 뒷받침하는 근거로 제시한 데이터나 수치를 두고 많은 사람과 논쟁을 벌였을 것이다. 하지만 그들은 우리가 들려주는 이야기에는 덜 반발했을 것이다. 영향력을 잘 발휘하는 사람들은 타인과의 연결도 잘 형성한다. 의미 있고 감정이 담긴 이야기로 설득력 있는 이미지를 그려내 영향력을 행사한다. 향상된 업무 효율성이나 개선된 재무 상태보다 변화된 사람들의 삶과 중요한 연결을 이야기한다.

자아 동기: 자기 자신을 위해 옳은 일을 하고 싶은 욕구

옳은 일처럼 보이는 일을 하려는 동기(정확성)와 타인을 위해 옳은 일을 하려는 동기(연결)뿐만 아니라 사람들은 자기 자신이 만족할 수 있게 행동하려는 동기도 있다. 이것이 바로 자아 동기다.

사람들이 자기 자신을 우호적으로 생각하고 싶은 강한 동기가 있다는 걸 보여주는 증거가 많다. 한 설문 조사에서 응답자의 75퍼센트 이상이 자신의 운전 실력에 대해 평균 이상이라고 답했다.[17] 물론 이는 논리적으로 불가능하다. 심지어 응답자의 절반가량이 자신의 운전 실력은 상위 20퍼센트에 해당한다고 대답했다. 이것 또한 논리적으로 불가능하다. 이러한 결과는 다양한 국가와 문화권에서도 동일하게 나타난다. 이것은 자신을 긍정적으로 평가하고 싶은 욕구가 얼마나 보편적이고 본능적인지를 보여준다.

그렇다고 해서 모두가 자기애 성향을 지녔다는 뜻은 아니다. 물론 일부는 그럴 수 있겠지만 대부분은 자기 외모나 소비 습관 혹은 (능숙하게) 운전하는 차와 같은 외적인 요소를 과시해서가 아니라 자신이 내세우는 가치와 신념을 지키고, 스스로 정의한 개성과 정체성에 따라 일관되게 행동하며 괜찮은 사람이라고 느끼고 싶은 욕구를 충족시킨다.

이러한 자아 동기를 이해하면 타인을 설득하는 데 도움이 된다. 코로나19 팬데믹 이전에 의사들을 대상으로 실험을 진행했다. 의사들은 교차 오염과 개인 감염의 위험을 줄여야 한다는 메시지를 받았을 때보다 히포크라테스 선서를 한 의사라는 점을 상기시켰을 때 진료 사이에 손 소독을 훨씬 더 자주 실천하는 경향을 보였다.[18] 이처럼 단순히 정보를 제공해 규정을 준수하도록 하는 것보다 기대하는 행동(손 소독)을 이미 나 자신과 맺은 약속(해를 끼치지 않겠다는 선언)과 연결했을 때 의료진은 자발적으로 손 소독을 실천했다. 자신의 신념에 부합하게 행동하면서 스스로가 괜찮은 사람이라 느끼고 긍정적으로 평가할 수 있었기 때문이다.

성공적인 영향력 전략의 핵심에는 세 가지의 근본적인 동기 중 하나 이상이 자리한다. 능숙한 설득가들은 이를 잘 알고, 영향력 전략을 세울 때 여러 가지 질문을 스스로에게 던진다. 나의 제안이 상대방이 보기에도 옳은 일로 보일까? 내 제안은 상대방이 주변 사람들과 긍정적인 관계를 형성하고 유지하는 데 도움이 될까? 나의 제안은 상대방의 자존감을 높이고 자신을 긍정적으로 바라볼 수 있게 도울까?

아마도 이 세 가지 근본적인 동기를 동시에 자극하는 것이 가장 효과적인 설득 전략일 것이다. 우버Uber와 리프트Lyft 같은 차량 공유 플랫폼은 이 세 가지 근본적인 동기를 정교하게 건드린다. 예컨대 비가 내리는 날 길가에 서서 호출한 택시를 기다리며 지나가는 차에 손을 흔드는 대신, 차량 공유 플랫폼은 지도 위에 번호판이 딸린 작은 차 아이콘을 표시해서 정확성 동기를 충족시킨다. 그리고 예상 요금을 미리 안내하며 미터기 요금에 대한 불확실성을 줄여 정확성 동기를 한 번 더 만족시킨다. 다른 이용자들의 후기와 함께 운전자의 이름과 사진을 제공해 연결 동기를 충족하며 운전자의 안전 운행 기록을 공유해 한 번 더 안심시킨다. 심지어 자아 동기까지도 만족시킨다. 예를 들어 술집 앞에 호출한 차량이 도착했다는 것을 확인하고 밖으로 나가면 그 순간만큼은 늘 차가 대기하고 있는 유명인이 된 듯한 기분을 느낀다.

다른 사람들에게 영향력을 행사하려는 사람, 즉 우리 모두에게 차량 공유 플랫폼 사례는 분명한 시사점을 제공한다. 증거와 경제적 유인책은 여전히 영향력 전략의 핵심 요소다. 하지만 타인을 이해시키고 설득하는 데 결정적인 역할을 하는 건 감정적 연결이다. 정확성, 연결 그리고 자아라는 세 가지 근본적인 동기가 감정적 연결을 형성하는 데 핵심적인 역할을 한다.

영향력 방정식

우리는 흔히 최고의 증거와 가장 매력적인 경제적 유인책을 제시하는 것이 다른 사람들에게 가장 효과적으로 영향력을 행사하는 방법이라고 믿는다. 하지만 현실이 반드시 그렇게 돌아가는 건 아니다. 증거와 정보는 물론 영향력 전략의 핵심 요소다. 하지만 그것만으로 사람들을 언제나 설득할 수 있는 건 아니다. 재정적 인센티브와 같은 경제적 유인책 역시 중요하다. 하지만 이들은 정보처럼 어디까지나 영향력 전략의 일부에 불과하다. 감정 요소도 영향력 전략에서 중요하다. 정확성, 연결, 자아 중 하나의 동기가 자극될 때 사람들이 느끼는 감정은 제안의 수용과 거부를 결정짓는 핵심 요인이다. 이는 한 사람을 설득하든 한 집단이나 조직, 나아가 국가 전체를 설득하든 마찬가지다.

따라서 성공적으로 영향력을 행사해 타인을 설득하려면 정확성, 연결, 자아라는 세 가지 근본적인 동기를 모두 고려해 전략을 세워야 한다. 그래서 이 책은 세 가지 근본적인 동기를 바탕으로 영향력 방정식을 정의했다.

17세기와 18세기에 아이작 뉴턴과 요한 볼프강 폰 괴테는 삼원색을 다양한 비율로 조합하면 어떤 색이든 만들어낼 수 있다고 생각하고 이를 이론화했다. 영향력 방정식도 이와 비슷하다. 빨강, 노랑, 파랑을 서로 다른 비율로 섞어 다양한 색을 만들어낼 수 있듯 영향력을 발휘해야 하는 상황에 맞춰 증거, 경제적 유인책, 감정을 적절하게 조합해 성공적인 영향력 전략을 세울 수 있다(도표 1 참조).

정확하게 어떤 조합이 최적인지는 개인이 처한 설득 상황에 따라 달라진다. PART 2에서는 증거를 가장 설득력 있게 제시하는 방법(4장),

$$\text{영향력} = \frac{\text{증거} + \text{경제적 유인책} + \text{감정}}{\text{맥락}}$$

도표 1 **영향력 방정식**

경제적 유인책을 구조화하는 방법(5장), 감정적 반응을 유도하는 방법(6장)을 자세히 살펴본다. 그리고 직장뿐만 아니라 가정에서 영향력을 발휘해야 하는 상황에 효과적으로 대응할 수 있는 영향력 전략을 수립한다.

PART 2

영향력 방정식:
세 가지 변수를 활용해 설득 전략 세우는 법

개요

Overview

어느 날 한 친구에게 전화를 받았다. 그녀는 몹시 들뜬 목소리로 흥분을 감추지 못한 채 방금 받은 소식을 전해준다. 몇 주 전 그녀는 유명 브랜드 여러 개를 보유한 잘 알려진 기업에 지원했었다. 그곳은 그녀가 오랫동안 꿈꿔온 직장이었다. 그런데 방금 최종 면접 대상자 네 명 중 한 명으로 선정되었다는 소식을 이메일로 받은 것이다. 축하 인사를 건네려는 찰나, 그녀의 목소리가 돌연 바뀐다. 그녀는 당신에게 진지한 조언을 구한다.

"다음 주 같은 날에 네 명 모두 면접을 보는데 내가 면접 시간을 고를 수 있대. 도대체 어떻게 해야 할지 모르겠어. 제일 먼저 보는 게 좋을까? 첫인상이 중요하잖아? 근데 두 번째가 더 나을지도 모르지. 아니면 세 번째가 괜찮을까? 기억에 가장 많이 남도록 마지막에 면접을 보는 것도 나쁘지 않을 거 같아. 지금 채용 담당자한테 다시 연락해야 하는데 도무지 모르겠어. 제발, 나 좀 도와줘."

뭐라고 조언해 주는 게 좋을까?

*

채용 면접은 직장에서 영향력을 발휘해야 하는 대표적인 상황이다.

채용 담당자와 지원자 모두 서로 설득하고 싶어 한다. 따라서 이때는 영향력 방정식의 모든 변수가 작동한다. 채용 담당자는 지원자가 해당 직무를 수행할 수 있는 역량을 갖췄는지 **증거**를 찾고자 한다. 지원자에게 자격을 증명할 만한 사례를 요구하고 직무에 필요한 핵심 역량을 실제로 어떻게, 어디서 발휘했는지를 구체적으로 묻는다. 반면 지원자는 지원한 직무가 자신에게 꼭 맞는지를 확인하고자 한다. 그래서 자신이 일하게 될지도 모르는 이 회사가 개인적으로나 직업적으로 성장할 기회를 제공할 수 있다는 증거를 찾고자 한다.

경제적 유인책 역시 중요하다. 채용 담당자는 정해진 예산이라는 현실적 제약 안에서 최고의 인재를 확보하고자 한다. 구직자는 일반적으로 가능한 한 높은 보상을 원하지만, 그렇다고 무조건 연봉만을 따지지는 않는다. 일과 삶의 균형, 자기 계발의 기회, 일의 의미도 중요한 고려 요소이며 이들 역시 마음속에서 자연스럽게 '가치'가 매겨진다.

감정도 중요하다. 때로는 채용 담당자와 지원자가 서로에게 좋은 인상을 받는 경우가 있다. 비슷한 것 같고, 첫인상이 좋고, 뭔가 통하는 것 같은 느낌은 면접 초반에 나타나며 이러한 감정적 요인이 의사 결정에 강한 영향을 미칠 수 있다. 이런 상황에서 왠지 이 사람을 채용하는 것이 옳은 것 같다는 **느낌**의 설득력을 거부하기란 쉽지 않다.

영향력 방정식에서 **증거, 경제적 유인책, 감정**이 분자라면 분모는 바로 **맥락**이다. 우리가 영향력을 발휘하고자 할 때 맥락은 반드시 고려해야 한다. 설득 전략을 수립할 때도 마찬가지다. 채용 면접을 사례로 맥락이 왜 중요한지 살펴보자. 고용 시장의 흐름은 채용 면접이 진행되는 대표적인 맥락이 된다. 적합한 인재의 풀이 부족하면 채용 담당자는 그 상황에 맞춰 채용 기준을 조정해야 할 수 있다. 지원자의 직무 적합성을 판단하기 위해 증거의 수준을 낮추거나 더 많은 보상을 제시해야 할지도 모른다. 감정적으로 '이 사람이다' 싶은 이상적인 인재를 찾고 싶다는 욕구를 접고, '지금 당장 합류할 수 있는' 현실적인 지원자를 선택해야 할 수도 있다.

반대로 적합한 인재가 넘쳐나는 상황에서 맥락은 완전히 달라진다. 일할 의욕이 있고 숙련된 지원자들이 차고 넘치면 채용 담당자가 확실히 우위를 점하게 된다. 영향력은 추가 지원자 쪽에서 채용 담당자 쪽으로 이동하고, 설득의 책임은 지원자에게 더 무겁게 주어진다. 수많은 경쟁자 사이에서 자신이야말로 가장 적합한 인재임을 설득력 있게 증명해야 하는 부담이 커진다.

우리는 직장과 일상에서 수많은 설득 과제를 마주한다. 채용 면접은 그중 하나일 뿐이다. 물론 설득 과제는 제각기 다르고, 맥락에 따라 달라진다. 하지만 그 안에는 분명한 공통점도 존재한다. 예를 들어 채용 담당자가 유능한 구직자들을 설득해 자사에 지원하게 만드는 일이 그렇다. 또한 사업 개발 책임자가 신규 고객을 유치하려는 상황, 의사가 환자에게 약 복용을 권유하는 상황, 교사가 학생들에게 숙제를 제시간에 제출하라고 설득하는 상황도 유사하다. 설득 과제는 겉보기에는 모두 달라 보여도 같은 틀 안에서 해결할 수 있다.

영향력 방정식은 바로 그 틀이다. 영향력 방정식은 증거, 경제적 유인책, 감정이라는 세 가지 변수를 적절히 조합하고, 그것이 작동하는 맥락까지 고려할 때 비로소 영향력이 성공적으로 발휘될 수 있다고 말한다. PART 2에서는 각각의 변수에 한 장씩 할애해 세 가지의 변수를 어떻게 효과적으로 활용할 수 있을지를 구체적으로 다룬다. 그리고 면접을 앞두고 고민하는 친구에게 어떤 조언을 해줄 수 있을지도 색다른 시각에서 들여다본다.

4장

증거를 활용한 영향력 발휘

Influencing with evidence

20세기 중반, 자동차 수요가 증가하자 미국의 대형 자동차 제조 회사 포드Ford는 인기 모델에 들어가는 기어 박스 생산 속도를 높이고 싶었다. 그래서 일본의 마쯔다Mazda와 손을 잡고 생산 역량을 강화하기로 했다. 파트너십이 체결되자마자 디트로이트 공장에서 조립한 완성차가 전시장으로 쏟아져 나왔다. 그러자 뜻밖의 일이 벌어졌다. 소비자들이 미국산 기어 박스가 아니라 일본산 기어 박스가 장착된 자동차를 요구하기 시작한 것이다. 모든 부품이 동일한 사양으로 제작되었음에도 미국 소비자들은 일본산 부품이 미국산 부품보다 더 우수하다고 확신했다. 그리고 일본산 기어 박스가 장착된 자동차가 나올 때까지 기꺼이 수개월을 기다렸다.

이런 일이 벌어진 배경에는 제2차 세계 대전 종전 직후 도쿄에서 조용히 시작된 작은 혁명이 있었다. 이 혁명을 이끈 인물은 윌리엄 에드워즈 데밍William Edwards Deming이라는 뉴욕 출신의 잘 알려지지 않은 통계학 교수였다.

데밍은 일본 산업계에 통계적 공정 관리Statistical Process Control, SPC라는 데이터 기반의 제조 방식을 처음으로 도입했다. 이 방식의 핵심은 실시간 데이터를 활용해 제조 품질을 모니터링하고 관리하는 것이었다.[1] 일부는 통계적 공정 관리가 오늘날 우리가 말하는 '증거 기반 경영evidence-based management'의 전신이라고 믿는다. 미국 소비자들이 일본산 부품이 들어간 미국 브랜드 자동차를 선호하게 된 것도 '충분한 증거를 바탕으로 만들어진 것이 더 믿을 만하다'라는 인식 때문일 수 있다.[2] 데밍은 로널드 레이건 대통령으로부터 국가기술혁신훈장National Medal of Technology and Innovation을 받기 전 이렇게 말했다고 전해진다. "우리는 신을 믿는다. 하지만 나머지는 모두 데이터를 가져와야 한다." (즉, 신의 제외한 나머지는 증거를 제시해야 믿겠다는 뜻이다.)

이러한 철학은 직장에서도 널리 받아들여졌다. 오늘날 우리는 증거에 기반해 의사 결정을 내리는 세상에 살고 있다. 조직의 규모를 불문하고 거의 모든 곳에서 이렇게 말한다. "아이디어를 인정받고, 제안이 채택되길 원한다면 증거를 제시하라."

그러니 증거가 영향력을 행사하는 데 핵심적인 역할을 한다는 사실은 전혀 놀랍지 않다. 증거는 주장이 어떻게 구성되었는지 그리고 결정이 어떻게 내려졌는지를 보여준다. 또한 의사 결정자가 주장과 관점의 타당성과 신뢰성을 평가할 수 있도록 돕는다. 청중 역시 증거를 기준으로 신뢰할 수 있는 사실과 터무니없는 주장을 구별한다. 그러나 아무리 탄탄한 증거를 바탕으로 주장을 펼치더라도 청중이 납득하지 않고 다른 제안을 지지하거나 아무 행동도 하지 않는 경우가 있을 수 있다.

4장에서는 직장에서 영향력을 높이는 방법을 살펴본다. 그 방법은 아이디어와 제안을 뒷받침하는 증거를 보다 설득력 있고 효과적으로 제시하는 것이다. 지금부터는 이미 타당한 증거에 기반한 주장이 마련되어 있다고 가정해 보자(만약 그렇지 않다면 우선 타당성 있고 증거에 기반한 주장부터 갖춰라). 이제부터 소개할 내용은 그 주장을 더 매력적으로 만드는 세 가지 방법이다(모두 증거에 기반한 접근법이다). 여기서 중요한 건 가지고 있는 증거 자체를 바꾸는 것이 아니라 그 증거를 제시하는 방법을 바꾸는 것이다. 세 가지 접근법을 살펴보기 전에 먼저 '증거란 무엇인가?'라는 질문부터 짚고 넘어가자.

증거란 무엇인가?

증거는 어떤 주장, 이론 또는 아이디어를 뒷받침하거나 반박하는 정보, 데이터, 자료를 말한다.[3] 다소 논란의 여지가 있을 수는 있지만, 나는 이 정의에 검증이 어렵거나 사실이 아닐 수도 있는 정보까지 포함한다. 그렇다고 해서 누군가를 설득하기 위해 거짓말을 해도 좋다는 건 아니다. 다만 우리는 지금 정보가 넘쳐흐르는 사회에 살고 있고, 무엇에 귀를 기울이고 무엇을 믿고 거를지를 판단하기 점점 더 어려워지고 있다는 사실은 고려할 필요가 있다.

증거는 크게 세 가지 범주로 나눌 수 있다.[4]

- 실증적 증거
- 전문가 증언
- 일화

실증적 증거는 가장 신뢰할 수 있는 형태의 증거로 여겨진다. 테스트, 실험, 관찰, 통계, 설문 조사 등을 통해 직접 수집하고 분석한 정보에 기반한다. 영향력의 도구로서 실증적 증거가 지닌 힘은 객관성과 구체성에 있다. 하지만 그렇다고 모든 청중이 실증적 증거를 곧이곧대로 받아들이는 건 아니다. 실험에 사용된 방법론, 조사 대상의 대표성, 결과의 통계적 유의성 등에 의문을 제기할 수 있다. 심지어 어떤 청중은 연구자의 편향성을 문제 삼을 수도 있다.

전문가 증언은 특정 주제에 대해 고도로 훈련받고 지식과 통찰을 갖췄다고 평가받는 사람들의 의견과 진술을 뜻한다. 전문가 증언은 주로 법정이나 공공 기관의 심사 절차에서 많이 활용된다. 그리고 권위 있고 신뢰할 수 있는 출처에서 나온 정보로 여겨지기 때문에 강력한 영향력을 발휘할 수 있다. 물론 일반적으로 그렇다는 말이지 항상 그런 건 아니다. 전문가가 개인적으로 편향되어 있다거나 특정 이해관계에 얽매여 있다고 판단되면 청중은 그 증언을 신뢰하지 않을 수 있다. 더욱이 요즘 들어 아쉬운 점은 비록 의견 차이가 논의 중인 사안과는 무관하더라도 일부 전문가는 청중과 어울리지 않는 개인적 견해나 관점을 가진 사람으로 보이기도 한다는 것이다.

일화 역시 증거로 간주할 수 있다.[5] 이야기와 서사에 기반한 일화는 기억에 남는 개인적인 경험이나 구전된 이야기에서 비롯된다. 때때로 일화는 맥락에 따라 의미가 달라질 수 있어 보편적으로 적용되기 어렵다. 일화는 시간이 흐르며 이 사람에게서 저 사람으로 전해지면서 과장되거나 각색되기도 한다. 그 과정에서 원래 이야기와는 거의 관련이 없는 새로운 이야기로 변질되기도 한다. 미국의 정치학자 레이먼드 울핑어Raymond Wolfinger는 복수의 일화는 데이터가 아니라고 말한 바 있다. 그렇다고 해서 일화가 다른 증거 유형과 비교해서 덜 매력적이거나 설득력이 떨어진다는 뜻은 아니다. 6장에서 더 자세히 살펴보겠지만 오히려 때에 따라 일화가 훨씬 더 강한 설득력을 발휘할 수 있다.

여기서 다시 한번 강조하고 싶은 점이 있다. 주장이 좋다는 것과 그 주장을 잘 전달하는 건 전혀 다른 문제다. 그렇다면 영향력을 제대로 발휘하고자 하는 사람은 자신의 주장을 뒷받침하는 증거를 어떻게 해야 가장 효과적으로 제시할 수 있을까?

연구에 따르면 다음 세 가지가 매우 중요하다.

1. 프레이밍: 증거를 어떻게 제시하는가?
2. 메신저: 누가 증거를 전달하는가?
3. 3의 법칙: 적절한 증거의 양은 어느 정도인가?

이제 하나씩 살펴보자.

— 프레이밍

키가 커 보이고 싶으면 키가 작은 친구를 사귀면 된다

나는 영향력과 설득 심리학에 관한 연구로 가장 잘 알려진 행동과학자다. 다양한 프로젝트를 진행하며 각계각층의 사람들과 교류할 수 있는 건 내게 큰 행운이다. 선출직 공직자와 정책 입안자부터 기업 임원과 공공 부문 종사자에 이르기까지 거의 모든 사람이 영향력을 행사해서 타인의 행동을 변화시키는 방법에 깊은 관심을 보인다. 그중에는 전문 스포츠 분야에서 일하는 사람들도 있다.

나는 축구를 매우 좋아한다. 운 좋게도 가끔 세계적인 감독이나 선수들과 함께 일할 기회가 생긴다. 그들과의 만남은 늘 기억에 남지만, 그중에서도 유독 인상 깊은 한 장면이 있다. 몇 년 전 유명 축구 협회 중 한 곳이 주최한 자기 계발 워크숍에 여러 감독과 전직 선수들이 한자리에 모였다. 나는 여기서 선수들과 코칭스태프를 관리하는 데 있어 영향력과 설득이 어떤 역할을 하는지 논의하는 세션을 맡아서 진행했다. 아주 흥미로운 대화가 오고 갔다. 나는 논의의 수준에 감탄했고, 참가자들이 주제에 깊이 빠져서 논의하는 것을 보고 깜짝 놀랐다. 참가자들이 이 주제에 얼마나 공감했는지를 보여주는 장면이 있다. 점심시간에 프리미어 리그 출신 선수가 내게 다가와 너무나 들려주고 싶은 이야기가 있다고 말했다.

그는 어느 날 아침 일찍 경기장에 도착했던 일을 이야기했다. 그날 선수 대기실 복도에는 몇몇 인부들이 작업을 하고 있었다. 한 명은 바닥 보호용 방수포를 깔고 있었다. 그 뒤에는 두 명의 인부가 있었는데 한 명은 쇠 지렛대와 톱을 들고 있었고, 다른 한 명은 나무 문틀과 씨름하고 있었다. 또 다른 한 명은 하얀 페인트 통과 붓을 들고 있었다. 모두 합쳐 네 명이 작업 중이었다. 인사를 나누며 사진을 찍고 사인을 해준 후 그는 무심히 무슨 작업을 하고 있는지 물었다.

"탈의실 문과 문틀 작업 중입니다." 한 명이 답했다.

"보기에는 멀쩡해 보이는데요. 굳이 왜 교체하죠?" 그가 말했다.

"아, 교체하는 건 아닙니다." 다른 인부가 말했다.

"조정하고 있는 거죠."

인부들은 이어서 홈 팀 탈의실 문틀을 몇 인치 낮추고, 원정 팀 탈의실 문틀은 몇 인치 높이라는 지시를 받았다고 설명했다.

나는 이 이야기를 들으며 웃음을 터뜨릴 수밖에 없었다. 대담하면서도 절묘한 전략이었다. 한번 상상해 보자. 원정 팀 선수들이 경기장에 도착해 홈 팀 탈의실 쪽을 힐끗 본다. 그 순간 대부분의 홈 팀 선수가 고개를 숙이고 탈의실 안으로 들어가는 모습이 눈에 들어올 것이다. 잠시 후 원정 팀 선수들은 자신들의 탈의실 앞에 선다. 그런데 그들은 고개를 숙일 필요도 없이 그냥 안으로 들어간다.

"세상에, 이 선수들 진짜 거인 아냐?" 비록 아주 짧은 순간이라도 그렇게 느꼈을 수 있다.

윤리와 페어플레이 문제는 잠시 접어두자. 이 이야기는 누군가를 설득하고자 하는 사람이라면 반드시 이해해야 하는 현상을 보여주는 내가 좋아하는 사례 중 하나다. 이 현상을 '**프레이밍**framing'이라고 부를 수 있다. 아니면 내 축구 선수 친구의 사례에만 '도어 프레이밍door-framing'이라고 해도 좋겠다.

— 무엇이 먼저 오느냐가 대개 가장 중요하다

누군가를 설득하려 할 때 많은 사람이 흔히 저지르는 실수가 있다. 그것은 타당한 이유와 논리적인 증거만 있으면 상대를 이해시키고 설득할 수 있다는 생각의 함정에 빠지는 것이다. 그러나 이 생각에는 인간의 의사 결정 방식과 관련해 간과하기 쉬운 매우 중요한 문제가 하나 있다. 바로 비교할 대상 없이 결정을 내리기는 매우 어렵다는 것이다.

우리는 대체로 사물의 상대적인 가치를 평가할 때 비교를 사용한다. 예를 들어 평범한 집도 바로 옆집이 허름하면 훨씬 더 멋져 보일 수 있다. 하지만 옆집이 궁궐처럼 화려하면 오히려 초라해 보인다. 집 자체는 그대로다. 그저 비교 대상이 바뀌었을 뿐이다. 이런 심리를 이해하는 부동산 중개사는 고객과 매물을 보러 갈 때 교활하게 의도적으로 도심의 낙후된 지역을 지나친다. 낙후된 지역을 먼저 보면 평범한 지역도 고객의 눈에는 천국처럼 보일 수 있기 때문이다.

비교는 어디에나 존재한다. 도표 2에 나오는 2개의 와인 리스트를 보자. 두 리스트에 담긴 정보(증거)는 모두 동일하고 가격(경제적 유인책)도 똑같다. 유일한 차이는 와인이 제시된 순서다. 하나는 가장 저렴한 와인을 맨 위에 배치하고, 아래로 갈수록 가격이 올라간다. 나머지 하나는 가장 비싼 와인을 맨 위에 두고, 아래로 갈수록 와인의 가격이 내려간

와인 리스트	
하우스 와인	₤7.50
와인 A	**₤8.00**
와인 B	**₤8.50**
와인 C	₤9.00
와인 D	₤9.50
와인 E	₤10.00
와인 F	₤10.50
와인 G	₤11.00
와인 H	₤11.50

와인 리스트	
와인 H	₤11.50
와인 G	₤11.00
와인 F	₤10.50
와인 E	**₤10.00**
와인 D	**₤9.50**
와인 C	**₤9.00**
와인 B	₤8.50
와인 A	₤8.00
하우스 와인	₤7.50

도표 2 **와인 리스트 비교**

다. 증거와 경제적 유인책이 동일하므로 소비자들은 두 리스트를 보고 같은 와인을 선택할 거라고 추측하는 것이 논리적으로 보일 수 있다. 하지만 실제로는 그렇지 않다. 사람들이 리스트를 위에서 아래로 읽는다고 가정하면 가장 먼저 비싼 와인을 본 사람이 더 비싼 와인을 고를 가능성이 크다. 반대로 가장 저렴한 와인부터 본 사람은 그보다 더 저렴한 와인을 선택할 가능성이 높다.[6]

프레이밍은 특정 대상에 주의를 집중시킨 후 그다음에 제시하는 선택지나 제안을 실제와 다르게 보이도록 만드는 전략이다. 프레이밍은 효과적인 설득의 '대들보'와 같다.[7]

오데드 넷저Oded Netzer는 나의 동료로 컬럼비아 경영대학원의 교수이자 《데이터 너머의 결정Decisions Over Decimals》이라는 훌륭한 책의 저자다. 그는 자신의 MBA 수업에서 학생들에게 프레이밍의 사례를 소개하곤 한다. 한 청소 노동자 노동조합이 사무실을 청소하는 조합원들의 임금이 관리자들보다 낮아졌다는 이유로 사측에 임금 인상을 요구하고 있다. 이 요구는 합리적으로 들리고 그것을 뒷받침하는 증거도 있다(도표 3a 참조).

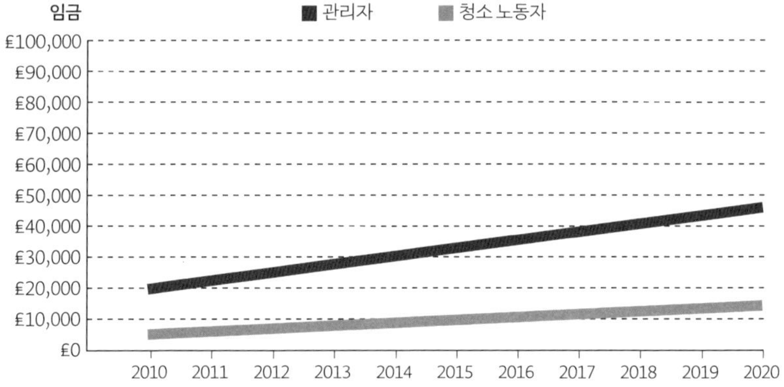

출처: 오데드 넷저

도표 3a **사무실 청소 노동자의 임금이 하락하고 있다**

넷저는 이어서 로그 눈금으로 표현된 임금 비교표를 제시한다. 데이터 자체는 같지만 이 방식으로 증거를 제시하면 노조가 강조하고자 했던 임금 격차가 이미 줄어들고 있는 듯한 인상을 준다(도표 3b 참조).

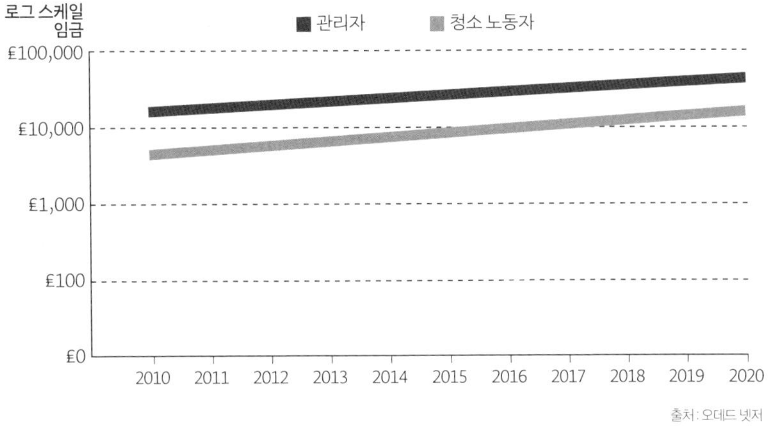

도표 3b **하지만 관리자와의 임금 격차는 줄어들고 있다**

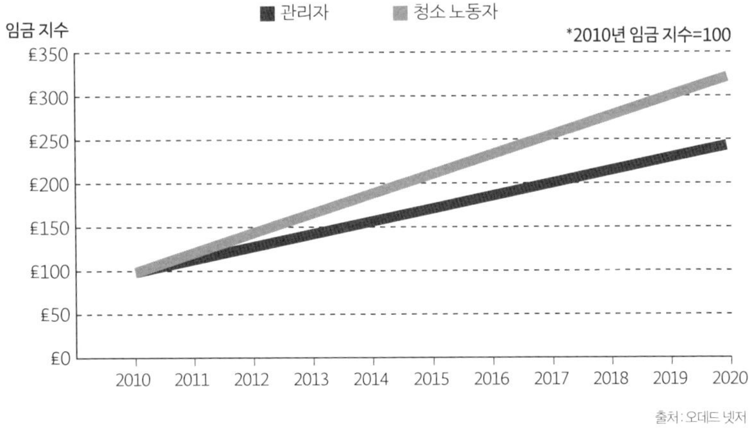

도표 3c **임금 지수는 정반대 메시지를 전달한다**

이어서 임금을 임금 지수 기준으로 제시한다(도표 3c 참조). 그러고 나서 전년 대비 증감률도 보여준다(도표 3d 참조). 그러자 이번에는 청소 노

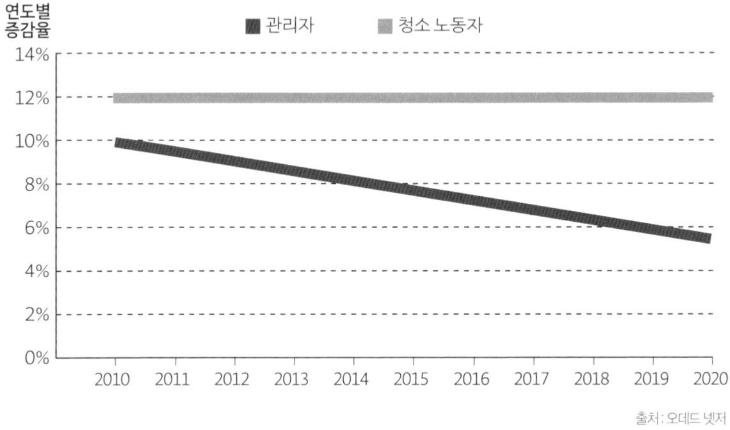

도표 3d **해마다 관리자의 임금이 줄어들고 있다**

동자가 아닌 관리자에게 임금 인상을 요구할 정당한 근거가 있는 것처럼 보이기 시작한다.

이 사례를 들으면 경영자들은 으레 고개를 끄덕이며 공감한다. 아마도 자신들 역시 과거에 비슷한 프레이밍에 흔들렸던 경험을 떠올리는 건지 모른다. 넷저가 강조하는 핵심은 바로 이것이다. 우리가 가진 증거 자체가 아니라 그것을 무엇과 비교하느냐가 이야기를 결정짓는다. 이 점은 특히 아이디어나 제안을 제시할 때 꼭 기억해야 한다.

제안서를 작성할 때 일반적으로 어떤 단계를 거칠까? 먼저 제안서에서 다루고자 하는 문제를 깊이 이해하기 위해 배경 조사부터 시작한다. 조사를 통해 얻은 통찰을 바탕으로 가능한 접근 방법과 아이디어를 구상한다. 때로는 온라인 화이트보드를 열어 다른 사람들의 조언을 구하거나 플립차트를 꺼내 놓고 다 같이 둘러서서 '아날로그 감성'으로 머리를 맞대는 고전적 방법도 동원한다. 그다음은 다양한 아이디어의 우선 순위를 정해 가장 적합하다고 생각되는 하나를 선정한다. 마지막으로 그 아이디어를 슬라이드에 정리하고 뒷받침할 증거를 덧붙여 발표 준비를 마친다.

그렇다면 제안서에서 탈락한 아이디어들은 어떻게 할까? 대부분은 그 아이디어들을 그냥 버린다. 이해할 수 있지만 그건 실수다. 그 아이디어들이 비록 제안서의 중심 아이디어로는 적합하지 않았더라도 완전히 쓸모가 없어진 건 아니다. 오히려 그 아이디어들은 이제 새로운 가치를 지닌다. 바로 선택한 아이디어의 비교 대상이 되는 것이다. 그 아이디어들을 비교 대상으로 사용해 최종 선택한 아이디어가 담긴 제안서를 더 돋보이도록 프레이밍할 수 있다. 그 방법은 다음과 같다.

최종 선택한 아이디어를 예산 수립 시기에 맞춰 잠재 고객이나 재무 담당자에게 제안한다고 가정하자. 이때 이렇게 말할 수 있을 것이다.

"예상하셨겠지만 오늘 회의를 준비하면서 철저하게 사전 조사를 진행했고, 그 과정에서 세 가지 아이디어가 도출되었습니다. 각 아이디어를 면밀히 검토한 결과, 첫 번째 아이디어는 의도치 않는 부작용을 발생할 가능성이 있어 리스크가 크다고 판단했습니다. 두 번째 아이디어는 예산을 초과할 가능성이 있어 제외했습니다. 이런 이유로 저희는 세 번째 아이디어에 집중할 것을 강력히 추천해 드립니다."

지금까지라면 폐기했을 아이디어들이 이제는 정당한 비교 대상이 되어 선택한 아이디어를 더욱 매력적으로 보이게 만들고 있다. 직장에서 영향력을 발휘하고자 하는 사람이라면 이 점을 반드시 이해하고 기억해야 한다. 핵심을 제안하기 전에 어떤 아이디어나 제안을 비교 대상으로 제시하느냐가 중요하다. 왜냐하면 사람들은 뒤에 나오는 제안이나 아이디어를 평가할 때 처음 접한 정보의 영향을 크게 받기 때문이다.

이제 PART 2 서두에서 던졌던 질문으로 돌아가 보자. 잔뜩 흥분한 목소리로 최종 후보자 네 명 중 언제 면접을 보는 게 가장 좋을지를 묻는 친구에게 뭐라고 조언하는 게 좋을까?

답하기 전에 내 동료인 컬럼비아 경영대학원 교수 애덤 갈린스키Adam Galinsky의 이야기를 먼저 들어보자. 박사 과정을 마친 갈린스키는 시카고 대학교에 교수로 지원했다. 당시 그는 뉴욕에 살고 있었다. 면접 위원회는 그에게 면접 시간을 선택할 기회를 주었다. 그는 면접 전날 시카고로 이동해 첫 번째 지원자로 면접을 보거나 면접 날 아침에 출발해 오후에 면접을 보고 뉴욕으로 돌아올 수도 있었다. 어떤 변수도 허용하고 싶지 않았던 그는 프린스턴 동료들에게 조언을 구했다. 모두가 입을 모아 말했다. "무조건 먼저 봐!"

그들이 그런 조언을 한 데는 그럴만한 이유가 있었다. 1960~1970년대 진행된 연구에 따르면 사람들은 단어 목록을 보고 난 후 앞부분이나 끝부분에 배치된 단어들을 더 잘 기억하는 경향이 있다. 그런데 단어 목록을 본 직후가 아니라 시간이 좀 흐른 후 기억을 떠올리게 하면 끝부분보다 앞부분에 있던 단어를 더 많이 기억하는 경향이 나타난다.[8] 그래서 프린스턴 동료들이 갈린스키에게 첫 번째로 면접을 보라고 조언했던 것일지도 모른다. 그는 그들의 조언에 따라 첫 번째로 면접을 보기로 했다. 면접은 순조롭게 진행되었다. 며칠 후 그는 면접 위원회로부터 연락을 받았다. 결과는 낙방이었다.

그가 면접에서 떨어진 이유가 첫 번째로 면접을 봤기 때문이라고 단정 짓는 건 어리석은 일이다. 아마도 다른 지원자가 그날 면접에서 더 좋은 인상을 주었을 것이다. 하지만 이 경험은 그의 마음에 남았고, 그는 면접 순서가 채용 결정에 영향을 미치는지를 더 깊이 파고들기 시작했다. 그는 먼저 프린스턴 대학교의 채용 기록부터 분석했고, 놀라운 사실을 발견했다. 몇 가지 예외를 제외하면 마지막에 면접을 본 지원자가 채용될 확률이 훨씬 더 높았다. 그는 연구 범위를 더 넓혔고, 이 현상이 학계에만 해당하는 것이 아님을 밝혀냈다. 〈유로비전 송 콘테스트Eurovision Song Contest〉의 지난 50년간 결과를 분석하면 무대에 늦게 오른 국가일수록 더 높은 점수를 받는 경향이 있었다. 〈아메리칸 아이돌American Idol〉, 〈더 엑스 팩터The X-Factor〉 등과 같은 TV 오디션 프로그램도 마찬가지였다.

아마도 면접관들은 첫 번째 지원자에 대한 기억이 점점 희미해지고, 그 결과 나중에 면접을 본 지원자가 상대적으로 유리해지는 것일지도 모른다. 하지만 흥미로운 사실은 지원자들을 모두 본 후 일괄적으로 평가하는 것이 아니라 각 지원자의 면접이 끝날 때마다 개별적으로 평가할 때도 소위 '마지막 지원자 효과last-performer advantage'는 여전히 나타났다.

프레이밍 효과를 바탕으로 이 현상을 살펴보면 좀 더 타당한 설명이 나올지도 모른다. 첫 번째 지원자가 기준점이 되고, 이후 지원자들은 그 기준점에 따라 평가되기 때문이라고 생각하기 쉽다. 하지만 여기에는 간과된 중요한 전제가 있다. 면접관들은 이미 기준점을 정해 놓았다. 그 기준점은 '직무 기술서'라는 문서로 제공된다. 이 문서에는 마치 '하늘이 내려준 듯한 완벽한 인재상'이 그려져 있다. 이것만으로도 첫 번째 지원자는 이미 불리한 위치에서 출발한다. 현실적으로 그런 이상적인 요건을 처음부터 모두 갖춘 사람은 드물기 때문이다. 여기에 또 다른 프레이밍 효과가 작용한다. 면접관들은 여러 지원자를 평가할 때 초반에 더 엄격한 잣대를 적용하는 경향이 있다. 그들은 초반에 면접을 본 지원자에게 점수를 너무 높게 주면 이후 더 뛰어난 지원자가 등장했을 때 줄 점수가 남아 있지 않을까 걱정한다. 예를 들어 역량 면접에서 첫 번째 지원자에게 5점 만점에 5점을 주면 그보다 나은 지원자가 나왔을 때 추가로 점수를 더 줄 방법이 없다. 결국 초반에 면접을 본 지원자들은 자신들의 실력 때문이 아니라 그들의 실력을 평가하는 '틀' 때문에 불리해지는 상황이 발생한다.

만약 친구에게 면접 순서를 최대한 뒤로 잡으라고 조언했다면 그 친구는 정말 운이 좋은 사람이다. 자신에게 아낌없이 조언을 해주는 사람이 있다는 사실만으로도 감사한 일인데 그 조언이 현명하기까지 하니 말이다.

이제 시야를 좀 더 넓혀보자. 우리가 맞닥뜨리는 설득 과제가 승진 경쟁, 신규 고객 확보, 내년도 예산 배정처럼 여러 명이 경쟁하는 상황이라면 어떨까? 이럴 때 프레이밍과 타이밍이 결과에 어떤 영향을 미칠 수 있을까? 다른 조건이 모두 같다면 제일 마지막 순서에 제안하는 것만으로도 상대적으로 유리한 위치에 설 수 있다. 물론 항상 마지막에 등장하는 후보가 이기는 건 아니다. 실제로 경쟁자가 단 둘뿐인 상황에서는 첫 번째 후보가 더 좋은 결과를 얻는 경우도 많다. 그렇다면 제일 먼저 해야 할 일은 자신과 경쟁하는 사람이 몇 명인지 파악하는 것이다. 그 수에 따라 아이디어를 제안하거나 면접을 볼 이상적인 순서가 결정되기 때문이다.

요약하자면 영향력을 잘 발휘하는 사람은 언제나 적절하고 진실한 비교 대상을 먼저 제시해서 자신의 증거가 효과적이도록 신경을 쓴다. 그래야만 메시지든 프레젠테이션이든 제안이든 그 증거가 수용되는 맥락을 스스로 통제할 수 있다.

하지만 프레이밍만으로는 증거의 설득력을 최적화할 수 없다. 반드시 고려해야 하는 핵심 요소가 또 하나 있다. 바로 그 증거를 전달하는 '메신저'다.

메신저

메신저가 곧 메시지다

미국 캘리포니아에 있는 의료 기관 서터 헬스Sutter Health는 건강검진을 앞둔 환자들에게 당뇨 전문 간호사들의 전문성을 소개하기 시작했다. 그러자 흥미로운 일이 일어났다.[9] 환자들이 예약 약속을 더 잘 지키게 된 것이다. 덕분에 병원과 진료소에서는 예약 부도율이 눈에 띄게 감소했다. 이뿐만이 아니었다. 환자들은 자신을 치료한 간호사는 물론이고 의료 서비스 전반에 대해 더 높은 수준의 신뢰와 만족을 나타냈다.

긍정적인 효과는 거기서 끝나지 않았다. '전문 교육을 받고 10년 이상 경력을 지닌 전문가'로 정식 소개된 간호사들에게도 긍정적인 변화가 생겼다. 관리자들은 그들의 업무 성과가 향상되고 결근율도 줄었다고 보고했다. 이처럼 직원들에게 자긍심을 북돋아 주고 그들의 전문성을 인정하면 중요한 변화가 생기는 듯하다. 직원들은 그 기대에 부응하기 위해 노력한다.

물론 이 변화가 전적으로 간호사들의 전문성을 사전에 소개한 덕분이라고 단정할 수는 없다. 하지만 우연히 일어났다고 보기에는 설명이 되지 않는 부분이 많다. 왜냐하면 간호사가 환자에게 전달하는 정보나 조언의 내용은 전혀 바뀌지 않았기 때문이다. 바뀐 건 정보나 조언이 제공되기 전에 '누가 정보나 조언을 제공하는지'를 환자에게 설명했다는 것이다. 증거는 그대로였다. 달라진 건 그 증거를 전달하는 사람에 대한 인식이었다.

우리 대부분은 자신의 아이디어나 제안을 사람들이 제대로 듣지 않거나 진지하게 받아들이지 않아서 답답했던 적이 있다. 그 답답함은 종종 짜증으로 바뀐다. 다른 부서 사람이나 외부 컨설턴트 혹은 경쟁사 관계자가 우리가 했던 말을 그대로 반복했을 뿐인데 모두가 '이보다 더 좋은 아이디어는 없다'라는 듯 호들갑을 떤다. 아이디어는 그대로고 며칠 전에는 외면당했던 제안이 같은 근거를 바탕으로 재등장했을 뿐인데 이번에는 환영을 받는다. 이런 사실이 타인에게는 중요하지 않은 듯하다.

이런 일은 익숙하다. 여기서 영향력을 행사할 때 증거를 사용하는 데 있어 중요한 사실을 하나 알 수 있다. 대개 청중의 마음을 움직이는 건 증거 자체나 그 증거가 어떻게 전달되느냐가 아니다. 누가 그 증거를 전달하느냐가 청중의 생각을 바꿀 수 있다. 청중에게 정보를 전달하고 영향력을 행사하기 위해 사용된 증거는 뒷전으로 밀려나고, 그 증거를 전달하는 사람 즉 메신저의 정체가 청중에게 더 큰 영향을 미친다. 메신저가 곧 메시지가 된다.

타인에게 영향력을 행사하고자 증거나 정보를 제시할 때 흥미로운 일이 벌어진다. 청중의 마음속에 메신저와 메시지를 잇는 연결 고리가 형성된다. 이 연결 고리는 이후 청중이 메신저를 인식하는 방식에 큰 영향을 미친다.

이것은 수백 년 전부터 전해지는 '종로에서 뺨 맞고 한강에 가서 눈 흘긴다shoot the messenger'라는 말이 어디서 나왔는지를 이해하는 데 도움이 된다. 전쟁 중인 장군들은 전장에서 나쁜 소식을 가져오는 사절을 엄하게 벌하곤 했다. 전해지는 이야기로는 로마군이 쳐들어온다는 소식을 전하러 온 사절의 말을 들은 아르메니아 왕 티그라네스Tigranes는 그 자리에서 사절의 목을 베었고, 그 뒤로 좋은 소식만 티그라네스에게 전해졌다고 한다.[10] 그런데 아마도 사절의 목을 벤 후 그에게 전해진 '희소식'은 그다지 믿을 만한 소식은 아니었을 것이다.

하지만 수천 년 전의 왕들만 메신저와 메시지를 분리하지 못한 건 아니다. 우리 모두 마찬가지다. 직장에서 생각은 깊지만 조용한 동료보다 말 잘하고 매력적인 동료가 선택되거나 신뢰는 가지만 눈에 잘 띄지 않는 사람보다 목소리 크고 존재감 있는 사람이 주목받는 경우가 많다.

몇 년 전 나와 동료 조지프 마크스는 요즘 사회에서 누가 주목받고, 누가 무시당하는지를 연구하기 시작했다. 우리는 성공적으로 메시지를 전달하는 메신저가 갖춘 여덟 가지 특성을 찾아냈고, 연구 결과를 정리해《메신저》라는 책으로 발표했다.[11] 직장에서 영향력을 발휘하려면 이 중 세 가지 특성을 특별히 집중해서 살펴볼 필요가 있다. 바로 역량, 유사성 그리고 신뢰성이다.

— 역량

역량을 갖췄다고 인식되는 사람은 그의 지식, 경험, 기술을 통해 다른 사람들의 목표 달성에 도움을 줄 수 있는 사람으로 보이기 때문에 더 많은 주목을 받고, 더 쉽게 신뢰를 얻는다. 하지만 여기서 영향력을 발휘하고자 하는 사람에게 문제가 하나 생긴다. 누군가를 설득하고자 할 때 자신이 역량 있고 귀를 기울일만한 가치가 있는 사람이라는 신호를 어떻게 전달할 것인가? 자격증, 업무 성과, 성공 사례 등을 장황하게 소개할 수도 있다. 하지만 이 방법은 의도와 달리 역효과를 낳는다. 이 전략은 있을지도 모르는 청중과의 거리감을 없애는 게 아니라 오히려 더 벌리는 결과를 초래할 수 있다. 그렇다고 해서 이 전략이 전혀 쓸모가 없다는 뜻은 아니다. 이 전략이 효과가 있으려면 자신이 가진 전문성과 경험적 지혜를 스스로가 아닌 제삼자가 소개하도록 만들어야 한다. 흥미롭게도 전문성을 대신 소개해 주는 사람이 이해관계자일지라도 이 방식은 효과가 있다.

몇 년 전 동료들과 함께 런던의 부동산 중개 회사에서 작은 실험을 진행했다.[12] 이 회사는 독립적으로 운영되는 곳으로 다른 경쟁사들과 유사한 서비스를 비슷한 가격에 제공하고 있어서 경쟁사와의 차별화에 어려움을 겪고 있었다. 우리는 잠재 고객이 이 회사에 처음 접촉하는 순간을 주목했다. 대부분은 전화나 홈페이지 문의를 통해 처음 회사와 접촉했고, 이때 고객 상담원이 잠재 고객을 응대했다. 고객 상담원은 고객의 문의 내용을 파악한 후 가장 적합한 중개사에게 내용을 전달했다. 그 과정은 매끄럽고 인상적이었다. 하지만 한 가지가 마음에 걸렸다. 고객 상담원은 자신이 연결해 주는 중개사의 역량이나 전문성, 경력에 대해 단 한마디도 언급하지 않았다.

우리는 이 과정에 약간의 조정을 제안했고, 즉시 눈에 띄는 변화가 생겼다. 문의 전화가 상담 예약으로 이어진 비율이 20퍼센트 증가했고 실제로 성사된 계약 건수도 15퍼센트 늘어났다. 잠재 고객을 업무에 가장 적합한 중개사에게 연결하기 전에 고객 상담원은 중개사의 역량과 전문성을 있는 그대로 소개했을 뿐이었다. 예를 들어 이런 식이었다. "집을 파실 계획인가요? 그러면 피터와 연결해 드릴게요. 피터는 이 지역에서 20년 넘게 부동산 중개를 해온 영업 팀장이죠."

사전에 역량을 소개하는 전략은 당뇨 클리닉의 간호사나 부동산 중개사에게만 도움이 되는 건 아니다. 우리가 모두 이 전략을 통해 이득을 볼 수 있다. 무엇보다 비용을 들이지 않고 활용할 수 있다는 것만으로도 이 전략은 널리 활용할 만하다. 직장에서 이 전략이 특별히 효과적일 수 있는 상황이 있다.

하나는 커리어 초기에 있는 사람들을 위한 것이고, 또 다른 하나는 최근에 조직에 합류해 그 안에서 영향력을 키우고자 하는 사람들을 위한 것이다. 커리어 후반에 접어들면서 나는 회의실에서 가장 전문적이고 유능해 보이는 사람이 실제로는 그렇지 않은 경우를 자주 경험하며 놀라곤 했다. 대표적인 사례가 내가 직접 운영하는 컨설팅 회사다. 나는 운 좋게도 친절하고 배려심이 깊을 뿐 아니라 굉장히 똑똑한 동료들과 함께 일하고 있다. 이들이 회의에 참석하면 보통 가장 똑똑한 사람 중 한 명이었고, 때로는 회의실에서 단연코 가장 똑똑한 사람이기도 했다. 하지만 그들이 회의에서 주목받느냐는 전적으로 그들이 어떻게 소개되느냐에 달려 있었다. 그들의 자격이 제대로 소개되면 이전까지는 그들의 말을 귓등으로도 듣지 않던 사람들이 어느새 한 마디도 놓치지 않으려고 그들의 말에 집중했다. 반대로 아무런 소개 없이 회의가 시작되면 아무도 그들에게 귀를 기울이지 않았다.

여기서 모든 사람이 영향력을 높이는 데 도움이 될 만한 실질적인 조언을 하나 하겠다. 리더와 관리자는 동료들이 가진 정당한 전문성과 기술, 잠재력을 소개할 기회를 매의 눈으로 살펴야 한다. 의사들이 함께 일하는 간호사들의 전문성을 소개하기 시작했을 때 환자들은 그들의 말에 더 귀를 기울였다. 그런데 그 효과는 여기에 그치지 않았다. 간호사들의 업무 성과 역시 함께 향상되었다.

회의에서 동료를 소개할 확실한 기회 중 하나는 회의 시작 전, 참석자들에게 돌아가며 자기소개를 해달라고 요청할 때다. 그런데 단 몇 분만 생각해 보면 이것이 회의를 시작하는 데 얼마나 비효율적인 방법인지 쉽게 알 수 있다. 이유는 여러 가지다. 우선 회의 참석자 중 적어도 일부는 낯선 사람들 앞에서 자신을 소개해야 한다는 생각만으로 불안감을 느낀다. 또한 모두가 서로를 이미 알고 있다면 굳이 자기소개가 필요할까? 물론 '훌륭한 프로젝트'가 실패하기 직전 자신이 투입되어 극적으로 성공했다고 자랑하고 싶은 유별난 사람 한두 명쯤은 있기 마련이다. 하지만 자기 자랑은 대부분의 사람에게 그리 자연스러운 일이 아니다. 그래서 사람들은 대개 이메일 서명란에 들어갈 법한 말로 자신을 소개한다. "안녕하세요. IT 부서의 스티브입니다."

사람들이 자기소개할 때 무슨 말을 하느냐는 사실 그다지 중요하지 않다. 대부분은 타인이 어떻게 자신을 소개하는지 제대로 듣지 않는다. 모두가 자기 차례가 왔을 때 무슨 말을 할지 머릿속으로 생각하고 예행연습을 하느라 정신이 없기 때문이다. 그 결과 다른 참석자들이 전하는 중요한 정보는 쉽게 놓치고 같은 이유로 자신이 하는 말도 다른 참석자들에게 제대로 전달되지 않는다.

해결 방법은 간단하다. 회의를 주최하는 사람이나 회의에 참석한 선임 중 한 사람이 책임지고 참석자 전원을 소개하는 것이다. 이 방법은 앞서 언급한 문제를 깔끔하게 우회하면서도 효율적이기까지 하다. 회의 주최자는 참석자 모두에 대해 유의미한 정보를 제공할 수 있어야 한다. 만약 그렇지 못하다면 애초에 그 사람은 이 회의에 초대되지 말아야 했는지도 모른다.

일대일 미팅처럼 제삼자의 소개 없이 스스로 전문성을 드러내야 하는 상황에서도 해결 방법은 간단하다. 이런 상황에서는 미팅 전에 자신을 소개하는 이메일을 상대에게 미리 보내는 것이 좋다. 인사, 미팅 안건과 함께 자신의 전문성과 경력을 두 줄로 간결하게 요약해 첨부하는 것이다. 미팅이 줌Zoom이나 팀즈Teams와 같은 온라인 플랫폼에서 진행된다면 이름 옆에 공식 직함이나 자격을 표시하는 것도 효과적이다. 예를 들어 코로나19 팬데믹으로 봉쇄 조치가 내려지고 온라인 미팅이 일반화되었을 당시 금융 전문가들은 자신의 이름 옆에 CFP, APFS 등 보유 자격증에 관한 정보를 함께 기재했다. 그 결과 후속 상담과 고객 추천이 증가했다고 보고했다.

경력 초기에 영향력을 키우고 싶은 사회 초년생들에게 해주고 싶은 말이 있다. 발표를 시작하기 전에 관리자가 자신을 대신해서 전문성과 실력을 소개해 주지 않는다면 그렇게 해달라고 요청해야 한다. 혹은 그렇게 해줄 수 있는 관리자를 찾아야 한다.

유사성

'반대가 끌린다'라는 말은 누구에게나 익숙하다. 당장 머릿속에 떠오르는 예시도 있을 것이다. 서로가 너무 달라서 눈에 띄는 연인이 있다. 여성이 남성보다 키가 훨씬 더 크거나 그 반대일 수 있다. 혹은 남성은 조용하고 사색적인데 여성은 화려하고 카리스마가 있을 수 있다.

'유유상종'이라는 말도 익숙하다. 이 말에 해당하는 예시는 '반대가 끌린다'라는 말의 예시보다 훨씬 더 쉽게 머릿속에 떠오를 것이다. 왜냐하면 서로 다른 깃털을 지닌 새들이 함께 나는 일보다 같은 깃털을 지닌 새들이 무리를 이루는 일이 훨씬 더 많기 때문이다. 이는 영향력을 발휘하는 데 있어 근본이 되는 사실이다. 사람들은 자신과 비슷하다고 여겨지는 사람의 제안에 더 귀를 기울이고, 더 쉽게 수용한다. 반면 비슷하지 않다고 느끼는 사람의 제안은 잘 받아들이지 않는다. 그리고 사람들은 새롭게 접한 정보가 유능한 사람에게서 나왔는지를 따지면서 동시에 이렇게도 생각한다. "이 사람은 나와 비슷한 사람일까?"

이런 가정을 하자. 최근에 제법 상당한 유산을 물려받아 자산 관리에 조언을 얻고자 두 명의 재정 자문가와 약속을 잡았다. 제인 브라운은 유능하고, 눈에 띄는 이력도 갖추고 있다. 하지만 막상 그녀를 만나니 개인적으로 '뭔가 통하는 느낌'이 들지 않았다. 그런 다음 존 스미스를 만났다. 그와는 비슷한 부분이 많았고, 오래전부터 알고 지낸 사람처럼 잘 통했다. 그의 투자 실적도 괜찮았지만, 제인만큼 이력이 화려하지는 않았다. 자, 두 사람 중 누구에게 릴리언 고모의 유산을 맡기겠는가?

객관적으로 옳은 선택은 증거에 따라서 제인이다. 하지만 많은 사람이 경력이나 전문성이 부족하더라도 자신과 비슷하다고 느껴지는 사람의 조언을 더 선호한다.

여기서 영향력을 발휘하자 하는 사람이라면 명심해야 할 교훈이 있다. 아무리 훌륭한 증거와 뛰어난 역량을 갖추고 있더라도 그것만으로 모두를 설득하기에 충분하지 않을 수 있다. 따라서 누군가를 설득하려고 시도하기 전에 자신의 역량을 강조할 뿐만 아니라 상대와 자신이 공유하는 공통점을 찾고 부각하는 것이 중요하다. 이렇게 하려면 준비가 필요하다. 링크드인은 유용한 도구가 될 수 있다. 몇 분만 투자해서 설득해야 하는 상대와 자신의 공통점을 파악하면 설득의 길이 한결 수월해질 수 있다. 비슷한 경험이 있는지, 유사한 경력을 보유하는지, 같은 대학교 출신인지 등을 살핀다. 그리고 가능하다면(대부분 사람에게는 없지만 자신과 상대는 공유하는) '드문 공통점'을 찾는다. 그렇게 하면 그 즉시 친밀한 관계가 형성될 수 있다. 예를 들어 버마 고양이를 좋아하는 것처럼 말이다.

역량과 유사성 외에 설득력을 갖춘 메신저가 지녀야 할 세 번째 특성이 있다. 이 특성은 청중이 조언과 증거를 받아들이는 정도인 수용성에 영향을 미친다.

신뢰성

신뢰는 모든 인간관계의 핵심이다. 신뢰 없이는 생산적인 직장 내 협업도, 번영하는 경제적 교류도 이루기 어렵다. 안나 코츠와라 Anna Koczwara 박사는 행동과학자이자 비즈니스와 직장 환경에서 신뢰를 형성하는 데 정통한 권위자다. 그녀는 신뢰에는 다음의 두 가지 유형이 있다고 했다.

- 역량 기반 신뢰
- 진정성 기반 신뢰

진정성 기반 신뢰는 직장에서 영향력을 높이는 데 특히 중요하다. 이

유형의 신뢰는 규범을 어기면 자신에게 유리할 수 있는 상황에서도 도덕적 기준을 지키려는 의지를 보여준다. 이는 증거를 제시해 누군가를 설득하려고 할 때 특히 중요하다. 누구나 자신의 주장을 뒷받침하도록 자신에게 유리한 데이터만 '선별적으로' 제시하고 싶은 유혹에 빠지기 쉽기 때문이다. 그러나 그렇게 해서 얻은 단기적인 성과 때문에 장기적으로 더 큰 대가를 치르게 될 수 있다.

코츠와라 박사는 진정성을 이렇게 정의한다. "진정성은 오랫동안 반복적으로 접촉하면서 강력하고 도덕적으로 용인되는 원칙을 지속적으로 지키는 능력이다." 이 정의는 설득력이 있는 듯하다. 그렇다면 이 정의에 따라 두 가지를 제안하고자 한다. 첫 번째는 영향력 연구자들이 부르는 '양면 주장two-sided argument'을 채택하는 것이다. 이는 제안이나 발표 초반에 다른 선택지들도 나름의 장점이 있다고 인정한다. 흥미롭게도 이 접근 방법은 청중이 자신의 주장에 반감이 있거나 심지어 적대적이라고 생각될 때 특히 효과적인 것으로 나타난다.

두 번째는 특별히 무언가를 설득할 필요가 없을 때도 사람들과 지속적으로 접촉하는 것이다. 연구에 따르면 자주 사회적 교류를 주도하고 유지하며 장려하는 관리자는 더 호감이 가고 생산적일 뿐만 아니라 더 신뢰할 수 있고, 결과적으로 더 영향력 있는 사람으로 여겨졌다.[13] 여기서 중요한 교훈을 얻을 수 있다. 형식적인 인사나 의무적인 교류만으로는 신뢰와 영향력을 쌓기에 부족하다. 진정성 있고, 지속적인 영향력은 반복된 의미 있는 상호작용을 통해 형성된다. 영향력이란 결국 '신체 접촉이 수반되는 스포츠'인 셈이다.

3의 법칙

세 가지 증거는 설득력을 높이고, 네 가지 증거는 경계심을 유발한다

1863년 11월 19일 오후 하버드 대학교 총장과 미국 국무 장관을 지낸 에드워드 에버렛Edward Everett은 펜실베이니아주 게티즈버그의 묘지에 임시로 설치된 연단에 올랐다. 사람들은 연설을 듣기 위해 연단 앞에 기다리고 있었다. 그의 연설은 1만 3,607단어에 달했고, 그날 행사 프로그램에 '게티즈버그 연설Gettysburg Address'로 기재되어 있었다.[14] 그는 두 시간 넘게 품위 있고 명확한 어조로 연설을 이어갔다.

곧이어 에이브러햄 링컨 대통령이 연단에 올랐다. 그의 연설은 고작 272단어로 이루어져 있었고, 소요 시간은 2분에 불과했다. 그는 이렇게 예언했다. "세상은 오늘 우리가 이곳에서 하는 말을 주목하지도, 오래 기억하지도 않을 겁니다." 하지만 그의 예언은 틀렸다. 그의 간결하지만 심오하고 고양된 메시지는 영원히 기억될 것이다. 그렇다면 에버렛의 연설은 어떨까? 그의 연설을 기억하는 사람은 거의 없다.

링컨의 연설이 오늘날까지 기억되고 영향력을 발휘하는 이유는 여러 가지가 있다.[15] 남북 전쟁이라는 역사적 맥락이 분명히 그의 연설에 특별한 무게감과 경외감을 더했다. 이 장에서 중점적으로 다룬 프레이밍과 메신저도 중요한 역할을 했다.

링컨의 연설은 마라톤처럼 길게 이어진 에버렛의 연설 후에 나왔다. 그리고 그의 연설은 그날의 중요한 일정으로 계획된 것도 아니었다. 한 마디로, 즉흥적으로 이뤄진 연설이었다. 그렇다면 바로 앞에 진행된 에버렛의 지루하고 장황한 연설이 링컨의 짧은 연설을 더 돋보이게 만든 것일까? 가능성은 있다. 메신저 역시 중요했다. 하버드 대학교 총장이자 미국 국무 장관 출신이라는 이력은 에버렛이란 이름을 프로그램의 제일 상단에 올리기 충분했다. 하지만 미국 대통령이 함께 있었다면 이야기는 달라진다.

우리는 세 번째 요소에도 주목해야 하며 이 요소도 영향력을 지닌 게 확실하다. 이는 설득력 있는 메시지를 구성하고 전달하려는 모든 메신저가 마주하는 질문과 관련이 있다. 그 질문은 "무엇을 말할 것인가?"가 아니라 "얼마나 말할 것인가?"이다.

독자는 이 책의 구성과 형식에 어떤 공통점이 있다는 사실을 눈치챘을지도 모른다. 나는 3의 법칙에 따라 이 책을 구성하려고 최선을 다했다. 구체적으로 말해 세 가지 파트, 세 가지 동기, 세 가지 요소로 이루어진 영향력 방정식으로 책을 구성했다. 그리고 각 요소 안에는 다시 세 가지 하위 요소가 존재한다. 이것은 새로운 발상이 아니다. 고대 라틴어로 '**옴네 트리움 페르펙툼**Omne Trium Perfectum'이라는 말이 있다. 이는 '세 개로 이루어진 모든 것은 완전하다'라는 뜻이다. 3의 법칙에 따른 예시를 떠올려보자. '**입지, 입지, 입지**location, location, location'는 부동산에서 제일 중요한 건 위치라는 뜻이다. 건널목을 건널 때는 '일단 멈추고 좌우를 살피며 소리를 들어야 한다stop, look, listen'라고 아이들에게 가르친다. 과거 대중문화에서 '섹스, 마약, 로큰롤sex, drugs, rock 'n' roll'은 자유를 상징했다. 그리고 '마음, 몸, 정신mind, body, spirit', '사자, 호랑이, 곰lions, tigers and bears', '왔노라, 보았노라, 이겼노라I came, I saw, I conquered' 등이 있다.

인간은 숫자 3에 본능적으로 끌린다. 이것은 아주 어린 시절 유아와 보호자 사이의 상호작용에서부터 시작된다. 자장가와 전래 동요에서도 3이라는 숫자 패턴이 반복적으로 등장한다. 예컨대 자장가 〈쉿, 귀여운 아기Hush Little Baby〉에서 엄마는 울음을 그치지 않는 아이를 달래기 위해 앵무새, 다이아몬드 반지, 거울을 차례로 사주겠다고 약속한다. 이 전래 동요는 세대에 걸쳐 전해 내려오며 아이의 마음 깊은 곳에 자리 잡는다. 이후 아이들은 〈아기 돼지 삼 형제The Three Little Pigs〉, 〈금발 머리 소녀와 곰 세 마리Goldilocks and the Three Bears〉, 〈염소 삼 형제The Three Billy Goats Gruff〉 등과 같은 이야기를 통해 교훈을 배우며 숫자 3의 패턴에 익숙해진다.

심리학적으로 숫자 3은 패턴 인식의 핵심이다. 숫자 3은 처음, 중간, 끝이라는 구조를 만들기 위해 필요한 최소 단위이기 때문이다. 우리의 뇌는 이 삼단 구조를 기반으로 정보를 효율적으로 처리한다. 우리는 패턴 속에서 의미를 찾고, 통찰을 얻으며 혼란 속에서 질서를 포착한다. 떠오르는 패턴을 인식하는 능력은 인간 인지력의 기본이며 그 시작은 언제나 숫자 '3'이다.

직장에서 타인과 소통하고 영향력을 발휘할 때도 3의 법칙은 여전히 유효하다. 뛰어난 브랜드들은 하나같이 블로그 작성을 콘텐츠 전략의 핵심으로 여긴다. 이때 자주 활용되는 형식이 리스티클listicle이다. 리스트list와 기사article의 합성어인 리스티클은 '~하는 몇 가지'라는 형식으로 정보를 간결하게 정리해 제공하는 글이다. 리스티클에서도 숫자 3은 단골로 등장한다. 다른 홀수와 마찬가지로 세 가지 항목으로 구성된 리스트 형식의 글이 소셜 미디어에서 특히 높은 조회 수와 참여율을 기록한다. 이것은 컨설팅과 서비스 업계에도 그대로 적용된다. 세계적인 컨설팅 회사 맥킨지McKinsey는 바쁜 임원 고객에게 제안할 때는 반드시 '세 가지 핵심 요점'으로 정리할 것을 컨설턴트들에게 권장한다. "이 일을 해야 하는 세 가지 이유가 있습니다." 이 말은 맥킨지 컨설턴트들 사이에서 '신성한 주문'처럼 통하는 원칙이다. 이처럼 핵심 근거를 세 가지로 제시하면 이른바 '골디락스 효과Goldilocks quality'가 나타난다. 너무 많지도 적지도 않게 딱 알맞은 수의 증거를 제시하는 것이다.

여기서 우리는 증거를 제시할 때 어떻게 해야 하는지에 관한 중요한 통찰을 얻을 수 있다. 실증적 증거든 전문가 증언이든 혹은 일화든 무엇을 증거로 제시하든 간에 지나침은 설득력을 떨어뜨릴 수 있다. 과유불급이라는 말처럼 덜어낼수록 더 효과적인 경우가 많다. 예를 들어 자선단체 메이크어위시Make-A-Wish는 이기적인 이유 두 가지나 이타적인 이유 두 가지를 들어 사람들에게 기부할 것을 요청했다. 두 경우 모두 효과는 비슷하게 좋았다. 하지만 네 가지 이유를 한꺼번에 모두 제시했을 때는 기부액이 오히려 크게 줄어들었다. 후속 설문 조사에서 그 이유가 밝혀졌다. 사람들은 네 가지 이유가 모두 제시되었을 때 지나치게 노골적으로 기부할 것을 요구한다고 느꼈다.[16]

미국의 마케팅 교수인 수잔 슈Suzanne Shu는 주장의 설득력을 높이기 위해 몇 개의 증거를 제시하는 것이 적당한가를 알아보고자 실증 연구를 진행했다.[17] 그녀는 시리얼, 샴푸, 레스토랑, 아이스크림 가게, 정치인 등 다양한 제품, 장소, 인물에 대한 정보를 사람들에게 제공했다. 그녀는 제안할 때마다 1개부터 6개까지의 증거를 제시했고, 각 제안에 대한 사람들의 반응을 평가했다. 사람들이 제안을 얼마나 신뢰하는지와 함께 얼마나 의심하고 회의적으로 반응하는지도 평가했다. 시리얼이든 레스토랑이든 정치인이나 샴푸든 간에 제안 대상과 상관없이 한 가지 접근 방법이 가장 효과적이었다. 2~3개의 증거를 제시했을 때가 1개의 증거만 제시했을 때보다 설득력이 더 높았고, 4~5개 또는 6개의 증거를 제시했을 때보다도 훨씬 더 설득력이 있었다. 증거를 하나씩 추가할 때 세 번째 증거까지는 설득력이 증가했다. 하지만 그 이후부터는 오히려 회의감만 커졌고, 제안이나 증거에 대한 거부감으로 이어졌다.

증거는 의심의 여지 없이 영향력을 발휘하는 데 핵심 요소다. 그래서 증거가 이 책의 영향력 방정식에 중요한 변수로 포함되는 것이다. 하지만 실제로 결과에 영향을 미치는 건 증거 자체가 아니라 그 증거를 제시하는 방법인 경우가 많다. 비교 대상과 함께 증거를 제시하는 건 주장의 설득력을 높이는 핵심 전략이다. 그리고 메시지뿐만 아니라 그 메시지를 누가 전달할 것인지도 신중하게 고민해야 한다. 마지막으로 정보를 얼마나 제시할 것인지도 반드시 생각해야 한다. 영향력을 발휘하는 데 탁월한 사람은 증거를 제시해 메시지를 전달한다. 하지만 너무나 많은 증거를 쏟아내 청중을 몰아붙이지 않는다. 기억하자. 증거가 3개면 사람들의 마음을 사로잡지만 4개면 경계심을 불러일으킨다.

5장

경제적 유인책을 활용한 영향력 발휘

Influencing with economics

컬럼비아 경영대학원에서 운영하는 경영자 교육 프로그램의 둘째 날에는 동료인 스테판 마이어Stephan Meier가 영향력을 발휘할 때 경제적 유인책의 역할을 주제로 강의한다. 그는 경제학 교수이자 '일의 미래'에 대한 권위자다. 모두가 그를 좋아하듯 나도 그를 무척 좋아한다. 그는 똑똑하고 매력적이며 재치도 넘친다. 그리고 장난기도 약간 있다.

스테판 마이어는 강의를 시작할 때면 주로 학생들에게 한 가지 과제를 던진다. 금전적 인센티브를 제공하지 않고, 주변에서 흔히 접할 수 있는 문제를 어떻게 해결할 수 있을지 고민해 보라는 것이다. 그가 자주 다루는 사례 중 하나는 슈퍼마켓의 쇼핑 카트와 관련된 문제다. 일부 고객은 쇼핑을 마친 후 차에 물건을 옮겨 싣고, 쇼핑 카트를 지정 구역에 반납하지 않은 채 주차장 한가운데에 그대로 버려두고 떠난다. 그러면 쇼핑 카트가 여기저기 흩어져 주차장을 어지럽히거나 보행자와 부딪혀 다치는 사고가 발생하기도 하고, 어떤 경우에는 주차된 차량을 긁어 페인트가 벗겨지는 피해가 발생한다. 또한 어떤 경우에는 쇼핑 카트가 거리나 인도에 방치되어 사회적이고 환경 관련 문제를 초래하기도 한다. 심지어 강이나 쓰레기 무단 투기 장소에서 발견되기도 한다.

교수에게 좋은 인상을 남기고 싶은 학생들은 창의적인 해결책을 쏟아내기 시작한다. CCTV를 더 많이 설치하자는 제안부터 사회적 비난 캠페인의 일환으로 쇼핑 카트를 상습적으로 방치하는 사람의 사진을 매장 내 스크린이나 게시판에 공개하자는 아이디어도 나온다. 양심적인 사람이 방치된 쇼핑 카트를 발견하면 수거팀에 연락해 쇼핑 카트를 회수해 가도록 전용 신고 전화를 개설하자는 제안도 있다. 더 나아가 쇼핑 카트에 위치 기반 잠금장치를 달아서 정해진 구역이나 슈퍼마켓 주차장을 벗어나면 바퀴가 잠기도록 하자는 의견도 나온다. 심지어 어떤 학생은 쇼핑 카트에 '토미'나 '티나' 같은 이름을 붙이면 사람들이 쇼핑 카트를 아무 데나 버리지 않을 거라고 제안한다.

마이어는 학생들의 제안을 한참 동안 인내심 있게 들은 후 하나하나 칭찬을 건넨다. 그러고는 의미심장한 미소를 지으며 그 모든 아이디어를 조심스럽게 일축한다. 그는 금전적 인센티브를 활용하지 않고 이 문제를 해결하려는 시도는 애초에 잘못된 접근이라고 말한다. 이 문제는 아주 간단한 경제적 유인책을 활용하면 쉽게 해결될 수 있다는 것이다. 방법은 이렇다. 쇼핑 카트에 동전 투입기를 부착하는 것이다. 고객은 쇼핑 카트를 이용하기 위해 사용 보증금으로 일정 금액을 투입해야 하고, 다 사용한 후 정해진 장소에 쇼핑 카트를 반납하면 그 돈을 다시 돌려받는다.

이것은 기가 막힌 해결책이다. 그리고 고전적인 경제적 사고의 핵심이다. 무언가를 하도록 누군가를 설득하고 싶다면 그에게 인센티브를 제공해라. 반대로 무언가를 하지 않도록 누군가를 설득하고 싶다면 비용을 부담시키거나 불이익을 줘라.[1]

경제적 유인책은 놀라울 정도로 효과적이고, 타인의 결정과 행동, 태도에 영향을 미치고자 하는 사람들에게 대단히 중요한 도구다. 경제적 유인책은 보편적인 호소력이 있다. 모두가 이해하며 실행도 어렵지 않다. 그리고 마구 널브러진 쇼핑 카트 문제처럼 일상적인 상황은 물론 그 밖의 다양한 맥락에서도 유용하게 적용된다.

투표를 예를 들어보자. 미국과 영국의 총선 투표율은 대체로 40퍼센트대 중반에서 60퍼센트대 중반 사이를 오간다. 지방 선거나 주 단위 선거의 투표율은 이보다 훨씬 낮은 편이다. 그렇다면 어떻게 더 많은 시민이 사회적으로 바람직한 행위에 동참하고 실제로 투표소로 향하도록 설득할 수 있을까? 돈을 주면 어떨까? 얼핏 터무니없는 아이디어처럼 들릴 수 있지만 사실 그렇게 황당한 생각만은 아니다. 호주 선거관리위원회에 따르면 호주의 총선 투표율은 단 한 번도 90퍼센트를 밑돈 적이 없다. 부정 선거가 의심되는 부패한 독재 정권을 제외하면 이는 세계에서 가장 높은 수치다. 호주의 총선 투표율이 이토록 높은 이유는 간단하다. 1924년부터 호주에서는 투표가 의무며 선거 당일에 투표하지 않으면 벌금이 부과된다.[2]

마이어의 강의에서 우리가 얻을 수 있는 교훈은 분명하다. 사람들의 행동에 영향을 미치고 싶은가? 그렇다면 해법은 하나다. 경제적 유인책을 활용하라. 이것으로 수업을 종료하겠다.

*

물론 가장 호전적인 성향을 지닌 경제학자조차도 인생이 그렇게 단순하지만은 않다고 인정할 것이다. 참고로 마이어는 이런 부류가 절대 아니다. 그렇다. 사람들은 인센티브에 반응한다. 여기에는 논쟁의 여지가 없다. 그리고 의심의 여지 없이 사람들이 인센티브에 어떻게 반응하는가는 맥락과 심리적 메커니즘의 영향을 받는다. 예를 들어 지금 당장 20파운드(약 3만 7천 원)를 받을지 아니면 하루 기다렸다가 21파운드(약 3만 9천 원)를 받을지 선택해야 한다고 가정하자. 대부분이 오늘 20파운드를 받겠다고 말한다. 이제 이렇게 가정해 보자. 7일 후 20파운드를 받을지 아니면 8일 후 21파운드를 받을지 선택해야 한다. 이번에는 하루 더 기다렸다 21파운드를 받겠다고 선택하는 사람들이 더 많다. 두 경우 모두 하루를 더 기다리면 돈을 조금 더 받게 된다는 조건은 동일한데 이렇게 다른 결과가 나왔다.[3]

경제적 유인책, 특히 인센티브는 성공적인 영향력 전략의 핵심 변수 중 하나다. 그리고 그에 못지않게 중요한 사실이 있다. 사람들은 인센티브에 대체로 예측할 수 있는 방식으로 반응한다는 것이다. 이러한 특성 덕분에 경제적 유인책은 누군가를 설득하고자 하는 이들에게 아이디어와 제안을 더 설득력 있고 매력적으로 전달할 수 있는 다양한 프레이밍

전력과 구성 방식을 제공한다. 물론 그렇다고 해서 가격, 보상, 보너스 같은 인센티브의 크기가 중요하지 않다는 말은 아니다. 이 또한 매우 중요하다. 제안하는 제품이나 아이디어가 경쟁자의 것과 비슷하면서 가격까지 더 비싸다면 상대가 누구든 설득하기는 쉽지 않을 것이다. 클라이언트든 고객이든 동료든 마찬가지다. 설령 가격이 비슷하더라도 이용 가능성, 사용 편의성, 제안 자체의 매력도 등 다른 요소들도 중요하다. 하지만 지금 제시하려는 제안이나 아이디어가 경제적이나 재정적으로 충분히 설득력을 갖추고 있다고 가정하자(다시 한번 말하지만, 그렇지 않다면 그 문제부터 해결해야 한다). 이번 장에서는 경제적 유인책을 어떻게 구성하고 제시해야 사람들이 아이디어나 제안을 더 잘 수용하도록 영향력을 발휘할 수 있는지를 구체적으로 살펴본다.

좀 더 구체적으로는 가격이나 규모를 바꾸지 않고, 인센티브를 효과적으로 제시해 설득력을 높이는 세 가지 방법을 중점적으로 살펴본다. 본론에 들어가기 전에 인센티브가 정확히 무엇인지, 영향력을 발휘할 때 쉽게 사용할 수 있는 대표적인 인센티브에는 무엇이 있는지부터 간단히 살펴보도록 한다.

— 인센티브는 무엇인가?

간단히 말해, 인센티브란 누군가를 설득해서 어떤 결정을 내리거나 어떤 행동을 하도록 설득하기 위해 설계된 보상 체계다. 인센티브는 경제학의 핵심 개념이며 따라서 타인을 설득하는 데도 핵심적인 도구다. 특히 가족이나 사적 관계처럼 가족적 의무감이나 사회적 유대감이 행동의 동기가 되기 어려운 비즈니스나 직장에서 인센티브는 더욱 중요하다. 경제적 인센티브의 전제는 아주 간단하다. 사람은 무언가를 얻을 수 있다는 기대가 있을 때 반응하고 행동한다. 반대로 손해를 보거나 위험이 따른다고 판단되면 그 행동이나 상황을 피하려고 한다.

포괄적으로 말하면 경제적 인센티브는 두 가지 범주 중 하나에 속한다.[4] **재정적 인센티브**는 급여, 상여금, 주식매수선택권, 성과 수당 등 금전적 보상을 포함한다. **비재정적 인센티브**는 직접적으로 금전적 이익이 제공되지는 않지만, 그럼에도 가치 있는 보상이다. 직장에서는 직무 교육, 경력 개발 지원, 복지 프로그램, 단순히 '잘했다'라는 인정 등이 비재정적 인센티브에 포함된다.

증거를 활용해 영향력을 발휘할 때와 마찬가지로 경제적 인센티브를 이용해 영향력을 발휘할 때도 사람들의 결정을 좌우하는 건 '무엇을 인센티브로 제시하느냐'가 아니라 '인센티브를 어떻게 제시하느냐'다. 영향력을 더 효과적으로 발휘하고자 한다면 인센티브를 설계할 때 다음 세 가지 요소를 반드시 고려해야 한다.

1. 빈도와 시기: 언제 인센티브를 제시할 것인가?
2. 이익과 손실: 어떻게 인센티브를 구성할 것인가?
3. 주인의식의 중요성: 누가 인센티브에 공감하는가?

— 빈도와 시기

눈앞의 동전인가, 아니면 먼 미래의 지폐인가

7,500만 장이 넘는 앨범 판매량을 기록한 레바 매킨타이어Reba Nell McEntire는 미국 컨트리 음악을 사랑하는 팬들, 버스 운전기사들에게 사랑받는 가수다. 팬들 사이에서는 간단하게 '레바'로 알려진 오클라호마 출신인 그녀는 공연이 끝나면 무대를 함께 꾸민 연주자들에게 먼저 감사의 말을 전한다. 그리고 밴드를 공연장까지 데려다주는 버스 운전기사들에게도 잊지 않고 고마움을 전한다. 레바는 "좋은 버스 기사님을 찾는 건 좋은 연주자를 찾는 것만큼이나 중요하죠"라고 말한다.

알렉스 과리엔토는 30년 경력의 대중교통 전문가다. 그는 아마도 이에 전적으로 동의할 것이다. 수십 년 동안 그가 추구해 온 목표는 자신이 관리하는 버스, 장거리용 대형 버스, 트럭이 정시에 그리고 무엇보다도 안전하게 목적지에 도착하도록 하는 일이었다. 이것은 말처럼 쉬운 일은 아니다.

버스나 장거리용 대형 버스를 타고 이동하는 승객의 관점에서 보면 이야기는 단순해 보인다. 자신들을 직장과 집, 공항 터미널 혹은 여행지까지 태우고 가는 운전기사는 기본적인 역량만 갖추면 된다. 자신이 운전하는 차량에 대한 기본적인 작동 지식과 이를 안전하게 조작할 수 있는 능력 정도만 갖추면 충분하다. 물론 친절한 태도나 가끔 건네는 미소도 반갑겠지만 어디까지나 '있으면 좋은' 부가적인 요소일 뿐이다.

하지만 운전자의 입장에서 보면 절대 간단하지 않다. 운전기사는 일반 운전자보다 훨씬 더 많은 시간을 도로 위에서 보낸다. 그만큼 사고나

충돌에 휘말릴 위험이 크다. 교통사고 원인을 분석한 결과에 따르면 치명적인 결과로 이어지지 않은 교통사고 열 건 중 한 건은 대형 차량이나 버스를 운전하는 운전기사가 연루된 경우였다(여기서 버스는 좌석 수가 아홉 석 이상인 차량으로 정의된다). 여기에 치명적인 사고까지 포함하면 비율은 여덟 건 중 한 건으로 높아진다.[5]

게다가 장시간 운전은 지루하면서도 복잡하다. 오른쪽 차로를 유지하거나 익숙한 경로를 따라가는 일처럼 겉보기에 단순한 작업은 반복되면 무의식적인 행동으로 바뀐다. 운전기사는 마치 자동 조정 장치처럼 무심코 운전한다. 여기에 승객이 짜증을 내거나 시끄럽게 굴면 운전기사는 운전에 집중하지 못하고 결과적으로 운전 환경은 더욱 까다로워진다. 앞차가 갑자기 급정거하거나 자전거가 차량 사이를 지그재그로 가로지르거나 스마트폰을 보느라 전방을 주시하지 못한 보행자가 버스 전용 차로에 뛰어드는 일도 비일비재하다. 그래서 운송 업계에서는 버스를 운전하는 일이 민간 항공기를 조종하는 일보다도 정신적으로 더 고되다는 말도 한다. 최신 항공기는 자동 조종 기능이 잘 갖춰져 있고, 조종사도 두 명이 탑승한다는 점을 고려하면 그 말도 일리가 있다.

버스 업계에는 안전 운전을 장려하기 위해 널리 통용되는 규칙이 하나 있다. 바로 '2초 규칙two-second rule'이다. 이 규칙은 운전기사가 앞차와의 간격을 이상적으로는 2초 정도 유지해야 한다고 권고한다.[6] 제동 거리보다는 반응 시간을 기준으로 한 이 규칙은 충돌 사고를 줄이고 급제동을 최소화하는 데 효과가 있다는 사실이 여러 차례 입증되었다. 이는 결과적으로 법적 분쟁과 관련된 비용을 줄이는 데도 도움이 된다. 하지만 알렉스 과리엔토를 비롯한 많은 교통 관리자가 잘 알고 있듯 권고되는 바와 실제로 이루어지는 일은 늘 같지 않다. 그에게 주어진 과제는 버스 운전기사들이 이 규칙을 실제 운전에서 지키도록 설득하는 것이다.

여기서 경제적 인센티브가 도움이 될 수 있다. 과리엔토는 흥미로운 사실을 하나 발견했다. '어떤 인센티브를 제공하느냐'보다 '언제 그리고 얼마나 자주 인센티브를 제공하느냐'가 성과에 더 큰 영향을 미친 것이다. 그는 매달 100달러(약 14만 원)씩 보너스를 받는 운전기사들보다 같은 금액을 주당 25달러(약 3만 5천 원)씩 나눠 받는 운전기사들이 2초 규칙을 더 꾸준히 준수한다는 점에 주목했다.[7] 이 차이는 인센티브로 상대를 설득하여 자신이 원하는 행동을 유도하려는 사람 모두에게 중요한 통찰을 제공한다. 작더라도 더 자주 제공되는 인센티브가 크지만 드물게 지급되는 인센티브보다 더 효과적일 수 있다는 것이다.

왜 그럴까? 같은 크기의 인센티브라도 제공되는 빈도가 높아지면 훨씬 더 즉각적이고 뚜렷한 피드백 메커니즘이 형성되기 때문이다. 인센티브는 행동과 그에 따른 보상을 연결하는 역할을 하고, 바람직한 행동을 강화한다. 이러한 강화가 충분히 반복적으로 일어나면 바람직한 행동이 새로운 루틴이나 습관으로 자리 잡을 가능성도 커진다.[8]

노련한 관리자들은 인센티브가 제공되는 시기와 빈도가 중요하다는 것을 알고 있다. 그래서 영업팀이나 고객 서비스팀에게 연말에 성과급을 두둑하게 챙겨주는 것보다 판매가 성사되거나 새로운 고객을 유치할 때마다 수당을 지급하는 것이 더 효과적일 수 있다. 고객을 유치하고 유지하는 데 주력하는 조직도 마찬가지다. 은행, 신용 기관, 금융 회사 등은 일반적으로 고객에게 적립 포인트나 캐시백처럼 작은 인센티브를 자주 제공한다. 예를 들어 고객이 신규 계좌를 개설하면 초기 몇 달 이내에 고객 충성도를 확보해야 한다. 이때 작은 인센티브를 자주 제공하는 전략이 효과적일 수 있다. 바람직한 행동과 보상 사이에 연결 고리가 형성되기만 하면 우리의 뇌는 마치 파블로프의 개처럼 나머지를 알아서 처리한다.

연구 결과에 따르면 작고 빈번한 인센티브는 단기 목표를 달성하는 데 더 효과적이다. 예를 들어 새로운 고객을 확보하거나 식당 주인이 더 나은 고객 서비스를 제공하도록 유도하는 경우가 그렇다.[9] 과리엔토와 그의 운송 회사의 사례처럼 다음 교대 근무에서 운전기사들이 더 신중하게 운전하도록 독려할 때도 마찬가지다.

작지만 빈번하게 제공되는 인센티브는 훨씬 더 큰 규모에서도 효과를 발휘할 수 있다. 2000년대 후반 세계 경제는 금융 위기로 마비되었다. 미국 재무부는 침체된 경기를 부양하기 위해 기존과는 다르게 세금 환급 프로그램을 운영했다. 세금 환급금을 한꺼번에 지급하는 것이 아니라 수개월에 걸쳐 소액으로 나누어 지급한 것이었다. 세금 환급금은 분할해 매월 급여에 추가되어 시민들에게 지급되었다. 이 전략은 실제로 효과가 있었다. 목돈을 한꺼번에 받아 저축하거나 연금 계좌에 넣는 대신 소액으로 분할된 세금 환급금을 받은 사람들은 가처분 소득이 늘어나자 소비를 조금씩 늘렸다.

이는 타인의 행동에 영향을 미치고자 하는 사람이라면 누구에게나 유용한 통찰이다. 현대인과 현대 사회는 점점 더 현재에 집중하는 것 같고, 먼 미래에 제공되는 보상은 대체로 달가워하지 않는 것 같다. 그렇기에 크지만 늦게 제공되는 경제적 보상보다는 이를 작게 나눠서 더 자주 제공해 사람들이 즉시 만족감을 느낄 수 있도록 하는 것이 타인에게 영향력을 행사하는 데 더 효과적일 수 있다. 총액이 같더라도 또는 '기다렸다가 21파운드를 받는 것보다 오늘 20파운드를 받는 것'처럼 지금 당장 더 적게 받더라도 그 효과는 절대 작지 않다.

— 큰 인센티브를 작게 나눠서 지급한다

큰 인센티브를 작은 단위로 나눠서 지급하는 전략은 사람들을 설득하는 데 효과적일 수 있다. 이 전략은 비용이 수반되는 제안을 받아들이도록 사람들을 설득할 때도 활용할 수 있다. 예를 들어 제안의 전체가 아닌 그 일부분에 해당하는 비용부터 먼저 제시하면 사람들은 전체 제안을 더 쉽게 받아들인다는 연구 결과가 있다. 이 접근 방법은 '**단위 요청**unit asking' 전략이다.[10]

도움이 필요한 사람들을 지원하는 자선 단체를 운영하고 있다고 가정하자. 정기 후원자들은 대체로 일정한 금액을 기부하고, 한 번 정한 기부 금액은 좀처럼 바꾸지 않는다. 그렇다면 이들의 기부 금액을 더 늘리려면 어떻게 해야 할까? 시카고 대학교의 행동경제학자 크리스토퍼 시Christopher Hsee가 진행한 연구에 따르면 단위 요청 전략을 활용하면 정기 후원자의 기부 금액을 상당히 끌어올릴 수 있다. 그 방법은 이렇다. 어려움에 부닥친 많은 사람을 돕기 위해서 기부해달라고 요청하는 대신 먼저 그중 한 사람을 돕는 데 얼마가 필요할지 생각해 보도록 유도하는 것이다. 크리스토퍼 시가 진행한 실험에서 가난한 가정의 학생 한 명에게 필요한 금액이 얼마일지를 먼저 생각해 보라는 요청을 받은 그룹이 단순히 전체 캠페인에 기부해달라고 요청받은 그룹보다 거의 두 배에 달하는 금액을 기부했다.

단순한 모금이나 자선 활동 외에도 단위 요청 전략은 다양한 분야에서 긍정적인 결과를 가져올 수 있다. 예를 들어 직장에서 많은 사람이 필요하다고 느끼면서도 부담스럽게 여기는 일이 있다. 바로 필요한 예산과 자원을 확보하기 위해 협상을 벌이는 것이다. 연간 출장 예산을 늘리고자 할 때 관리자는 원하는 총액을 곧바로 요청해서는 안 된다. 먼저 예산 담당자가 한 번 출장을 갈 때마다 얼마의 비용이 소요되는지를 생각하도록 유도해야 한다. 그렇게 하면 협상을 성공적으로 마무리할 가능성이 높아진다. 학교 운영 위원이나 교사가 학부모에게 교재나 체육 용품을 사들이기 위해 기부금을 내달라고 요청할 때도 마찬가지다. 교실 전체를 위해서 기부해달라고 요청하기에 앞서 한 아이에게 드는 비용을 추산해 보도록 유도하는 것이 좋다. 심지어 취미로 수집한 소장품을 온라인에서 판매할 때도 이 전략을 활용할 수 있다. 예를 들어 팔려고 내놓은 소장품을 한데 묶어 판매가를 제시했을 때보다 "이 예쁜 비니 하나에 (또는 이 복고풍 신발 한 켤레에) 얼마를 내겠어요?"라고 물었을 때 더 높은 가격에 소장품을 처분할 수 있다. 이는 미래를 위해 저축하라고 고객을 설득해야 하는 재무 상담사에게도 유용한 전략이다. 먼저 고객에게 주간 식료품 구매비, 월 납부 공과금, 연간 휴가비 등 정기적으로 지출하는 비용을 상기시킨다. 그러면 저축이나 연금 납입액을 늘리도록 고객을 설득할 가능성이 높아진다.

단위 요청 전략은 수완 좋은 경매인에게도 유용한 전술이다. 빈티지 와인 세트를 경매에 부친다고 생각해 보자. 경매인은 이 전략을 활용해 낙찰 희망자들이 먼저 세트에 포함된 와인 한 병의 가치를 떠올리도록 유도한다. 낙찰 희망자들은 와인 한 병의 값어치가 어느 정도일지를 생각하고, 그것을 기준점으로 삼는다. 그리고 마음속으로 와인 한 병의 가치를 전체 세트에 곱해 경매에 나온 와인 세트의 가치를 산정한다. 이렇게 하면 와인 세트에 높은 가치가 부여된다. 경매는 어떻게 진행될까? 전반적으로 높은 입찰 가격에 진행된다.

단위 요청 전략이 효과적인 이유 중 하나는 사람들이 비용과 가격을 생각할 때 자연스럽게 나타나는 사고의 흐름이 반영되기 때문이다. 많은 사람이 자동으로 큰 금액을 적은 금액으로 나누어서 생각한다. 고전 경제학자들은 모든 돈은 어디에나 쓸 수 있는 '호환 가능한 자원'이라고 주장한다. 하지만 행동경제학자와 심리학자들은 그렇게 생각하지 않는다. 노벨상 수상자 리처드 탈러Richard Thaler가 만든 '심적 회계mental accounting'는 사람들은 돈을 용도별로 구분해 '심적 항아리mental pots'에 나눠 담는다고 가정한다. 예를 들어 마음속으로 월세, 식비, 유흥비, 여행비, 저축 등으로 돈을 나눠서 심적 항아리에 담는 것이다. 심적 회계는 타인을 설득해 행동이나 결정을 유도하는 일을 어렵게 만들 수 있다. 왜냐하면 사람들은 이미 어떤 용도로 쓰겠다고 심적 항아리에 넣은 돈을 꺼내서 다른 심적 항아리에 옮겨 담는 것을 꺼리기 때문이다. 친구에게 영화를 보러 가자고 하자. 이때 친구가 영화 관람비를 의류 구매비로 심적 항아리에 넣어 둔 돈을 써야 한다면 친구를 설득하는 것이 어려워질 수 있다. 이와 비슷하게 직장에서 듣고 싶은 교육이 있어 예산 지원을 요청할 때 그 예산을 다른 항목에서 확보해야 한다면 관리자의 승인을 받기가 어려울 수 있다. 돈이 없어서가 아니라 그 돈이 다른 용도의 심적 항아리에 있기 때문이다.[11]

심적 항아리에 담긴 돈은 시간이 지나면 점점 소진된다. 이것 역시 타인을 설득하는 걸 어렵게 만든다. 사람들은 남아 있는 예산에 부담을 주거나 고갈시킬 수 있는 제안에 더 부정적으로 반응하는 경향이 있다. 심적 항아리가 가득 찼을 때 제품을 구입하는 건 심적 항아리가 거의 비었을 때보다 훨씬 덜 부담스럽고 덜 고통스럽다. 이것은 '마지막 남은 전 재산 효과bottom-dollar effect'라고 불린다. 유감스럽게도 이 효과의 핵심은 간단하다. 실제로 제안이나 아이디어를 실행하는 데 비용이 얼마나 들어가든 심적 항아리가 가득 찼을 때 또는 거의 바닥일 때 제안을 받느냐에 따라서 사람들이 그것을 수용하느냐 마느냐가 결정된다. 심적 항아리가 가득 찼을 때, 다시 말해 돈을 써야 하는 사람 입장에서 예산 주기 초반에 돈을 쓰는 것이 예산이 소진될 무렵에 쓰는 것보다 훨씬 덜 부담스럽고 고통스럽다. 예를 들어 5만 파운드(약 9,300만 원)의 교육 프로그램 비용은 전체 예산이 100만 파운드(약 18억 6천만 원)일 때는 단 5퍼센트에 불과하다. 하지만 연말이 다 되어 예산이 10만 파운드(약 1억 9천만 원)

밖에 남지 않았다면 그 금액은 무려 절반을 차지한다. 금액은 동일하지만, 기준점이 달라진 것이다. 이로 말미암아 동일한 제안도 전혀 다른 방식으로 받아들여질 수 있다.[12]

대형 마트가 '1+1' 같은 행사를 월중이나 월말에 집중해서 진행하는 이유도 이것 때문이다. 대부분의 사람이 월말에 급여를 받는다고 가정하면 이 시기에 '공짜' 혜택을 제공하면 소비자들이 느낄 수 있는 지출의 부정적 감정을 줄일 수 있다.

유능한 운영자들은 이 사실을 기억하고, 설득력은 적정 가격이나 인센티브가 아니라 적절한 시기에서 나올 수 있다는 것을 알고 있다. 심지어 지출이 수반되지 않는 활동에도 마찬가지다. 은행이 '계절이 바뀌면 저축 상품도 바꿀 때'라고 소비자에게 상기시킬 때 예금 계좌 개설 건수가 늘어난다. 데이팅 앱이 '새로운 달엔 새로운 사랑이 시작될지도 모른다'라는 메시지를 사용자에게 보낼 때 서비스 참여율이 높아진다. 심지어 의료 기관도 '이제 40대네요. 건강 검진을 받을 때입니다'라는 메시지를 곧 마흔 살이 되는 사람들에게 보낸다.

눈앞의 동전인가, 아니면 먼 미래의 지폐인가?

현대인의 삶은 빠르게 흘러가고 현재 지향적이다. 지금 이 순간의 만족을 쫓기 바빠 미래를 생각할 겨를이 없다. 그래서 경제적 인센티브를 더 작은 단위로 나눠 적절한 시기에 제공해 즉각적인 만족감을 주는 것이 언제나 최고의 전략이라고 생각하게 된다. 그러나 인간의 행동은 매우 복잡하고, 그 복잡성은 상황에 따라 달라지기에 그런 생각은 실수에 가깝다. 연간 보너스나 스톡옵션처럼 더 크고 장기적인 인센티브도 중요한 역할을 한다. 특히 다른 사람들이 동참하도록 장려하려는 프로젝트나 과업이 복합적이고 어려울 때, 단기적으로 성과가 나올 수는 있지만 의도치 않은 부정적 결과를 유발할 수 있는 위험한 행동을 억제할 필요가 있을 때 그렇다. 예를 들어 영업 직원에게는 신규 거래처를 확보할 때마다 소소하고 빈번하게 보상하는 건 괜찮은 전략일 수 있다. 그러나 벽돌공에게 벽돌 한 장을 놓을 때마다 보상을 제공하는 건 누가 봐도 잘못된 전략이다.

인센티브가 제공되는 시점과 빈도는 그것이 결과에 얼마나 효과적으로 영향을 미치는지를 결정하는 중요한 요소다. 일반적으로 단기적인 행동을 유도하고 가까운 미래의 목표를 달성하고자 할 때 인센티브를 자주 그리고 즉각적으로 제공하는 것이 좋다. 반면 더 크지만 즉시 제공되지 않는 인센티브는 장기적인 목표에 대한 동기를 부여하고 유지하는 데 효과적일 수 있다.[13] 물론 이것은 엄연한 사실이라기보다 일반적인 지침이다.

경제적인 인센티브를 이용해 타인에게 영향력을 행사하고자 하는 사람이라면 인센티브가 제공되는 시기와 빈도 외에도 반드시 염두에 두어야 할 요소들이 있다. 그중에서도 중요한 하나는 사람들이 유도한 대로 행동했을 때 '무엇을 얻을 수 있는지'보다 '무엇을 잃을 수 있는지'에 더 강하게 반응한다는 것이다.

이익과 손실

조금 얻고, 더 많이 잃는다

출근길에 20파운드(약 3만 7천 원)짜리 지폐를 길에서 주웠다고 상상하자. 얼마나 기쁠까? 그 돈을 잃어버린 누군가의 불운을 잠시 떠올린 후 자신의 행운에 기분이 꽤 좋아질 것이다. 이번에는 이렇게 상상하자. 출근길에 돈을 줍는 대신 지갑을 열었더니 원래 있어야 할 20파운드 지폐가 사라졌다. 어떤 기분이 들까? 꽤 불쾌할 것이다.

대부분 사람은 무언가를 얻는 것보다 잃는 것에 훨씬 더 큰 불행을 느낀다.[14] 이것은 흥미로운 동시에 철학적인 질문으로 이어진다. 아침에 20파운드를 주웠다가 그날 오후에 잃어버렸다고 상상해 보자. 과연 당신은 손해를 본 것일까? 경제적으로는 그렇지 않다. 실제로는 아무런 변화도 없다. 하지만 심리적으로는 상황이 다르다. 손해를 봤다는 생각에 불행하다고 느낄 수 있다. 우리는 손실을 이득보다 훨씬 더 크게 인식한다. 다시 말해 손실은 우리의 주의를 빼앗아 간다. 그러므로 손실은 강력한 영향력의 도구가 될 수 있다.

호주의 연구자들이 실시한 한 실험은 이 현상을 잘 설명한다.[15] 연구진은 각 가정에 에너지 소비량을 줄여 전기 요금을 절감하는 간단한 방법이 담긴 안내문을 배포한다. 예컨대 다락방에 단열 처리를 하거나 계량기를 설치하거나 기존 전구를 에너지 효율이 높은 제품으로 교체하거나 온도 조절기 설정을 1~2도 낮추는 등의 조치였다.

연구진은 설문 조사에서 사람들이 '전기 요금을 절감하고 에너지 효율을 높이는 방법에 관한 정보'를 선호한다고 자주 응답했다는 것도 알고 있었다. 그래서 안내문에 이 간단한 방법을 실천했을 때 가정에서 평균적으로 전기 요금을 얼마나 절감할 수 있는지에 대한 추정치도 담았다. 예를 들어 한 달에 50파운드(약 9만 3천 원), 1년이면 600파운드(약 112만 원)에 달하는 금액을 절약할 수 있다는 식이었다. 이것은 꽤 매력적인 경제적 인센티브다. 그런데 실험 결과 실제로 행동 변화가 나타난 가정은 일부에 불과했다. 가장 큰 반응을 보인 가정은 어디였을까? 빠듯한 가정 살림에 먹고 살려고 고군분투하는 저소득층 가정이었을까? 아니면 이미 환경 보호에 관심이 많고 에너지 소비를 줄이기 위해 노력 중인 환경 의식이 높은 가정이었을까?

둘 다 아니었다! 행동 변화에 가장 적극적이었던 가정은 행동하지 않으면 연간 600파운드를 잃을 수 있다는 내용의 안내문을 받은 가정이었다. 이에 반해 행동하면 연간 600파운드를 절약할 수 있다는 내용의 안내문을 받은 가정은 거의 행동하지 않았다. 무엇보다 주목할 점은 행동하지 않았을 때 무언가를 잃을 수 있다고 경고를 받은 가정이 행동했을 때 무언가를 얻을 수 있다는 정보를 제공받은 가정보다 두 배 이상 더 많이 행동에 나섰다는 것이다. 이 실험 결과는 타인에게 영향력을 행사하고자 하는 모든 사람에게 중요한 통찰을 제공한다. '행동하지 않으면 무언가를 잃게 된다'라고 말하는 '손실 언어'가 설득력이 있고, 원하는 행동을 끌어낼 수 있다.

심리학자 대니얼 카너먼Daniel Kahneman과 아모스 트버스키Amos Tversky가 '전망 이론prospect theory'을 발표한 지도 50년이 넘었다.[16] 이 이론은 훗날 대니엘 카너먼이 노벨 경제학상을 수상하는 데 결정적인 기여를 했다.

두 사람은 사람들이 이득과 손실의 크기가 같을 때 이득을 얻는 것보다 손실을 피하는 것에 거의 두 배 더 강하게 동기 부여된다는 사실을 밝혀냈다. 이는 앞서 소개한 에너지 절약 실험에서 참가자들이 '절감'보다 '손실' 메시지에 더 강하게 반응한 이유를 잘 설명해 준다. 손실 회피loss aversion는 신뢰할 수 있는 개념으로 이미 학계에서도 확립된 개념이다. 특정 연구의 가치를 판단할 때 자주 활용되는 기준 중 하나는 논문의 인용 횟수다. 보통 인용된 횟수가 수백 건에 이르면 해당 논문은 그 분야에서 상위 10퍼센트에 해당하는 신뢰도 높은 논문으로 간주한다. 대니얼 카너먼과 아모스 트버스키의 논문은 거의 팔만 건에 달하는 인용 횟수를 기록하고 있다. 그리고 그들이 정립한 손실 회피라는 개념은 사회과학 문헌에서 자주 인용되는 개념 중 하나다. 동시에 논리적 근거가 탄탄한 개념 중 하나이기도 하다. 그러니 동료, 고객, 소비자 혹은 일반 대중에게 조언이나 제안을 받아들이지 않으면 무엇을 잃을 수 있는지를 정직하게 알리는 것이 효과적인 설득 전략이 될 수 있다는 건 전혀 놀랍지 않다. 하지만 이 전략이 효과적이기만 한 건 아니다. 적어도 두 가지 이유에서 활용하기 쉽지 않은 전략이다.

첫 번째 이유는 대부분이 본능적으로 인식하고 있는 것과 관련이 있다. 사람들은 메시지를 전달받을 때 '긍정적인 프레임'을 선호하는 경향이 있다. 다시 말해 제안이나 조언을 받아들였을 때 얻을 수 있는 이익이나 혜택을 강조하는 메시지를 더 반긴다. 반대로 그 제안이나 조언을 받아들이지 않았을 때 무언가를 잃을 수 있다거나 자신에게 불리하게 작용할 수 있다는 내용이 담긴 메시지는 일반적으로 덜 선호한다. 하지

만 역설적으로 손실을 강조하는 메시지가 사람들의 결정과 행동에 더 강력한 영향력을 행사한다.[17]

두 번째 이유는 메시지가 종종 그것을 전달하는 메신저와 밀접하게 연관된다는 것에 있다. 그 결과 청중은 밝고 희망적인 그림을 제시하는 메신저를 더 좋아하고, 반대로 우울하고 불편한 정보를 전달하는 메신저를 덜 좋아한다. 이 때문에 영향력을 행사하려는 사람은 딜레마에 빠진다. 상대에게 손실 가능성을 제시하면 제안의 설득력을 높일 수 있지만 달갑지 않은 부작용이 생길 수 있다. 손실 가능성으로 제안의 설득력을 높인 대가로 사회적 비용을 감수해야 할 위험이 생긴다.

다행히도 이러한 부작용을 완화할 방법이 있다. 그중 하나는 청중이 손실을 경고하는 메시지를 받아들일 수 있도록 사전에 마음의 **준비**를 하는 것이다. 그 방법은 이렇다. 본론을 전달하기 전에 영향력을 행사하고자 하는 사람은 자신의 메시지가 청중에게 부정적인 반응을 유발할 수 있다는 것을 인정하고, 이를 미리 언급한다. 이렇게 미리 경고함으로써 개인이든 집단이든 곧 듣게 될 메시지에 심리적으로 대비할 수 있다. 물론 이 방법이 항상 효과적인 건 아니다. 하지만 감정적으로 민감한 메시지를 전하기 직전에 경고해서 청중의 공감을 사는 건 청중이 메신저를 비난하지 않고 메시지 자체에 집중하도록 유도하는 데 분명 도움이 될 수 있다.

또 다른 방법은 손실을 경고하는 메시지에 그 손실을 피하려고 청중이 즉시 취할 수 있는 구체적인 행동을 함께 제시하는 것이다. 예를 들어보자. 파상풍은 독소를 생성하는 박테리아에 의해 발생하며 신경계를 손상시켜 생명을 위태롭게 할 수 있는 질병이다. 이에 예방 접종의 필요성을 알리고 접종률을 높이기 위한 보건 캠페인이 진행되었다. 전단지와 옥외 광고판에, 파상풍에 걸린 사람들의 충격적인 사진이 실렸다. 이 보건 캠페인이 성공적으로 끌어올린 건 접종률이 아니라 사람들의 불안감이었다. 이후 보건 캠페인은 방향을 바꿔 어디서 그리고 어떻게 백신을 접종할 수 있는지에 대한 구체적인 정보를 포함했다. 그 결과 파상풍 예방 접종률이 눈에 띄게 증가했다.[18] 이 사례는 중요한 사실을 보여준다. 손실을 강조하는 메시지가 실행 가능한 이상적으로 쉬운 행동 지침과 함께 전달될 때 사람들은 그 메시지가 자신과 무관하다고 부정하지 않고 심지어 메신저를 탓하려는 반응조차 줄어든다.

마지막으로 손실을 강조하는 메시지를 통해 타인을 설득하고자 할 때 꼭 기억해야 할 것이 있다. 그것은 청중이 지금 실제로 소유하고 있는 것의 손실 가능성을 전달하는 거다. 지금 갖고 있지 않은 것을 잃을 수 있다거나 너무 먼 미래에 무언가를 잃어버릴 수 있다고 상상하게 하는 건 효과적이지 않다. 이것은 금융 전문가나 기후 운동가들이 흔히 사용하는 전략이기는 하다. 물론 경우에 따라 어느 정도 효과가 있을 수는 있다. 하지만 그 감정적 충격은 실질적인 손실에 비해 훨씬 약하다. 예를 들어보자. 출근길에 20파운드를 잃는 상상을 해보라는 말과 실제로 20파운드를 잃었을 때의 경험은 완전히 다르다. 실제로 돈을 잃었을 때의 경험을 떠올려보라고 했을 때가 훨씬 더 강한 설득력을 발휘한다.

손실을 명확하게 부각하는 전략은 2016년 브렉시트 국민 투표 당시, 'EU 탈퇴Leave' 캠페인이 지지층을 효과적으로 동원할 수 있었던 이유

중 하나였다. 정치적 입장과는 별개로 EU 탈퇴 캠페인은 다음과 같이 어떤 손실을 볼 수 있는지를 명확하고 선명한 메시지로 전달했다. "영국은 매주 3억 5,000만 파운드(약 6,600억 원)를 EU에 보내고 있다." "그 돈은 본래 국가보건서비스에 쓰였어야 할 우리의 돈이다." "이 손실을 멈추라. EU를 떠나라. EU 탈퇴에 투표하라." 이 메시지는 나중에 사실이 아닌 것으로 판명되었지만 효과가 있었다. 그 결과 2016년 6월 국민투표에 참여한 유권자의 52퍼센트가 EU 탈퇴에 찬성표를 던졌다.

사람들이 지금 당장 구체적으로 닥친 손실을 피하려고 훨씬 더 적극적으로 행동한다는 사실은 직장에서 경제적 인센티브와 보너스를 제공하는 방식에 관해 흥미로운 질문을 던진다. 만약 사람들이 이득을 얻는 것보다 손실을 피하려는 데 더 강하게 동기 부여된다면 보너스를 사전에 지급하는 방식이 더 효과적인 건 아닐까? 미래에 받을 수 있는 돈이 아니라 이미 손에 쥔 돈이라면 사람들은 그 돈을 지키기 위해 더 열심히 일하지 않을까?

미국 경제학자 존 리스트John List는 이 가설을 뒷받침하는 증거를 제시했다.[19] 그는 첨단 부품과 소형 기기를 생산하는 중국 제조업체와 협력해 생산직 근로자들에게 금전적 형태의 경제적 인센티브를 제공하는 실험을 진행했고, 생산성을 높이는 데 효과가 있다는 것을 확인했다. 그리고 보너스를 사전에 받은 집단의 생산성이 성과에 따라 사후에 보너스를 받는 집단보다 거의 2퍼센트 더 높았다. 더 주목할 점은 이 효과는 시간이 지나도 많이 감소하지 않았다는 것이었다. 이 실험 결과는 대중교통 전문가 알렉스 과리엔토의 이목을 끌었다.

이 장의 앞부분에서 뉴욕주 버스 운전기사들을 대상으로 한 실험을 소개한 바 있다. 실험 결과 매달 100달러를 지급하는 것보다 매주 25달러씩 지급하는 것이 버스 운전기사들이 권장 안전거리를 더 잘 지키도록 유도하는 데 더 효과적이었다. 그러나 시간이 지나면서 그 효과는 점차 줄어들었다. 인센티브 지급 주기를 변경한 지 4개월이 지나자, 주 단위로 인센티브를 받는 집단과 월 단위로 보너스를 받는 집단 사이의 차이는 사실상 사라졌다.[20] 우리는 이 결과에 실망했지만, 존 리스트가 보여준 실험 결과에서 영감을 얻었다.

이번에는 또 다른 집단의 버스 운전기사들을 대상으로 보너스를 지급하는 방식 자체를 바꾸기로 했다. 바로 매주 혹은 매월이 시작되자마자 보너스를 먼저 지급하는 방식이었다. 다만 보너스는 현금으로 직접 지급되지는 않았다. 이미 받은 돈을 돌려달라고 요구해야 하는 상황은 그 요구를 하는 사람과 받는 사람 모두에게 달갑지 않기 때문이었다. 대신 우리는 우편환의 형태로 보너스를 제공했다. 우편환은 실제로 존재하고 소유할 수 있으며 잃어버릴 수도 있는 대상이었다. 결과는 모든 이해 당사자에게 긍정적이었다. 버스 운전기사들은 2초 규칙을 훨씬 더 자주 준수했고, 안전 운전이 하나의 관행으로 자리 잡았다. 급제동은 줄었고, 사고도 감소했으며 승객은 더 안전해졌다. 대중교통 관리자들은 만족했고, 버스 운전기사들은 더 많은 보상을 받았다. 이 실험 결과에 아마 레바도 뿌듯했을 것이다.

변화는 곧 손실이다

손실은 이득보다 더 크게 다가온다. 구체적으로 말하면 손실은 이득보다 대략 두 배는 더 크게 다가온다. 이는 마치 우리 뇌가 공항 환전소처럼 손실과 이득을 따로 계산하는 환율 체계를 지닌 것 같다. 차이점이 있다면 여기서 환전되는 건 파운드와 달러가 아니라 손실과 이득이라는 점이다. 그 환율은 2:1이다. 이 사실은 타인의 행동을 변화시키고자 하는 사람이라면 반드시 기억해야 한다. 왜냐하면 설득이란 단지 제안을 받아들이게 만드는 것이 아니라 지금 하고 있는 어떤 것을 포기하게 만드는 일이기도 하다. 그리고 이 둘은 심리적으로 결코 동일한 가치를 지니지 않는다.

2013년 영국 연립 정부는 긴축 재정의 하나로 고소득 가정을 대상으로 한 자녀 세금 공제를 폐지했다. 그리고 그 영향을 완화하기 위해 폐지된 세금 공제액과 거의 비슷한 연간 1,200파운드(약 224만 원) 상당을 보육 바우처의 형태로 일부 가정에 제공했다. 당시 영국 재무부는 분명 이렇게 생각하고 계산했을 것이다. "자녀 세금 공제 1,200파운드를 폐지하고(빼기) 보육 바우처 1,200파운드를 지급했으니(더하기) 순손실은 없다(합계)." 하지만 이 인간미 없는 계산 방식은 사람들이 손실과 이득을 교환할 때 적용하는 심리적 환율을 간과했다. 앞서 말했듯이 사람들은 손실을 이득보다 두 배 더 무겁게 느낀다. 그렇다면 1,200파운드의 손실은 심리적으로는 2,400파운드(약 448만 원)에 가까운 타격처럼 느껴졌을 것이다. 이 경우 영국 재무부가 제시한 1,200파운드의 보육 바우처는 그 심리적 손실의 절반밖에 보상하지 못했다. 그 결과 영국 재무부는 대중의 강한 반발에 직면했고, 정책 홍보에도 실패한 것으로 평가되었다.

이 사례는 타인의 행동을 변화시키고자 하는 모든 사람에게 중요한 교훈을 남긴다. IT 서비스 업체를 바꾸도록 회사를 설득하거나 가정에서 가스보일러를 열펌프로 교체하도록 유도하거나 의사에게 기존에 익숙한 약 대신 새로운 약을 처방하도록 설득하는 것처럼 개인이나 집단이 어떤 것을 포기하고 다른 것을 받아들이게 하려는 상황에서는 상대가 현재 상태와 미래 상태가 서로 다른 가치로 인식할 수 있다는 것을 명심해야 한다. 설득을 통해 변화를 유도하려고 할 때 우리가 잊지 말아야 할 건 상대가 우리의 제안에 따르기 위해 포기하는 것들은 손실로 체감된다는 것이다. 이는 곧 소소한 이득이나 약간의 개선만으로는 상대를 설득할 수 없다는 뜻이다. 어떤 경우에는 제안이 상대가 진지하게 고려할 수 있을 만큼 설득력을 갖추려면 실제보다 두 배 더 매력적이어야 할 수도 있다.

주인의식의 중요성

노력이 쌓이는 곳에 가치도 따라간다

경제적인 인센티브가 손실로 제시될 때 더 강력한 영향력을 발휘할 수 있는 중요한 이유 중 하나는 주인의식의 설득력 때문이다. 행동경제학자들은 사람들이 자신이 소유하거나 만드는 데 직접 관여한 대상에 자신이 소유하지 않거나 만드는 데 도움을 주지 않은 대상보다

더 높은 가치를 부여한다는 사실을 오래전부터 알고 있었다.[21]

소유 효과를 확인하기 위해 장난기 많은 독자라면 다음과 같은 실험을 해보는 것도 재미있을 거다. 근처 신문 가판대나 구멍가게에 들러 복권을 사는 사람을 지켜보자. 그 사람이 구매를 마치면 다가가서 복권을 자신에게 팔 의향이 있는지 물어보는 것이다. 많은 사람이 팔려고 하지 않을 것이다. 혹시 판다고 해도 몇 분 전에 지불한 금액보다 훨씬 더 많은 돈을 요구할 가능성이 크다.

물론 그 복권의 가치는 전혀 변하지 않았다. 하지만 이를 복권을 구매한 사람에게 이해시키기는 거의 불가능하다. 그의 입장에서 그 복권의 가치는 이제 객관적인 시장 가격을 기반으로 결정되지 않는다. 그리고 그것은 더 이상 단순한 복권이 아니다. 그 복권은 바뀌었다. 이제 그 복권은 적어도 그의 마음속에 여느 복권과는 완전히 다르다. 그것은 시골 저택 생활, 이국적인 휴가, 빠른 자동차 소유, 해변 은퇴 주택 생활 등 새로운 삶을 누릴 기회를 제공하는 티켓이다.

이와 비슷하게 사람들은 자신이 시간과 노력을 투자한 활동이나 과제를 과대평가하곤 한다. 하버드 대학교의 마이크 노턴Mike Norton 교수는 이를 '이케아 효과IKEA effect'라고 부른다.[22] 그의 연구에 따르면 사람들은 같은 제품이라도 자신이 직접 조립한 제품에 매장 직원이 조립한 제품보다 무려 60퍼센트나 더 높은 가치를 매긴다. 이처럼 사람들은 구매했거나 노력을 들인 대상에 대해 실제 가치보다 더 높은 가치를 부여하는 경향이 있다. 이러한 경향은 보편적으로 나타난다. 그리고 개인적인 삶에서만 나타나는 것이 아니라 직장에서도 나타난다. 왜일까?

복권이나 가구의 경우에는 이유가 명확해 보인다. 우리는 그것에서 즐거움을 얻는다. 상상도 못 할 부를 안겨줄 수도 있다는 꿈이나, 잘 꾸며진 아늑한 집에 대한 만족감은 우리에게 즐거움을 제공한다. 그런 즐거움을 잃는다는 생각은 괴로워서 피하고 싶어진다. 하지만 일에 있어서는 반드시 그렇지만은 않다. 런던정경대학교의 폴 돌런Paul Dolan 행동과학 교수는 많은 사람이 자기 일을 가장 즐겁지 않은 활동 중 하나로 평가한다고 말한다. 그러나 그는 즐겁지 않다고 해서 보람이 없다는 뜻은 아니라고도 강조한다. 일이 아무리 어렵고 힘들더라도 만족감이나 성취감이 없는 건 아니다.[23] 사람들은 제 일에 얼마나 주인의식을 느끼느냐에 따라 얼마나 노력을 쏟을지를 판단하는 경향이 있다. 자신이 맡은 프로젝트에 대한 주인의식이 커지면 그만큼 더 큰 노력을 기울인다. 그리고 노력의 크기가 커지면 그 프로젝트의 가치도 더 높게 평가한다.

이는 직원의 업무 몰입도를 높이고자 하는 관리자와 감독자들에게 잠재적인 기회가 될 수 있다. 대부분이 새로운 아이디어나 프로젝트 또는 계획에 관해 설명을 들으면 '우리가 만든 게 아니잖아'라는 냉소적인 태도를 보이는 동료를 한두 명쯤은 알고 있을 것이다. 이런 태도에 대응하기 위해 영향력을 잘 다루는 사람은 프로젝트 초반부터 업무 지시를 내리기보다 협업을 먼저 시도한다. 그는 프로젝트에 참여한 모든 사람의 의견과 기여를 구하며 특히 일부러 반대 의견을 내는 사람들의 참여도 환영한다. 이런 협업 방식은 업무에 대한 주체성과 자율성을 높여줄 뿐 아니라 또 하나의 중요한 효과를 발휘한다. 바로 업무에 대한 주인의식이 생긴다. 주인의식이 생기면 사람들은 그 일이 자기 아이디어라고 느껴 더 높은 가치를 부여하는 경향이 있다. 물론 이 방법이 고집스럽고 불평이 많은 '우리가 만든 게 아니잖아'라는 태도를 보이는 사람들을 전부 변화시킬 수 있다고 말할 수는 없다. 그러나 여러 부서, 나아가 공급업체나 협력사까지 함께 참여해야 하는 프로젝트라면 이 방법은 충분히 유용할 수 있다.[24]

— 인센티브 조율의 중요성

벤트 플루비야Bent Flyvbjerg는 옥스퍼드 대학교의 경제지리학자이자 《프로젝트 설계자》[25]의 저자다. 그는 어떤 프로젝트가 주어진 예산과 일정에 맞춰 완료되는지를 확인하고자 주요 인프라 프로젝트를 조사하는 데 평생을 바쳤다.[26] 하지만 그 결과는 실망스럽기 그지없다. 그는 10억 달러(약 1조 4천억 원) 이상의 초대형 프로젝트 대부분이 예산과 목표 일정을 달성하지 못한다는 사실을 발견했다.

사례는 정말 많다. 영국과 프랑스를 연결하는 해저 철도 터널인 채널 터널Channel Tunnel은 계획보다 80퍼센트 더 큰 비용이 들었다. 스코틀랜드 의사당 건물인 홀리루드Holyrood는 완공하는 데 수년이 지연되었고, 예산을 900퍼센트나 초과했다. 독일의 베를린 브란덴부르크 공항Berlin Brandenburg Airport은 2020년 10월에 개항했지만, 예정보다 9년이 늦었고 그 동안 마감 시한을 여섯 번이나 넘겼다. 이 프로젝트의 예산 초과가 얼마나 심각했던지 한 게임 제작사는 이 프로젝트에서 영감을 얻어 가장 많은 공공 예산을 낭비하는 사람이 이기는 보드게임을 만들기까지 했다.

플루비야에 따르면 예산과 일정 모두를 지켜 마무리된 초대형 프로젝트는 10개 중 1개도 되지 않는다. 그렇다면 성공한 프로젝트는 무엇이 다를까? 명확한 목표, 공통의 이해, 강력한 리더십, 세계적 수준의 프로젝트 관리처럼 예측 가능한 조건들 외에도 또 하나 중요한 요소가 있다. 바로 모든 관계자가 잃지 않으려고 노력하기보다 모두가 함께 얻고자 노력하는 공유된 인센티브다.

공유된 인센티브는 실제로 효과적이다. 2008년 3월 27일 런던 히스로 공항London Heathrow Airport의 제5터미널이 개장했다. 지금은 T5로 널리 알려진 이 터미널은 예정대로 완공되었고, 계획된 예산 43억 파운드(약 8조 600억 원) 안에 맞춰졌다. 이처럼 정해진 예산을 들여 제시간에 마무리될 수 있었던 배경 중 하나는 착공일에 바로 시행된 인센티브 제도였다. 시공사와 하청 업체들이 이 제도에 함께 참여했고, 프로젝트가 예산과 일정 모두를 지켜 완료되자 보상을 동등하게 즉시 분배받았다.

서로 다른 이해관계를 가진 집단을 협력하게 만드는 일은 아주 작은 프로젝트에서도 어렵다. 그런데 당시 유럽 최대 규모의 건설 현장에서 그 일을 해냈다는 건 실로 놀랍다. 그리고 이는 직장에서 타인에게 영향력을 행사하고자 하는 모든 사람에게 중요한 시사점을 던져준다. 프로젝트의 규모가 크든 작든 이를 성공으로 이끌고자 한다면 개별 보상 경쟁보다는 공통의 목표 아래 팀을 하나로 모으고, 이해관계를 정렬시킬 수 있는 경제적 인센티브를 제공하는 방식이 훨씬 효과적이다. 그러지 않으면 자꾸만 늘어나는 요구와 계획 변경으로 말미암아 예산이 불어나고 일정이 늦어지는 프로젝트 비대화를 피하기 어렵다.

의도하지 않은 결과

스웨덴 동부 연안에 있는 엥엘홀름시에서는 혈액 부족 문제를 해결하기 위해 시민들의 헌혈 참여를 유도하고자 색다른 인센티브를 도입했다. 헌혈자에게 술을 무료로 제공하는 것이었다. 효과는 있었지만, 의도한 대로 되지는 않았다. 기꺼이 팔을 걷어붙인 사람들은 다름 아닌 술을 많이 마시는 사람들이었고, 이들은 다른 사람을 돕기보다는 자기 이익에 더 관심이 많았다. 이 아이디어는 곧바로 철회되었다.

인도 델리에서는 치명적인 독을 지닌 코브라와 접촉하는 사례가 급증하자 당국은 코브라를 포획해 죽일 때마다 포상금을 지급하는 프로그램을 도입했다. 그런데 이를 돈벌이 수단으로 여긴 일부 시민들은 코브라를 직접 사육한 후 죽여서 포상금을 타기 시작했다. 결국 포상금 프로그램이 중단되자 코브라를 사육하던 사람들은 코브라를 야생에 풀어버렸고, 그 결과 맹독성 코브라의 개체 수는 오히려 더 급증했다.

미국의 한 자동차 보험사는 안전 운전을 하는 운전자에게 보상을 제공하는 스마트폰 앱을 도입했다. 그러나 그 결과 무모하고 위험한 운전이 오히려 증가하는 현상이 나타났다. 사용자들은 짧은 시간 안에 급가속과 급정지를 반복하면 점수가 더 올라가고 보험료가 낮아진다는 사실을 알아냈다. 결국 이 보험사는 앱을 철회하고, 코드를 전면 수정해야 했다.[27]

직장과 비즈니스 환경에서 사람의 행동에 영향을 미치는 경제적 유인책의 중요성은 부인할 수 없다. 스테판 마이어의 말처럼 인센티브는 영향력을 행사하는 데 있어 훌륭한 도구다. 인센티브는 타인의 결정, 행동, 태도에 영향을 주고자 하는 누구에게나 핵심적인 도구다. 인센티브는 누구나 이해할 수 있고 (대체로) 실행하기도 쉬우며 보편적으로 매력적이다. 단, 언제 그리고 얼마나 자주 제공하느냐 못지않게 인센티브를 이득으로 제시할지 아니면 손실로 제시할지도 매우 중요하다. 또한 주인의식 역시 핵심 요소다. 특히 책임이 공유되는 프로젝트에서는 인센티브가 정교하게 조율되어야 한다.

하지만 스웨덴의 헌혈자, 인도의 코브라 사육자, 요령을 부린 운전자들의 사례에서 보듯 인센티브는 위험할 수 있고, 의도하지 않은 결과를 낳기도 한다. 따라서 인센티브를 광범위하게 도입하기 전에 그 영향이 얼마나 복잡하게 작용하는지를 충분히 이해하는 것이 중요하다. 인센티브를 전면적으로 시행하기 전, 신중하게 설계하고 제한적으로 테스트를 진행하는 것이 도움이 될 수 있다. 또한 인센티브와 내재적 동기 같은 다른 요소들 사이에서 균형을 잡는 일도 중요하다. 사람의 감정은 영향력을 행사하는 데 매우 중요한 요소다. 그러므로 감정은 영향력 방정식의 주요 변수로 다루어져야 한다. 그리고 이제 우리는 영향력과 감정의 관계에 주목해 보려 한다.

6장

감정을 활용한 영향력 발휘

Influencing with emotion

1848년 9월 13일 미국 버몬트주의 한 철도 공사 현장에서 끔찍한 사고가 발생했다. 점화용 화약을 암석에 쑤셔 넣는 데 사용하던 길이 1미터가 넘는 쇠막대가 폭발하면서 작업 중이던 한 남자의 왼쪽 얼굴을 뚫고 두개골을 관통해 날아갔다. 현장에 있던 목격자들은 쇠막대가 25미터 떨어진 곳에서 발견되었다고 증언했다. 믿기 어렵지만 이 사고의 피해자였던 피니어스 게이지는 기적적으로 살아남았다. 당시 그는 25세였으며 러틀랜드 앤 벌링턴 철도회사에서 현장 감독으로 일하고 있었다.

그 사고가 일어났다는 사실에 이의를 제기하는 사람은 없다. 그리고 믿기 어려운 일이지만 피니어스 게이지가 끔찍한 사고에서 살아남아 회복했다는 사실에도 반론은 없다. 그는 사고 발생 1년 만에 다시 일터로 복귀했다. 왼쪽 눈의 시력을 잃고 얼굴에 뚜렷한 흉터가 남긴 했지만, 그 외에는 누구나 인정할 만큼 건강한 신체 상태였다. 하지만 오래된 이야기가 흔히 그렇듯 시간이 흐르며 그의 이야기는 부풀려졌고, 기억은 흐려졌으며 부정확한 정보가 자연스럽게 끼어들었다. 어떤 이들은 게이지가 원래는 겸손하고 성실한 사람이었지만 사고 이후 술에 의존하고, 충동적이고 난폭하며 사회적으로 고립된 사람으로 바뀌었다고 말했다. 또 어떤 이들은 사고 때문에 그가 뉴욕의 바넘 아메리칸 박물관에서 돈을 받고 가끔 얼굴을 비추는 것 외에는 별다른 일을 할 수 없게 되었다고 말했다. 심지어 그가 1860년 간질 발작으로 사망한 후 사고 당시의 쇠막대와 함께 매장되었다는 보도도 나왔다. 그가 그 쇠막대를 지나치게 아꼈기 때문이라는 것이다. 많은 사람이 그가 쇠막대를 '항상 곁에 있는 친구이자 동반자'라고 불렀다고 기억했다.[1]

이러한 이야기 중 상당수는 신빙성이 떨어진다. 하지만 그 사고가 게이지에게 근본적인 변화를 일으켰을 거라는 점에는 이견이 없다. 그 이유를 이해하려면 오늘날의 의학 지식만 살펴보아도 충분하다.

게이지의 사망 7년 후 의사 존 마틴 할로우John Martyn Harlow는 그의 시신을 발굴했다. 할로우는 게이지의 두개골을 하버드 의과대학에 기증했고, 그 두개골은 오늘날까지도 보존되어 있다. 100년이 훌쩍 지난 후 연구진은 뇌신경 영상 기법을 활용해 그의 두개골을 복원했고, 손상이 발생한 정확한 위치와 그 영향을 분석했다. 연구 결과 게이지는 좌우 전전두엽 부위에 손상을 입은 것으로 나타났다. 이 부위는 사회적, 정서적 기능을 포함한 주요 심리 작용을 조절하는 뇌 영역이다. 연구진은 이 부위의 손상으로 게이지가 감정을 처리하는 데 어려움을 겪었을 가능성이 높다고 결론지었다. 달리 말하면 판단력, 의사 결정 능력, 자기 행동 조절 능력이 심각하게 손상되었을 거라는 뜻이다.

감정은 빠르고 자동적이다

심리학자들은 감정적 경험을 '정동affect'이라고 부른다. 정동은 자극에 대해 빠르고 자동으로 나타나는 정서 반응으로 종종 사실을 신중하게 판단하는 작업을 생략한다. 예를 들어 신혼부부는 새집을 보러 갔다가 현관문에 들어서는 순간, 시끄러운 대로변과 가까운 위치임에도 긍정적인 감정을 경험할 수 있다. 평범하다는 평가를 받는 학교를 둘러보던 학부모는 호감 가는 교사를 만나 따뜻한 인상을 받으면 생각이 바뀔 수도 있다. 환자에게 어떤 약을 처방할지 고민하던 의사가 최근에 나온 더 효과적인 약이 있음에도 직감적으로 자기 환자에게 더 맞는 것 같다고 느낀 약을 처방할 수도 있다.

오늘날처럼 정보가 넘치고 주의가 분산된 사회에서 단지 느낌에 따라 결정을 내리는 사람들이 있다. 하지만 이런 모습을 과거의 철학자들이 보았다면 그들을 철저히 무시했을 것이다. 그들에게 감정은 이성을 오염시키는 요소였다. 그리고 진정한 인간 지성은 동물적 본능과 '파충류의 뇌'로 대표되는 원초적 충동을 넘어서는 능력에서 비롯된다고 믿었다. 철학자들은 통찰력과 천재성은 열정에 기대지 않고, 냉철한 판단과 이성적인 결정에서 나와야 한다고 주장했다. 신학자들 역시 감정을 부정적으로 보았다. 기독교에서 '열정'이란 개념은 '일곱 가지 대죄'에 대한 경고로 이어진다. 다시 말해서 욕망, 질투, 죄책감과 같은 감정들이 인간을 의로운 길에서 벗어나게 만든다고 보았다.

심지어 정서와 가장 밀접한 학문인 심리학조차 한때는 감정을 뒷전으로 밀어두었다. 1970~1980년대 인지 혁명이 일어난 시기와 1990년대 뇌과학 기술이 발전하던 시기에 감정은 대체로 부차적인 요소로 취급되었다. 당시 명문대의 교수 자리는 인간 행동을 규정하는 '실제'적이고, '어려운' 인지 과정을 연구하는 학자들에게 돌아갔다. 이것은 분명한 메시지를 전달했다. 감정은 그다지 중요한 것이 아니었다.

하지만 설득에 능한 사람들 그리고 최근 등장한 행동과학자들은 감정에 대한 이해도가 훨씬 더 높다. 우리는 어떤 사람이나 대상에 대해 특정한 감정을 느끼거나 어떤 자극이나 상황에 대해 특정한 정서적 반응을 보인다. 이들은 이런 감정과 정서적 반응이 우리의 행동과 결정에 강력한 영향을 미치고 있다는 것을 보여주는 분명한 신호라는 걸 알고 있다.

이 장에서는 감정과 정서적 반응을 효과적으로 활용해 영향력을 높이는 방법을 살펴본다. 앞서 증거와 경제적 유인책을 이용해 영향력을 행사하는 방법을 살펴본 것처럼 여기서는 감정을 활용해 영향력을 발휘할 때 고려해야 할 세 가지 핵심 요소에 집중한다.

1. 분위기를 읽고 주도한다: 감정 상태를 파악하고 적절한 분위기를 조성한다.

2. 목적에 맞는 감정을 선택한다: 감정의 적합성이 곧 메시지의 전달력이다.
3. 감정을 전달하는 도구를 활용한다: 이야기, 일화, 비유를 통해 감정을 전한다.

하지만 그에 앞서 감정이 왜 설득과 영향력 행사에서 중요한 역할을 하는지부터 먼저 짚고 넘어가자.

감정은 데이터다

의사 결정에 관한 전통적인 경제학적 모델은 사람들이 주어진 여러 선택지의 효용을 따져보고 결정을 내린다고 본다. 사람들은 다양한 선택지를 검토한 후 뒷받침하는 증거, 의사 결정자나 사용자가 누리는 기능과 이점, 신뢰성, 궁극적으로 가격과 같은 요소를 고려해 가장 적절한 선택지를 계산한다.[2] 이 이론에 따르면 기대 효용이 가장 높은 제안이 선택받는다. 하지만 이 책의 도입부에 등장했던 샘과 제이크의 사례에서 알 수 있듯 현실은 그리 단순하지 않다. 실제로 사람들의 결정과 행동은 그 순간에 주의를 기울이고 있는 정보의 제약을 받기 쉽다. 그리고 그 판단에는 고려 대상과 무관한 감정 반응이 자연스럽게 수반되는 경우가 많다. 예를 들어 한 교사의 따뜻한 인상이 학교의 전반적인 수준을 대변하지는 않는다. 하지만 어린 자녀가 인격을 형성하는 중요한 시기에 보낼 학교를 결정해야 하는 불안한 학부모로서는 감정적 경험이 결정을 좌우할 만큼 충분히 큰 영향을 미칠 수 있다. 이처럼 감정은 본질적으로 유익한 데이터와 피드백을 제공한다. 미국 서던캘리포니아 대학교의 심리학자 노르베르트 슈바르츠Norbert Schwarz는 이 개념을 '**정보로서의 정동**affect as information'이라고 부른다.[3]

선택하거나 행동 방침을 정할 때 감정과 정서적 반응에 의존하는 게 도움이 될 때도 많다. 그 이유는 여러 가지가 있지만 명확한 이유 중 하나는 효율성이다. 여러 선택지를 하나하나 분석하는 수고를 들이지 않아도 직감은 즉각적인 조언을 제공한다. 또한 감정은 우리를 위험으로부터 보호하는 역할도 한다. 예를 들어 낯선 사람을 만났을 때 느끼는 막연한 불편함이나 모르는 번호로부터 온 문자 메시지에 대한 본능적인 경계심은 잠재적인 위험이나 위협에 방심하지 않도록 돕는다.

감정은 복잡하고 불확실한 세상을 헤쳐 나가는 데 있어 효율적인 길잡이다. 감정은 우리가 답하기 어려운 질문을 더 쉽게 답할 수 있는 질문으로 바꿔 판단하도록 도와준다. 예를 들어 학부모는 "이 학교가 우리 아이에게 좋은 학교일까?"라는 어려운 질문 대신 "나는 이 학교에 대해 어떤 느낌이 드는가?"라는 더 쉬운 질문으로 대체할 수 있다. 의사 역시 "이 환자에게 가장 적합한 치료는 무엇인가?"라는 질문을 "지금 무엇을 하는 것이 최선이라고 느껴지는가?"로 바꿔 생각할 수 있다. 많은 경우 사람은 자신의 직감에 따라 결정한다.

여기서 말하는 '직감에 따른다'라는 말은 단순한 비유가 아니다. 이는 우리 몸에서 실제로 일어나는 생리적 현상이다. 감정 반응과 연관된 뇌의 영역은 나머지 신체 부위와 소통한다. 그리고 소통 결과로 나타나는 신체적 감각은 우리에게 어떤 행동을 취하라는 신호를 보낸다. 우리는 종종 무엇이 옳은지 '안다'기보다는 무엇이 옳다고 '느껴지는지'에 따라 행동한다. 그것도 단순한 결정뿐만 아니라 복잡한 의사 결정 상황에서도 마찬가지다. 어쩌면 **특히** 복잡한 상황일수록 오히려 더 그렇다고 말해야 할지도 모른다.

미국 서던캘리포니아 대학교의 안토니오 다마지오Antonio Damasio는 이러한 과정을 '**신체 표지 이론**somatic marker theory'이라고 부른다.[4] 그의 연구에 따르면 특정한 신체적 감각(신체 표지)이 먼저 생기고, 뇌는 그 신체적 감각에 감정적 의미를 부여한다. 우리는 모두 이런 경험이 있다. 심장이 빨리 뛰면 불안을 느끼고, 속이 메스꺼우면 혐오감을 느낀다. 때로는 정확히 설명할 수 없는 막연한 느낌이지만 그 자체로 강력한 메시지를 전하기도 한다. 다마지오의 연구는 이러한 신체적 감각이 더 좋은 결정을 내리는 데 도움이 되는 유익한 정보를 제공한다는 사실을 보여준다. 다음에 가슴이 답답해지거나 속이 뒤틀리는 느낌이 들 때는 몸의 신호에 귀를 기울여라.

하지만 말처럼 쉬운 일은 아니다. 개인적인 경험과 객관적인 증거에 따르면 자신의 내면을 들여다보고 감정적 감각을 인식하고 되짚는 능력은 사람마다 차이가 있다. 어떤 사람은 '내부감각수용 인식interoceptive awareness' 혹은 '육감'이라고도 불리는 감정 감지 능력이 뛰어나지만, 어떤 사람은 그렇지 않다.

감정이란 참 다루기 까다로운 존재다. 때로는 감정이 매우 강렬해서 그 감정이 어떤 상황에서 비롯된 것이지 쉽게 알아차릴 수 있다. 하지만 어떤 감정은 하루 동안 경험한 다른 기분이나 사건과 서서히 뒤섞이면서 오랫동안 지속되기도 한다. 그러면 결국 그 감정이 처음 어디에서 시작됐는지조차 헷갈리게 된다. 이런 현상을 '**각성의 오귀인**misattribution of arousal'이라고 부른다. 이를테면 오전에 짜증이 나는 동료와 나눈 불쾌한 대화에 오후 내내 짜증이 났지만, 그 두 사건의 연결 고리를 인식하지 못할 수도 있다. 또는 직장에서 특히 스트레스를 많이 받은 날에는 배우자나 아이들 아니면 고양이에게 괜한 화를 내기도 한다.

그만큼 감정은 우리의 결정과 행동에 큰 영향을 준다. 그래서 감정이 영향력 방정식의 세 번째 핵심 변수다. 감정을 인식하고 현명하게 활용하는 능력은 영향력을 제대로 행사하고자 하는 사람에게 필요한 자질이다. 이와 관련해 특히 중요한 세 가지 요소가 있다.

— 분위기를 읽고 주도한다

감정 상태를 파악하고 적절한 분위기를 조성한다

미국의 한 극장에서 자리에 앉은 관객들은 자신이 고른 영화가 두 시간가량 일상에서 탈출할 기회가 될 거라고 기대했을 것이다. 하지만 미시간 대학교의 심리학자 블라드 그리슈케비시어스Vlad Griskevicius의 생각은 달랐다. 그는 관객의 감정 상태가 그들의 행동과 결정에 얼마나 큰 영향을 미치는지를 보여주는 흥미로운 실험을 고안했다.[5]

그리슈케비시어스는 영화 상영에서 두 가지 광고 중 하나를 상영했다. 모두 근처 레스토랑을 홍보하는 광고였다. 첫 번째 광고는 레스토랑이 지역 주민들이 자주 찾는 인기 맛집이며 자리를 잡기 위해 긴 줄을 서는 곳이라고 소개했다. 두 번째 광고는 레스토랑이 아직 대중에게 알려지지 않은 '세상에 하나뿐인 특별한 장소'라는 점을 강조했다.

관객들은 이 광고에 영향을 받았을까? 물론이다. 하지만 그리슈케비시어스가 예측했던 대로 어떤 광고에 더 끌렸는지는 관객이 어떤 영화를 보고 있었느냐에 따라 달라졌다. 공포 영화를 본 관객들은 '사람들이 많이 찾는 레스토랑'이라는 광고에 더 큰 관심을 보였다. 반면 로맨틱 코미디를 본 관객들에게 이 광고는 그다지 효과가 없었다. 그들은 많은 사람이 찾는 레스토랑이라는 광고에 거의 영향을 받지 않았다. 오히려 그들은 '아직 알려지지 않은 유일무이한 특별한 레스토랑'이라는 광고 메시지에 더 끌렸다.

잠시만 생각해 보면 그 이유는 금세 이해할 수 있다. 샤워 커튼 너머로 미치광이가 칼을 휘두르며 희생자를 공격하는 장면은 대부분의 사람에게 공포감과 불안감을 불러일으킬 것이다. 그런 상황에서 '많은 사람이 함께 있는 곳'이라는 메시지는 당연히 그들에게 안도감을 준다. 물론 군중 속에 있다고 해서 칼을 든 미치광이에게서 완전히 안전하다고 볼 수는 없지만 그의 표적이 될 확률은 확실히 줄어든다.

하지만 새로운 연인이 수많은 장애물을 극복하고 결국 '해피엔딩'을 맞는 로맨틱 코미디를 본 관객은 공포 영화를 본 관객과는 전혀 다른 감정 상태에 놓인다. 이들은 함께 영화를 본 사람과 연결, 친밀하며 가깝다고 느낀다. 이런 감정 상태에서는 사람들로 북적이고 시끄러운 레스토랑은 매력적으로 다가오지 않는다. 하지만 아직 잘 알려지지 않은 조용하고 독특한 분위기의 레스토랑이라면 어떨까? 훨씬 더 호감이 갈 수밖에 없다.

그리슈케비시어스의 실험과 같은 연구는 타인을 설득해야 하는 사람에게 중요한 교훈을 준다. 우리가 설득하려는 개인이나 집단의 감정 상태를 하찮게 여기고 무시하는 건 매우 어리석은 일이다. 진정한 설득의 고수들은 이 사실을 누구보다 잘 알고 있다. 그들은 메시지를 전달하기 전에 청중의 감정 상태를 예민하게 살핀다. 그들은 일종의 '**감정 상태 감지기**mood monitor'다. 예컨대 재무 책임자의 감정 상태가 예산 요청의 승인 여부에 과도한 영향을 미칠 수 있다는 사실을 잘 알고, 이에 따라 접근 방식 자체를 조정한다. 때로는 감정 상태가 자신이 전달하려는 메시지를 더 잘 받아들일 수 있는 상태가 될 때까지 기다렸다가 그에 맞춰 전략적으로 접근하기도 한다.

하지만 프랑스식으로 표현하는 '공기를 읽는smell the air' 일이 불가능하다면 어떻게 해야 할까? 설득해야 할 상대가 처음 만나는 사람이라 현재 감정 상태를 거의 알 수 없을 수가 있다. 그리고 다양한 감정이 뒤섞인 다수의 청중 앞에서 발표해야 하는 상황일 수도 있다. 어떤 사람은 비관적이고, 어떤 사람은 낙관적이며 어떤 사람은 즐겁지만 어떤 사람은 침울할 수도 있다. 이처럼 청중의 감정 상태를 파악하기 어려운 상황에서 뛰어난 영향력자는 다른 전략을 선택한다. 그들은 직접 분위기를 만드는 '분위기 메이커mood maker'가 된다. 청중의 감정 상태가 자신이 전달하려는 메시지를 받아들이기에 최적화될 때까지 수동적으로 기다리는 대신 그들은 청중에게 자신의 메시지를 받아들이는 데 유리한 감정을 먼저 유도한다. 다시 말해 청중이 이제 곧 듣게 될 메시지를 감정적으로 받아들일 수 있도록 준비시키는 것이다. 마치 농부가 씨앗을 뿌리기 전에 땅을 고르고 거름을 주는 것처럼 그들은 청중의 감정 상태를 정돈해 자신의 제안을 받아들일 수 있는 상태로 만든다.

감정 상태는 잠재적으로 반응을 유도해 목적을 달성하는 데 도움이 된다. 그렇다면 어떤 감정 상태를 조성하는 것이 영향력을 발휘하는 데 효과적일까?

목적에 맞는 감정을 선택한다

감정의 적합성이 곧 메시지의 전달력이다

인간이 경험할 수 있는 감정의 범위는 실로 방대하다. 감정 하나만을 주제로 삼은 책도 많고, 사랑 같은 감정에 대해서는 도서관을 가득 채울 만큼 방대한 분량의 책들이 존재한다. 직장에서 영향력을 발휘해 타인을 설득해야 하는 상황이라면 어떤 감정이 자신의 목적에 가장 효과적인지를 판단할 수 있어야 한다. 여기서 '**정서의 원형 모형**circumplex grid'이 도움이 된다. 이 모델은 '감정이 얼마나 유쾌하거나 불쾌한지'를 판단하는 명도valence와 '그 감정으로 차분하거나 흥분한 상태인지'를 판단하는 각성도arousal를 기준으로 두 가지 차원의 감정을 분류한다.[6] 도표 4는 이 분류 체계에 따라 감정을 정리한 것이다. 모든 감정을 포괄하는 건 아니지만 대표적인 감정들을 개괄적으로 보여준다. 이러한 감정들은 사람들의 이후 판단과 행동에 큰 영향을 미칠 수 있다.

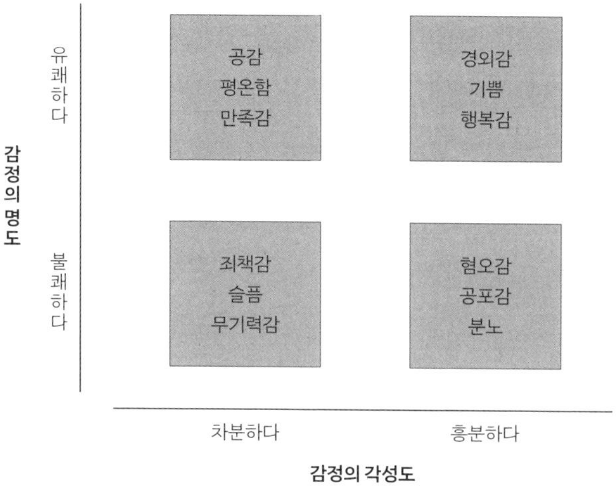

출처: 제임스 러셀J.A. Russell, 감정 원형 모형A circumplex model of affect, 〈성격과 사회심리학 저널Journal of Personality and Social Psychology〉, 39(6) (1980). 제임스 러셀이 저작권 보유(1980년). 원작자가 재인쇄를 승인함

도표 4 **감정의 원형 모형**

이 중에서 분노anger, 혐오감disgust, 공감empathy, 경외감awe이라는 네 가지 감정이 사람들의 결정과 행동에 어떻게 영향을 미치는지를 중점적으로 살펴보자.

— 분노

대부분의 사람은 대부분의 시간 동안 긍정적인 감정 상태를 유지한다. 따라서 부정적인 감정 상태는 평소의 감정 상태에서 벗어났다고 봐도 무방하다. 예를 들어 슬픔sadness은 인간관계가 끝나거나 계획을 완수하지 못하거나 승진에 실패하는 등 어떤 형태로든 상실을 통해 유발된다. 슬픔을 경험하면 사람들은 감정적으로 연약해진다. 〈심리과학 학술지Psychological Science〉에 발표된 한 연구에 따르면 기분이 가라앉은 사람들은 감정적으로 중립적인 상태에 있는 사람들에 비해 같은 물건에 더 많은 돈을 지불하는 경향이 있다.[7]

분노 역시 슬픔처럼 상실로 말미암아 유발된다. 하지만 두 감정에는 분명한 차이가 있다. 분노는 상실의 책임을 누군가에게 돌릴 수 있을 때 생기는 감정이다. 예를 들어 자신이 맡은 일을 충분히 잘 해냈지만 제대로 인정받지 못했을 때 화가 나고 상사 탓을 하게 된다. 경쟁심이 강한 동료는 거물급 신규 고객을 확보하지 못했다는 사실에 분노할 수 있다. 이들은 결과에 대해 자신의 책임을 인정하기보다는 마케팅팀이나 재무팀에 책임을 전가하며 화를 낸다. 혹은 배려심이 전혀 없는 운전자를 도로에서 마주쳤을 때 우리는 순간적으로 분노를 느끼고 도로 교통법에는 나오지 않을 수신호를 보내거나 욕설로 내뱉을 수도 있다.

분노와 슬픔은 모두 상실에서 비롯되는 감정이지만, 이 감정들이 이후의 판단에 미치는 영향은 서로 다르다. 슬픔을 느끼는 사람은 무심코 같은 물건에 더 많은 돈을 내는 경향이 있을 수 있다. 하지만 더 광범위한 연구에 따르면 슬픔은 더 깊은 사고 과정을 유도한다. 실제로 슬프거나 기분이 침체된 사람은 논리적으로 허술한 주장에는 좀처럼 설득되지 않는다는 연구 결과도 있다.[8] 예를 들어 모두가 틀렸고, 새로운 암호화폐 프로젝트를 추진해야 한다고 상사를 설득하는 건 애초에 어렵고 힘든 일이다. 그런데 상사가 우울하다면 그를 설득하는 일이 훨씬 더 어려워진다. 그래서 그런 상황은 피하는 것이 상책이다.

분노는 다르다. 하버드 대학교의 심리학자 제니퍼 러너Jennifer Lerner는 사람이 분노를 느낄 때 이성적 사고가 크게 왜곡된다는 사실을 보여준다.[9] 분노는 사람을 어떤 방향이나 상황으로 몰아붙인다. 행동은 빨라지고 반응은 즉각적이고 격해진다. 감정이 폭발한다. 단기적인 이익을 우선시하고, 그 대가를 장기적으로 치르게 될 수도 있다. 심지어 어떤 사람은 전쟁까지 불사한다.

분노는 반동적 분개심이나 성급한 적대함을 불러일으키기도 하지만 그렇다고 해서 항상 파괴적인 감정은 아니다. 신중하고 절제해서 결집하면 분노는 상당히 유용한 설득 도구가 될 수 있다. 영업 이사는 열세였던 경쟁사에 고객을 빼앗긴 상황에서 팀원 모두가 느끼는 집단적 분노로 영업 활동에 박차를 가할 수 있다. 직장에서 괴롭힘을 목격하거나 무고한 시민이 무차별 폭행을 당했다는 소식을 접한 사람은 누구나 분노한다. 이 분노가 밖으로 표출되면 더 많은 희생자가 약자들을 위해 목소리를 높일 수 있는 용기를 얻을 수 있다.

— 혐오감

아프리카 농촌 지역의 위생 수준을 높이는 캠페인을 기획하는 프로젝트를 맡았다고 상상하자. 이 프로젝트를 의뢰한 공중 보건 전문가들은 광범위한 조사를 진행한다. 그들은 사람들이 비누나 손 세정제를 사용해 손을 더 자주 씻도록 유도하는 것만으로도 위장 질환이나 기타 전염병의 발병률을 크게 낮출 수 있다는 결론을 내린다. 이 문제를 분석하고 전략을 세우다 보면 위생 교육을 강화하고 공중 보건에 대한 인식을 높이는 것이 해답이라고 생각한다. 실제로 수많은 캠페인이 이와 비슷한 접근 방법을 따른다. 교육을 통해 문제에 대한 인식을 높이고, 위생 관리의 장점을 널리 알리면 자연스럽게 바람직한 행동이 뒤따를 것이라고 보는 것이다.

때로는 교육 강화와 인식 개선이 중심이 되는 전략이 효과를 발휘하기도 한다. 하지만 이 전략은 자주 실패한다. 감정적 연결 고리가 빠져 있기 때문이다. 특히 혐오감은 효과적인 설득 도구가 될 수 있는 본능적인 반응을 유발한다.

가나에서 활동하던 연구진은 단순히 비누나 손 세정제의 사용을 권장하는 대신 짧은 시리즈 광고를 통해 화장실을 다녀온 후 음식을 만지기 전에 손을 씻지 않는 행동을 보고 사람들이 혐오감을 느끼게 만드는 데 집중했다. 그 결과는 매우 인상적이었다. 이 연구를 시작하기 전 데이터에 따르면 화장실을 다녀온 후 비누로 손을 씻는 사람은 스무 명 중 한 명에 불과했다. 하지만 혐오감을 유발하는 광고가 도입된 이후 이 비율은 대폭 상승했다. 열 명 중 네 명이 음식을 먹기 전 비누로 손을 씻는다고 응답했다.[10] 이렇게 혐오감을 자극하는 메시지가 위생적인 행동을 촉진한다는 사실은 서구 사회에서도 입증되었다.

혐오감은 생존과 밀접한 관련이 있기 때문에 우리의 행동에 영향을 미친다. 진화심리학자들은 혐오감이라는 감정이 우리 조상들이 무엇을 먹을지, 어디에 거주할지, 누구와 관계를 맺을지를 결정하는 데 핵심적인 역할을 했다는 사실을 입증했다. 요즘은 혐오감이 생존보다는 오락의 수단으로 활용되는 경우가 더 많지만, 현대 사회는 여전히 혐오감의 영향에서 절대 벗어나지 않는다. 미성년 연예인이나 실각한 정치인이 리얼리티 프로그램에서 낙타의 생식기를 먹는 장면을 본 적이 있다면 무슨 말인지 바로 이해될 것이다.

미국의 심리학자 조너선 하이트Jonathan Haidt는 혐오감과 분노가 결합하면 옳고 그름에 대한 우리의 판단에 강한 영향을 미칠 수 있다는 것을 입증했다.[11] 이 두 감정을 조직적으로 결집하면 불의에 대한 분개심과 정의 실현에 대한 열망을 자극해 반사회적 행동이나 바람직하지 않은 행위를 줄일 수 있다. 나 역시 조지프 마크스와 앨리스 소리아노Alice Soriano와 함께 진행한 조사에서 이와 유사한 결과를 확인했다. 우리는 유럽 대중교통 무임 승차율을 줄이기 위해 먼저 요금을 정상적으로 지불한 승객들에게 무임승차자를 어떤 단어로 표현하고 싶은지 물었다. 많이 나온 단어 중 하나는 '날강도'이었다. '날강도'라는 단어는 흥미롭다. 이 단어는 대부분의 사람에게 분노를 유발한다. 직접적으로 책임을 돌리고 비난할 대상이 존재하기 때문이다. 그리고 어떤 사람은 이 단어에서 거리감을 느끼거나 심지어 혐오감까지도 느낀다. 심지어 날강도도 날강도를 싫어한다.

우리는 차표 없이 탑승하면 벌금이 부과된다는 경고문이 적힌 포스터에 무임승차자를 날강도라 지칭하며 훨씬 더 감정적인 단어를 삽입했다. 그 결과 무임 승차율은 16.6퍼센트 감소했고, 그 효과는 거의 1년 가까이 지속되었다. 이 결과는 우연이 아니었다. 호주의 경전철 시스템에 이 같은 접근 방식을 적용했을 때도 무임 승차율은 21.4퍼센트 감소했고, 수백만 달러의 손실을 막는 효과를 거뒀다.[12]

타인에게 영향력을 행사하고 설득하는 일을 맡은 사람에게 분노나 혐오감 같은 감정적 반응을 유도하는 일은 논란의 여지가 있고, 심지어 잔혹하게까지 보일 수 있다. 하지만 이 두 감정은 효과적인 설득 도구가 될 수 있다. 따라서 설득 도구로 분노나 혐오감을 활용할 때 두 감정을 섬세하고 신중하게 다루도록 주의해야 한다. 특히 분노와 혐오감 같은 감정은 어떤 행동을 줄이거나, 회피하거나, 중단시키는 데 유용하다. 물론 특정 행동을 촉진하거나 강화해야 하는 상황이라고 해서 이 두 감정을 반드시 피해야 한다는 의미는 아니다. 다만 그러한 목적에는 이 감정들과 정서적으로 대조되는 공감이나 경외감 같은 감정이 훨씬 더 효과적일 수 있다.

공감

타인의 감정을 느끼고 이해하는 능력, 즉 '상대의 처지에서 생각하는 능력'은 인간성의 핵심이다. 공감은 문화나 인종처럼 자연적으로 생긴 경계나 기업 문화, 부서 간 장벽처럼 인위적으로 만들어진 경계를 뛰어넘을 수 있다. 공감은 관계를 활성화하고 유지하며 회복하는 데 강력한 힘을 발휘할 수 있고, 우리의 의사 결정에도 깊은 영향을 미친다. 누군가의 조언을 따라야 할지 고민할 때 우리는 종종 "이 사람이 정말 이 주제에 대해 잘 아는 걸까?"라는 어려운 질문을 "이 사람은 정말

나를 신경 쓰는 것처럼 보이나?"라는 더 쉬운 질문으로 바꿔서 스스로에게 묻는다.

어떤 상황에서 공감은 완전히 판을 바꾸는 힘이 되기도 한다. 우리 대부분은 코로나19 팬데믹 기간 서로의 차이는 잠시 접어두고, 잠깐이지만 사소한 불편함을 잊으며 낯선 사람들과 협력해서 공동의 선을 추구한 일을 하나쯤 떠올릴 수 있을 것이다. 우리는 약자들을 보호하기 위해 마스크를 썼고, 잘 알지도 못하는 이웃을 돕기 위해 왓츠앱WhatsApp 그룹을 만들기도 했다. 물론 상당수가 외부에서 방역 규칙을 준수하기 위한 행동이었지만, 영향력 방정식의 세 가지 변수 또한 중요한 역할을 했다. 매일 보도를 통해 접한 전파율(R값), 변이 바이러스의 등장, 병상 부족 현황 등은 증거로 작용했고 방역 규칙을 어긴 이들에게 부과된 벌금은 경제적 요인으로 사람들에게 결정적인 영향을 미쳤다. 하지만 사람들의 행동에 가장 큰 영향을 미친 건 감정적 반응들이었을지도 모른다. 그중에서도 넘치는 공감이 가장 큰 영향을 미쳤을 것이다. 사람들은 서로를 조금 더 신경 쓰기 시작했다. 그래서 공감은 종종 공동체를 잇는 '사회적 접착제social glue'라고 불린다. 공감은 우리가 사용할 수 있는 가장 강력한 설득 도구 중 하나다.

'타인을 따뜻하게 대하고 공감하라'는 데일 카네기 《인간관계론》의 핵심 메시지다. 이 메시지에는 시대를 초월하는 가치가 담겨 있다. '순간적 판단snap judgement'의 선구적 연구자인 날리니 앰바디Nalini Ambady의 연구를 살펴보자.[13] 그녀는 외과 의사와 환자의 대화를 녹음했고, 그들과 전혀 관계가 없는 실험 참가자들에게 녹음의 일부를 들려주었다. 실험 참가자들이 들은 녹음 파일은 10초가량이었다. 실험 참가자들은 녹음 파일을 듣자마자 외과 의사의 공감 능력을 평가하도록 요청받았다. 앰바디는 평가 결과와 외과 의사의 의료 기록을 비교했고, 놀라운 사실을 발견했다. 공감 능력이 뛰어나다고 평가된 외과 의사는 의료 과실로 소송을 당한 비율이 그렇지 않은 외과 의사들보다 무려 6배나 낮았다. 환자에게는 외과 의사가 얼마나 많이 알고 있느냐보다 얼마나 진심으로 자신을 신경 쓰고 있느냐가 훨씬 더 중요했다.

이 교훈은 의료 분야에 종사하는 사람들만을 위한 건 아니다. 사람을 이끌고 관리하는 모든 이들은 공감하는 태도가 가져다주는 이점에 주목할 필요가 있다. 상호 연결되고 경쟁이 치열한 직장에 내재한 불확실성과 복합성은 리더에게 역량뿐만 아니라 따뜻한 배려심도 요구한다. 물론 많은 기업이 여전히 역량을 공감보다 우선시하지만, 진정한 공감은 리더십을 발휘하는 데 효과가 검증된 도구다. 오히려 능력만을 과도하게 강조하면 시간이 지날수록 그 대가는 더 커질 수 있다. 진정한 리더십의 대가들은 연민과 이해심을 함께 갖추고 있으며 이를 통해 사람들과 더 깊은 유대감을 형성하고, 차이를 뛰어넘으며 양극화된 조직을 하나로 묶는다. 그 결과는 무엇일까? 더 강력한 영향력이다.

— 경외감

신규 계약을 따내거나 큰 이익이 되는 거래를 성사시킨 후 자리를 박차고 일어나 서로의 등을 두드리고 하이파이브를 주고받으며 요란스럽고 자기 과시적으로 기뻐하는 비즈니스맨들의 모습을 떠올려 보자. 그들은 "대단해!"라고 크게 외친다. 이는 누구나 쉽게 머릿속에 그려볼 수 있는 장면이다. 누군가에게는 이런 모습이 지나치게 화려하거나 과시적으로 보일 수 있고, 심지어 천박하다고 느껴질 수도 있다. 하지만 이건 우리가 아는 '경외감'과는 거리가 멀다.

감정으로서의 경외감은 강렬한 한 잔의 위스키라기보다는 여러 재료가 섞인 '칵테일'에 가깝다. 호기심, 놀라움, 가능성이 뒤섞인 이 감정은 사람의 마음을 움직이고 설득하는 데 탁월한 힘을 발휘한다. 그 이유 중 하나는 경외감이 개인의 자아를 누그러뜨리는 동시에, 가능성에 불을 지피는 감정이기 때문이다. 태양의 서커스Cirque du Soleil 같은 경외감을 불러일으키는 공연을 하는 사람들을 연구한 신경과학자 보 로토Beau Lotto는 경외감을 비범한 순간과 마주치면서 느끼는 참신함과 역동성이 뒤섞인 '감정의 요리'라고 설명한다.[14] 실로 경외감은 마음을 뒤흔드는 감정이다.

하지만 기억하자. 경외감은 혼자만 추구하는 감정이 아니다. 이 감정에는 공동체적 특성이 담겨 있다. 경외감을 경험하면 사람들은 타인과 정서적으로 연결되고자 하는 욕구를 강하게 느낀다. 그래서 혼자 있을 때 경외감을 느낀 사람은 그 순간을 누군가와 함께 나누고 싶다는 충동적인 욕구를 강하게 느낀다. 이는 업무로 지친 출장자들에게 중요한 교훈을 시사한다. 출장 중 그랜드 캐니언이나 리우 카니발을 볼 기회가 생겼다고 해서 무리해서 다녀오려 하지 마라. 가장 가까운 사람과 함께 갈 때 훨씬 더 큰 행복을 느낄 수 있으니 그 순간이 올 때까지 기다려라.

경외감이라고 하면 사람들은 보통 감탄을 자아내는 자연 풍경이나 입이 떡 벌어지는 공학적 성과, 별이 쏟아질 듯한 밤하늘이나 좋아하는 유명인과의 우연한 만남 같은 대단한 무언가를 떠올린다. 하지만 경외감은 반드시 그렇게 거창한 순간에서만 경험하는 감정은 아니다. 상대적으로 소박한 맥락에서도 경외감은 얼마든지 생길 수 있다. 특히 여럿이 모인 상황에서 개인의 선호를 내려놓고 더 큰 목표나 공동의 가치를 향해 나아가야 할 때 경외감은 강력한 설득 도구가 된다. 경외감에는 개인의 필요보다 집단의 필요를 더 중요하게 느껴지도록 만드는 힘이 있기 때문이다.

그러니 다음 영업 회의에서 발표할 자료를 준비하거나 감동적인 콘퍼런스 연설문을 작성할 때는 파워포인트를 컴퓨터 화면에 열어 놓고 최근의 분기 평균 수익률이나 세일즈 퍼널 현황부터 복사해 붙여 넣고 싶은 유혹을 참아라. 적어도 시작만큼은 그렇게 하지 않는 편이 낫다. 그보다는 먼저 청중에게 집단적인 경외감을 불러일으킬 방법을 고민해야 한다. 데이터 나열로 시작하기보다 발표 초반에는 '분위기 메이커'가 되어 감정의 기반을 다지는 것이 훨씬 효과적이다. 특히 이번 발표의 목표가 비즈니스 목표에 대한 공동의 책임감을 이끌어내는 것이라면 더욱 그렇다.

심지어 경외감은 친사회적 행동을 촉진하는 데도 활용될 수 있다. 캘리포니아 대학교의 심리학자 폴 피프Paul Piff는 경외감을 경험한 사람들이 '나는 나 자신보다 훨씬 위대한 무언가가 내 앞에 존재한다는 느낌이 든다' 같은 말에 훨씬 더 쉽게 공감한다는 것을 밝혀냈다. 심지어 그들은 더 윤리적으로 행동하겠다고 주장한다. 길에서 주운 돈을 주인에게 돌려줄 것인지를 물었을 때 경외감을 경험한 사람들은 자부심 같은 다른 감정을 느낀 사람들보다 훨씬 더 정직하게 반응했다.[15]

분노, 혐오감, 공감, 경외감 등 어떤 감정이든 우리의 판단과 행동에 지대한 영향을 미친다는 건 분명하다. 그렇다면 더 큰 질문이 생긴다. 직장에서 어떻게 하면 상대방이 이러한 감정을 느끼도록 이끈 후 우리의 중요한 메시지를 받아들일 준비가 되게 만들 수 있을까? 이와 관련해 특히 효과적인 접근 방법이 하나 있다. 감정을 전달하는 두 가지 수단을 활용해 우리의 메시지에 '인간성'을 불어넣는 것이다.

— 감정을 전달하는 도구를 활용한다

이야기, 일화, 비유를 통해 감정을 전한다

성공적인 영향력의 핵심에는 부정할 수 없는 진실이 있다. 그것은 바로 '개인적이라는 것'이다. 설득이라는 행위에는 '인간적인 요소'가 깃들어 있다. 메시지를 전달할 때 비록 아주 기본적인 수준일지라도 인간적인 연결을 만들어낼 수 있는 사람은 그렇지 않은 사람보다 훨씬 더 성공할 가능성이 크다. 우리는 이 사실을 쉽게 잊는다. 이메일이나 문자 기반 메시지 플랫폼처럼 현대의 비즈니스 도구들은 신속성과 효율성을 높이도록 설계되었다. 물론 이 도구들은 빠르고 폭넓은 소통을 가능하게 한다. 하지만 우리가 그것들을 지나치게 사용하고 의존하면 그에 따른 대가를 치르게 된다.

코넬 대학교의 조직심리학자이자 《당신의 영향력은 생각보다 강하다》[16]의 저자인 버네사 본스Vanessa Bohns의 연구에 따르면 얼굴을 마주 보고 직접 요청할 때가 이메일로 같은 요청을 할 때보다 긍정적인 반응을 끌어낼 확률이 무려 서른네 배나 높았다.[17] 그렇다고 해서 이메일, 슬랙Slack, 왓츠앱 같은 비즈니스 도구는 쓸모가 없으니 아예 버리라는 말은 아니다. 다만 이렇게 효율적인 도구들의 효과성을 과대평가하는 함정에 빠져선 안 된다. 결국에 이 도구들은 인간미 없는 소통 수단일 뿐이다. 오히려 이 도구들은 타인에게 영향을 미치는 데 유용하기보다 이 도구들을 사용하는 사람 자신에게 더 큰 영향을 미칠지도 모른다. 여기에 단순하지만, 누군가에게는 다소 무시무시한 전략이 나온다. 전화기를 들고 직접 통화하라.

심지어 현재 우리가 일하고 있는 데이터 중심 환경에서도 인간성을 아주 조금만 더해도 큰 변화를 만들 수 있다. 연구진은 컴퓨터 단층 촬영 결과지에 환자 사진을 무작위로 삽입했고, 사진이 포함된 결과지와 사진이 포함되지 않은 결과지를 의료진에게 보여줬다. 연구 결과에 따르면 사진이 포함된 결과지를 본 의료진은 예후가 비슷한 환자의 사진이 없는 결과지를 본 의료진보다 더 많은 검사와 치료를 제안했다.[18]

내 동료 아니타 브라가Anita Braga는 자선 단체인 미씽펄슨즈닷오알지missingpersons.org와 함께 휴대 전화 카메라로 촬영한 저해상도의 실종자 사진을 AI 기술을 이용해 동영상으로 전환했다. 그리고 인간적으로 다가오는 이 동영상을 디지털 광고판에 노출했고, 삽입 문구도 '실종자'에서 '이 사람을 찾아주세요'로 바꾸었다. 그러자 실종자를 봤다는 시민들의

제보 전화가 대폭 증가했다.[19]

이렇게 사람의 얼굴이 담긴 사진을 메시지에 포함하는 방법은 이메일에서도 효과적이었다. 예를 들어 한 세차 업체는 온라인 예약 후 고객에게 보내는 예약 확인 이메일에 실제로 차량을 청소할 직원의 사진을 함께 첨부했다. 그 결과 세차 방문 당일 고객이 집에 없거나 예약을 취소하는 비율이 눈에 띄게 줄었다. '얼굴이 없는' 이메일은 무시하기 쉽지만, 얼굴이 첨부된 이메일은 무시하기 어렵다. 평범한 메시지에 인간적인 요소를 하나 추가했을 뿐인데 왜 이토록 강력한 효과가 나타나는 것일까?

심리학자들은 메시지에 인간적인 요소를 더하는 것만으로도 그 메시지에 담긴 정보를 처리하는 방식이 완전히 달라진다고 설명한다. 논리와 사실에 기반한 주장을 접할 때는 자연스럽게 의심하고 비판적으로 받아들이기 쉽다. 하지만 우리는 인간적인 이야기가 담긴 메시지에 감정적으로 이입하고, 감정적인 연결 고리를 형성한다. 흥미롭게도 메시지나 호소에 인간성을 주입하면 청중은 너무 몰입한 나머지 논리적이고 부정확한 정보를 제대로 걸러내지 못한다. 그렇다고 해서 주장의 논리적 취약점을 감추기 위해 인간적인 요소를 사용하라는 말은 아니다. 합리적인 주장을 한다고 가정할 때 인간적인 서사를 이용하지 않는 건 어리석은 짓이다. 그 이유는 간단하다. 사람들은 메신저가 제시하는 사실과 논리를 반박할 수 있지만, 그가 들려주는 개인적인 이야기를 반박할 수는 없다.

이야기는 통계를 이긴다. 그래서 진정한 설득의 고수들은 언제나 본론에 들어가기 전에 이야기부터 꺼낸다. 그들은 제안하기 전에 감정적으로 청중을 끌어들여야 진짜 효과가 있다는 것을 알고 있다. 직장에서 영향력을 발휘하고 싶다면 설명보다 먼저 경험을 전해야 한다. 설명은 늘 경험 다음이다.

설득력을 높이기 위해 이야기로 인간미를 더하는 것 외에도 일화와 비유는 청중의 정서에 호소하는 강력한 수단이 될 수 있다. 일화와 비유는 몰입감 있고 감정적으로 연결된 경험을 만들어내며 청중이 그다음에 이어질 메시지를 더 잘 받아들일 수 있도록 마음의 준비를 돕는다.

일화를 덧붙여 신뢰 높이기

아일랜드 소설가 윌리엄 트레버는 "단편 소설은 진실의 폭발이어야 한다"라고 말한 바 있다. 일화도 마찬가지다. 일화는 짧고 핵심만을 담은 서사로 사람들의 관심을 끌고 청중을 움직이는 데 탁월한 힘을 발휘한다. 특히 더 큰 메시지를 드러내기 위해 주제의 특정한 특징이나 뉘앙스를 전달할 때 유용하다. 예컨대 "우리 때는 TV 채널이 겨우 4개밖에 없었단다"라며 불평하는 아이를 타이르는 부모의 말이나 "나도 처음 입사했을 땐 용기를 내서 상사에게 먼저 다가갔고, 그게 멘토링으로 이어져 지금의 기회가 열렸지"라고 신입 사원에게 조언하는 상사의 경험담 등이 대표적인 일화다.

의사소통 연구자들에 따르면 일화가 설득력이 있는 이유는 유창성fluency 때문이다. 다시 말해 일화에서는 사람들이 정보를 얼마나 쉽게 처리하고 이해하느냐가 중요하다. 일화는 청중의 실제 경험과 닮아 있는 서사적 충실성narrative fidelity을 지녀야 한다. 그리고 일화가 청중의 마음에 울림을 주고 현실을 반영한다고 느껴질 때 많은 사람이 그것을 신뢰할 수 있고, 매력적이며 신빙성 있는 이야기로 받아들인다.

일화는 정보와 진실을 이어주는 다리 역할을 한다. 그래서 영향력을 발휘하고자 하는 사람에게 유용한 설득 도구다. 우리는 일화로 딱딱한 통계나 추상적인 데이터로는 전달하기 어려운 생동감을 논리에 더할 수 있다. 신경과학자들은 일화가 뇌의 언어 처리 영역뿐만 아니라 긍정적인 태도와 사회적 유대감을 높이는 데 중요한 역할을 하는 옥시토신이라는 호르몬 분비를 증가시켜 뇌의 감정 통제 영역까지도 활성화한다는 사실을 밝혀냈다.

문학과 역사는 일화로 가득하다. 《위대한 개츠비》부터 《해리 포터》 시리즈까지 문학 곳곳에 일화가 숨어 있다. 로널드 레이건의 "미국의 모든 위대한 변화는 저녁 식탁에서 시작된다"라는 말이나, 빌 클린턴의 "우리는 서로 다르지만, 인간으로서의 공통점은 그보다 더 중요하다"라는 발언도 대표적인 사례다. 하지만 일화를 문학 작품이나 대통령의 연설에만 국한된 거라고 여긴다면 그건 오해다. 일화의 진정한 설득력은 일상에서 발휘된다. 예를 들어 실수를 인정하며 더 큰 교훈을 전달하거나 상사가 고객 서비스를 위해 헌신한 팀원을 공개적으로 칭찬하거나 자선 단체가 기부 행위가 한 사람의 인생을 어떻게 바꾸어 놓았는지를 이야기한다.

몇 가지 기본 원칙만 지키면 청중과 공감대를 형성하는 일화는 매우 효과적인 설득 도구가 될 수 있다. 첫째, 일화는 아주 짧아야 한다. 둘째, 일화는 대화하듯 자연스러워야 한다. 그리고 무엇보다 중요한 셋째, 일화는 설명이 필요 없어야 한다. 일화를 설명할 필요가 있다고 느끼면 그것은 더 이상 일화가 아니다.

— 빠른 이해를 돕는 비유의 힘

"첫 소설로 성공하기를 기대하는 작가는 애리조나의 그랜드 캐니언에 장미 꽃잎 하나를 떨어뜨려 놓고 메아리가 돌아오기를 기다리는 사람과도 같다." 이 문장은 P.G. 우드하우스가 《칵테일 타임Cocktail Time》에서 초보 작가의 허망함을 묘사하며 쓴 비유다. 잔인한가? 그렇다. 오해의 여지 없이 생생하고 분명한가? 역시 그렇다.

일화처럼 비유도 효과적이고 설득력 있는 서사적 장치가 될 수 있다. 하지만 이 둘은 작동 방식이 다르다. 일화는 대개 개인적인 경험을 바탕으로 화자와 청중이 감정적으로 연결되기를 바랄 때 사용된다. 반면 비유는 화자가 소개하려는 새로운 개념을 청중에게 이미 익숙한 대상에 빗대어 비교함으로써 그 낯선 개념을 더 쉽게 이해할 수 있도록 돕는다.

비유는 인지과학자들이 '구조적 사상structural mapping'이라 부르는 사고 과정을 활용한다. 이는 우리가 익숙하고 이미 알고 있는 개념을 새로운 개념과 연결할 수 있게 도와주는 인지 메커니즘이다.[20] 예를 들어 아인슈타인은 시간과 공간의 연관성을 설명하기 위해 빛의 속도로 움직이는 사람과 기차 옆에서 달리는 사람을 비교했다. 이처럼 비유는 청중이 낯선 아이디어나 개념을 빠르게 이해하도록 돕는다. 특히 복잡하거나 생소한 제안이나 혁신적인 아이디어를 받아들이도록 설득해야 할 때 비유는 매우 유용한 설득 도구가 될 수 있다. 다시 말해 비유는 뭐든 이해하기 쉽게 만든다. 예컨대 기후 과학자가 지구의 기후 위기를 중환자실의 환자에 빗대어 설명하거나, 영업 사원이 신제품을 '식기세척기용 아이폰'이라고 표현하는 방식이 그렇다. 토마스 스템버그Thomas Stemberg는 사무용품 소매업체 스테이플스Staples의 창립자로 자신의 새로운 사무용품 체인점을 '사무용품 업계의 베스트 바이Best Buy'가 될 거라고 소개했다. 심지어 투자자들도 설득력 있는 비유를 즐겨 쓴다. 신규 투자처를 어떻게 고르느냐는 질문에 워런 버핏은 경쟁자가 쉽게 넘볼 수 없도록 해자로 둘러싸인 '경제적 성economic castle' 같은 기업을 우선으로 고려한다고 말했다.

*

타인을 설득할 때 깨달음을 얻는다. 증거와 경제적 유인책을 차분하게 제시하여 누군가에게 영향력을 행사하고 설득하려는 시도는 우리의 진화된 감정적 자아와 어긋난다. 그렇다고 해서 증거와 경제적 유인책이 설득에서 중요하지 않다는 건 아니다. 이 둘은 영향력 방정식의 세 가지 변수 중 두 가지다. 그러나 다리가 2개뿐인 의자가 앉기에는 위태롭듯이 증거와 경제적 유인책에만 집중한 영향력 전략은 견고하지 않다. 영향력 전략에서 감정이 배제된 명백한 사실은 중요하지만, 온화하고 부드러운 느낌을 전달하는 인간의 감정도 중요하다. 상사가 왜 당신이 제안하는 새로운 사업에 관심을 가져야 하는가? 당신이 제시한 혁신적인 아이디어가 비용을 절감하는 데 그치지 않고, 어떻게 사람들의 삶에 긍정적인 영향을 미칠 수 있는가? 당신이 개발한 새로운 교육 프로그램이 시행되었을 때 사람들은 어떤 감정을 느끼게 될까?

설득 대상이 단 한 사람이든, 사무실 전 직원이든, 세상 전체이든 잊지 말아야 하는 것이 있다. 타인을 설득하는 방법은 언제나 인간적이어야 한다.

PART 3

직장인을 위한 설득의 심리학

개요

Overview

나 역시 많은 사람과 마찬가지로 흥미로운 개념, 흥미로운 아이디어, 매혹적인 새로운 이론을 좋아한다. 특히 인간 행동을 종잡을 수 없고 때로는 당혹스러운 본질을 어느 정도 설명해 줄 수 있을 것 같을 때는 더욱 흥미가 생긴다. 하지만 이와 동시에 나 역시 많은 이들과 마찬가지로 이론으로만 그 가치를 증명할 수 있는 아이디어를 잘 받아들이지 못한다. 일과 비즈니스의 세계에서 대부분의 사람이 결국 중요하게 여기는 것은 결과라는 걸 안다.

PART 1과 PART 2에서 내가 세운 목표는 설득 과정에 대해 탄탄하고, 증거 기반의 정보를 균형 있게 제시하며 직장에서 영향력을 키우는 데 관심이 있다면 누구나 실행에 옮길 수 있는 실용적인 방법을 제공하는 것이었다. 아마도 여러분이 이 책을 집어 든 이유는 직장에서 더 큰 영향력을 발휘하는 이론을 배우기 위해서만이 아니라 실제로 어떻게 하면 직장에서 더 큰 영향력을 발휘할 수 있을지 알고 싶어서였을 것이다. PART 3에서는 설득 원칙, 영향력 실천, 영향력 윤리에 집중해서 실제로 더 큰 영향력을 발휘할 방법을 살펴본다.

설득 원칙부터 시작하자. 지금으로부터 20여 년 전 나는 세계 최고의 설득 심리학 권위자로 평가받는 로버트 치알디니를 만나고, 그와 함께 공부하며 일할 기회를 운 좋게 얻었다. 그의 연구는 이 분야에서 가장 많이 인용된다. 로버트 치알디니는 내 삶과 경력에 지대한 영향을 미쳤다. 나는 이 분야에서 가장 존경받고 인정받는 그에게 배우고, 함께 일하며 공동으로 출판할 수 있었던 기회에 늘 깊이 감사하고 있다.

치알디니는 사회과학 역사에서 굳건히 자리매김한 인물이다. 1984년 그의 저서《설득의 심리학 1》이 처음 출간되었을 당시 책이 이토록 엄청난 영향력을 발휘하게 되리라고 예측한 사람은 아무도 없었다. 지금까지 전 세계적으로 600만 부 이상 판매되었고, 그 수는 여전히 빠르게 늘고 있다. 이 책은 영향력을 발휘하고, 실질적인 변화를 이끌어내고자 하는 수많은 비즈니스 리더, 정책 입안자, 세계 각국의 지도자들에게 필독서가 되었다. 많은 성공담이 그렇듯 이 책 역시 겸손하게 출발했다. 당시 애리조나 주립대학교에서 새롭게 종신직을 부여받은 교수였던 치알디니는 한 사람이나 한 집단이 타인이나 집단을 설득할 때 실제로 사용할 수 있는 효과적인 전술과 접근법을 연구하고 체계적으로 정리하기로 마음먹었다. 그는 영업 교육 현장, 기업 환경, 로비 단체 심지어 사이비 종교 집단에 이르기까지 수많은 '영향력의 현장'에 직접 잠입했다. 처음에는 수천 가지의 전술과 전략이 존재할 거라고 기대했지만, 결국 그가 찾아낸 핵심 원칙은 단 일곱 가지였다.

치알디니의 연구는 영향력 실천이라는 연구 주제에 있어 기초를 이루는 만큼 그 자체로 하나의 장을 할애할 만한 충분한 가치가 있다. 그래서 7장에서는 설득 원칙을 요약해 소개하며 치알디니와 내가 함께 작업한 최신 연구 사례들도 함께 다룬다.

나는 오랜 시간 동안 치알디니와 함께했다. 그 덕분에 설득력을 높이고 싶어 하는 사람들로부터 꽤 다양한 질문을 받았다. 8장에서는 나와 내 팀이 자주 받는 질문 중 실제로 사람들이 직장에서 마주하는 설득 과제를 중심으로 열 가지 질문을 선정해 중점적으로 살펴본다. 물론 무조건 효과가 있을 거라고 보장할 수 있는 영향력 전략은 없다. 하지만 이 장에서 각 설득 과제를 다루는 방식이 막연한 추측이나 단순한 직감보다는 훨씬 더 실용적이고 통찰력 있는 해법이 되기를 바란다.

마지막으로 9장에서는 영향력 윤리를 다룬다. 우리가 타인에게 영향을 미칠 수 있다고 해서 반드시 그렇게 해야 하는 건 아니다. 적어도 그 결과와 더 큰 맥락을 충분히 고려하지 않은 채로 말이다. 9장은 책 전체에서 분량이 비교적 짧은 편이지만, 그 주제가 덜 중요해서는 아니다. 어쩌면 이 책에서 가장 중요한 주제일지도 모른다. 이 책은 실용적인 안내서를 목적으로 쓰였고, 사람들이 선한 의도로 책을 읽을 거라고 생각했다. 따라서 도덕적 경고나 훈계, 손가락질을 하지 않는다. 이 책은 새롭게 얻은 영향력이 개인의 가치나 진실성을 훼손하지 않고, 지금 이 순간은 물론 앞으로도 긍정적으로 받아들여질 수 있도록 돕는 유용한 안내서다.

7장

설득 원칙

The principles of influence

이 장에서는 로버트 치알디니가 수년에 걸쳐 과학적 연구를 바탕으로 정립하고, 그의 대표 저서《설득의 심리학 1》에서 포괄적으로 다룬 보편적인 설득 원칙 일곱 가지를 살펴본다.[1] 이 원칙들은 적절한 맥락에서 적절하게 사용될 때 타인의 동의를 이끌어낼 수 있는 도구로 이해할 수 있다.

도구는 각기 쓰임이 정해져 있다. 말하자면 드라이버와 망치를 사용해 벽에 구멍을 낼 수도 있지만, 대개는 드릴을 쓰는 편이 훨씬 효율적이다. 이 비유는 설득 원칙에도 그대로 적용된다. 어떤 원칙은 특정한 설득 과제에 더 적합하며 특정 맥락에서 더 큰 효과를 발휘한다. 이 장에서는 많은 사람이 가장 유용하다고 여기는 순서 그리고 내가 자주 받는 질문에 답하는 순서에 따라 설득 원칙을 살펴볼 것이다. 내가 자주 받는 질문은 이것이다. "특정 상황에서는 어떤 설득 원칙이 가장 효과적인가요?"

이 질문에 대한 답은 나의 또 다른 동료인 그레고리 니더트Gregory Niedert 박사가 발견하고 발전시킨 통찰에서 비롯된다. 니더트 박사는 우리가 직장이든 개인 생활이든 거의 무한한 설득 과제에 직면하지만, 그 대다수는 단 세 가지 유형으로 명확히 분류될 수 있다는 걸 예리하게 포착했다. 다시 말해 사람들이 실제로 맞닥뜨리는 설득이 필요한 상황은 결국 세 가지 핵심 유형으로 수렴된다는 것이다.

첫 번째는 **관계 기반**의 설득 과제다. 개인이나 집단을 설득하려면 그들과의 연결 고리를 먼저 만들어야 한다. 이 연결 고리가 형성되지 않으면 영향력은 더 이상 발휘되지 않는다. 대표적인 예로 잠재 고객에게 접근하거나, 의사 결정권자를 만나거나, 인맥을 확장하거나 혹은 소원해진 관계를 회복하는 일이다. 치알디니의 일곱 가지 설득 원칙 중에서도 이 같은 관계 기반의 설득 과제를 해결하는 데 특히 유용한 세 가지 원칙이 있다. 바로 상호성 원칙, 호감 원칙, 연대감 원칙이다.

두 번째는 **결정 기반**의 설득 과제다. 이는 설득 대상이 어떤 아이디어나 제안을 받아들이는 데 있어 느끼는 불확실성을 줄이는 것과 관련된다. 설득 대상이 제안자를 이미 알고 있거나 관계를 맺고 있을 수도 있지만, 여전히 제안에 대해 의심을 품고 받아들이기를 주저할 수 있다. 그리고 이런 의심과 불확실성은 설득력을 단번에 무력화시킬 수 있다. 여기서 핵심은 제안하는 아이디어의 신뢰성과 신빙성을 높여 설득 대상의 불확실성을 줄이고 스스로 결정할 수 있도록 돕는 것이다. 이때 도움이 되는 것이 로버트 치알디니가 정의한 두 가지 설득 원칙인 권위 원칙과 사회적 증거 원칙이다.

세 번째는 **행동 기반**의 설득 과제다. 이는 사람들에게 실제로 어떤 행동을 취하도록 설득하는 것과 관련된다. 관계가 이미 형성되어 있고, 설득 대상이 제안에 대해 충분히 납득하고 신뢰하고 있다 해도 행동하려는 의도와 실제 행동 사이에는 종종 간극이 존재한다. 이러한 행동 기반의 설득 과제를 해결하는 데 치알디니가 제시한 일곱 가지 설득 원칙 중에서 나머지 두 가지 원칙이 효과적일 것이다. 그것은 바로 일관성 원칙과 희소성 원칙이다.

— 관계 기반의 설득 과제

1. 상호성 원칙

사람들은 먼저 받은 선물이나 호의를 되갚아야 한다고 느낀다

부모는 아이들을 데리고 주말에 콜롬비아 보고타에 있는 한 맥도날드 매장을 방문한다. 아이들은 해피밀을 순식간에 해치우고 다른 아이들과 함께 볼풀에서 신나게 뛰어논다. 부모는 신나게 뛰어노는 아이들의 모습을 지켜본 후 마지막으로 또 하나의 즐거운 순간이 아이들을 기다리고 있다는 것을 안다. 신나게 노느라 지친 아이들을 달래며 차로 향하는 순간, 맥도날드 직원들이 대기하고 있다가 큼직한 빨간 풍선을 아이들에게 하나씩 건넨다. 여기서 빨간 풍선은 모두가 즐거운 시간을 보냈다는 걸 떠올리게 하는 작은 선물이다.

이 맥도날드 매장에서 무슨 일이 벌어지고 있는지 분명히 짚고 넘어가자. 빨간 풍선은 단순한 기념품이 아니다. 효과적인 비즈니스 전략이다. 아이들이 행복하면 부모도 행복하다. 그리고 행복한 부모는 다시 아이들을 데리고 매장을 찾는다. 그 결과 매출은 자연스럽게 늘어난다.

이 단순한 전략의 성공은 나와 심리학자 헬렌 맨킨Helen Mankin이 매장 관리자들에게 풍선 제공 정책을 약간 바꿔보자고 제안했을 때 그들이 주저했던 이유를 어느 정도 설명해 준다. 그들이 우리 제안을 선뜻 받아들이지 않은 것도 충분히 이해한다. 이미 효과가 입증된 공식을 굳이 건드릴 필요가 있을까? 하지만 맨킨과 나는 우리가 제안한 아이디어에 성공 가능성이 있다고 굳게 믿었고, 끝까지 밀어붙였다. 결국 매장 관리자들은 처음의 회의적인 태도를 잠시 접고, 시험적으로 변화를 시도하는 데 동의했다. 실험이 시작되자마자 매장에서는 놀라운 결과가 나왔다. 커피 매출이 무려 20퍼센트 증가한 것이다.[2]

우리가 제안한 변화는 단순했다. 아이들이 매장을 나갈 때 풍선을 주는 대신 입장할 때 주자는 것이었다. 하지만 이렇게 미묘하고 비용도 들지 않는 변화가 어떻게 큰 차이를 만들어낼 수 있었을까? 그 이유는 대부분의 사람이 먼저 받은 서비스나 선물 또는 호의에 대해 되갚아야 한다는 의무감을 느끼기 때문이다. 매장을 나설 때 받은 풍선은 방문에 대한 보상처럼 여겨진다. 반면 매장 입구에서 받은 풍선은 보상이 아니라 '선물'이 된다. 그리고 사회적 규범은 이렇게 말한다. "누군가에게 무언가를 받았다면 나도 무언가를 되돌려줘야 한다." 맥도날드의 사례에서 부모와 아이들은 먼저 풍선을 받은 후 커피를 추가로 주문하여 그 호의를 되갚았다.

그렇다면 아이들이 주문할 만한 메뉴도 아닐 텐데 왜 하필 커피였을까? 여기에 대해서는 모든 부모가 알고 있는 아주 명확한 이유가 있다. 아이에게 주는 선물은 곧 부모에게 주는 선물이다. 아이가 풍선을 받으면 부모는 그것을 자신에 대한 호의로 느낀다. 그리고 자신에게 건넨 호의에 보답하는 의미로 커피 한 잔쯤은 사 마시고 싶은 마음이 생긴다.

맥도날드 실험은 로버트 치알디니의 설득 원칙 중 첫 번째인 **상호성** 원칙을 단순하면서도 효과적으로 보여주는 사례다. 사람들은 자신이 빚졌다고 느끼는 대상에게 좀처럼 거절하지 않는다. 물론 항상 그런 건 아니다. 누군가의 도움이나 호의를 기꺼이 받아들이면서도 그에 대해 아무런 부담이나 보답해야 한다는 의무감을 느끼지 않는 사람들도 있다. 예를 들어 휴가 중일 때마다 이웃이 대신 재활용 쓰레기를 내놓는 것을 당연하게 여기면서도 한 번도 그 호의를 되돌려준 적이 없는 윗집 부부가 있다. 사무실에서 돌아가며 커피를 타기로 했지만, 자신의 차례가 되면 꼭 '긴급한' 고객 전화를 받는 동료가 있다. 우리는 이런 사람들을 '얌체족', '얌체', '무임승차자'라고 부른다.

하지만 여기서 주목할 부분이 있다. 우리가 그런 사람들을 무임승차자라고 여긴다고 해서 그들이 아무 대가 없이 그런 태도를 유지하는 건 아니다. 그들은 사회적 비용을 치르고 사회적으로 비난을 받는다. 예를 들어 초대 명단에서 이름이 빠진다. 그리고 반복적으로 그런 행동을 하면 완전히 따돌림을 당할 수도 있다. 정확성, 관계 형성, 자존감이라는 인간의 세 가지 근본적 동기를 고려할 때 상호성은 사람들 사이의 연결 고리를 만들고 유지하는 데 핵심적인 역할을 한다. 사회적 의무의 틀 안에서 적절하게 행동하는 사람들은 더 풍부한 사회적 관계를 형성하고, 이를 통해 이득을 얻는다. 그들은 타인과의 유대감을 형성하고, 타인으로부터 더 많은 지지를 얻는다. 더 넓은 인간관계를 맺고 사람들과 너 깊이 교류한다. 간단하게 말해서 그들은 영향력을 행사하기에 더 유리한 환경을 갖게 되는 것이다.

상호성은 사람들이 협력하는 데 근간이 되고, 팀의 효과성을 높이는 데도 중요한 역할을 한다. 자원을 주고받으며 적극적으로 타인을 돕고 지지하는 사람들은 대체로 직장뿐만 아니라 공동체와 사회 전반에서도 더 큰 성공을 거두곤 한다. 그러니 대부분의 부모가 아주 어린 시절부터 아이들에게 '받기만 하고 돌려주지 않으면 안 된다'라고 가르치는 것도 그리 놀라운 일은 아니다. 하지만 어쩌면 부모는 이미 아이들 안에 존재하는 본능을 강화하고 있는 것일지도 모른다. 진화 연구에 따르면 아이는 두 돌이 되기 전부터 '주고받기'의 규칙에 반응하는 경향을 보인다. 그러니 영향력을 키우고자 하는 사람에게 상호성이 강력한 설득 도구가 되는 건 어쩌면 너무나도 당연한 일이다.

먼저 준다

호텔에 체크인한 후 욕실에서 안내문을 하나 발견했다고 상상하자. 호텔 환경 보호 프로그램의 하나로 수건을 재사용해달라는 요청이다. 당신을 포함한 일부 투숙객들에게는 이 프로그램의 효과를 높이기 위한 인센티브가 제공되었다는 사실도 알게 된다. 수건을 재사용하면 지역 환경 단체에 기부가 이루어진다는 것이다. 이런 선의의 인센티브가 수건 재사용률을 높일 수 있을까? 많은 사람이 이 기부 행위가 수건 재사용률을 높일 거라고 예상한다. 그러나 UCLA 앤더슨 경영대학원의 사회심리학자이자 나의 오랜 동료인 노아 골드스타인은 일련의 연구에서 정반대의 결과를 얻었다. 기부라는 '당근'을 받은 투숙객들이 오히려 수건을 재사용할 가능성이 훨씬 더 낮았다.[3]

결과는 얼핏 보기에 이해하기 어렵다. 아마도 투숙객들은 이윤을 추구하는 호텔이 정말로 기부할 거라고 믿지 않았을 수도 있다. 또는 호텔이 선택한 환경 단체가 투숙객들의 공감을 얻지 못했을 수도 있다. 이 두 가지 이유 모두가 프로그램이 실패한 원인일 수 있다. 하지만 보다 근본적인 이유는 상호성 원칙에 있다. 여기서 투숙객은 수건을 재사용해야만 '보상'을 받는다. 본질적으로 호텔이 투숙객들에게 이렇게 말하고 있는 셈이다. "고객이 먼저 우리를 위해 이렇게 해주면 그다음에 우리가 고객에게 이렇게 해드리겠습니다." 즉, 먼저 행동해야 하는 쪽은 호텔이 아니라 투숙객이다. 하지만 상호성 규칙의 핵심은 '주는 대로 받는다'라는 것이다. 호텔은 반대로 '받고 나서 주는' 방식을 선택했다. 상호성 원칙은 이렇게 작동하지 않는다.

노련한 마케팅 전문가들은 이 상호성 원칙을 잘 알고 있다. 무료 샘플이나 체험판 제공은 기업이 초기에 부담하는 '비용'을 충분히 상쇄하고도 남을 만큼 매출을 끌어올릴 수 있다. 정치 캠페인에 기부한 사람들은 자신에게 유리한 정책이 수립되거나 로비나 접근 권한을 얻는 경우가 많다. 골드스타인의 연구에 따르면 호텔이 **이미** 투숙객을 대신해 환경 단체에 기부했다고 알릴 경우 투숙객이 수건을 재사용할 확률은 무려 47퍼센트나 더 높았다.[4] 결론은 명확하다. 사람들에게 당신을 위해 무언가를 해달라고 요청하고 싶다면 먼저 그들을 위해 무언가를 해야 한다.

무엇을 주어야 할까?

지난 20여 년간 나는 영향력의 과학과 실천을 연구하고, 글을 쓰며 현장에 적용해 왔다. 그 과정에서 한 가지 미묘한 변화에 주목했다. 사람들이 먼저 받은 호의에 대해 되갚으려는 동기가 특히 직장이나 비즈니스 환경에서 예전과는 달라졌다는 것이다. 사회생활 초창기만 해도 눈에 보이는 선물과 혜택을 제공하는 것이 서로 돕고 보답하는 가장 흔한 방식이었다. 예를 들어 스포츠 경기 티켓, 학회 참가비 지원, 무료 점심 식사, 기부자의 이름과 로고가 큼지막하게 박힌 펜이나 폴로 셔츠, 우산 같은 판촉물들이었다. 물론 지금도 이런 방식이 흔히 사용되긴 하지만, 두 가지 요인으로 말미암아 예전만큼 영향력을 발휘하지 못하게 되었다. 첫 번째는 규제다. 많은 기업은 직원이 특정 업체로부터 그 어떤 사은품도 받지 못하도록 내부 정책을 도입했다. 이러한 행위가 최적의 공급업체가 아닌 '무언가를 받았기 때문에 보답해야 하는 업체'에 관심을 쏟게 만들 수 있다는 우려 때문이었다. 즉, 이제 그 '당근'은 예전만큼 달지 않다.

두 번째 이유는 너무나 많은 게 제공되고 있는 현상과 관련이 있다. 요즘 수많은 기업과 그 대리인들은 무료 구독권, 샘플, 각종 사은품을 쏟아내고 있다. 이 모든 건 상대에게 일종의 '빚진 마음'을 심어 영향력을 행사하기 위한 출발점으로 설계된 거라는 사실에 의심의 여지는 없다. 그리고 이러한 흐름은 당분간 줄어들 기미도 없다. 기업은 소셜 미디어 인플루언서에게 선물을 제공한다. 그들이 상품을 트위터나 인스타그램에 올리는 것만으로도 제품 품절 사태를 일으키고 판매량을 폭발적으로 끌어올릴 수 있다는 사실을 알고 있기 때문이다. 하지만 문제는 누구나 인플루언서가 될 수 있는 것도 아니고, 모든 사람이 값비싼 선물을 무턱대고 퍼줄 수 있는 무제한 예산을 가진 것도 아니라는 거다. 그렇다면 우리 같은 평범한 사람들은 어떻게 해야 값비싼 사은품도, 수백만 명의 팔로워도 없이 설득력을 높일 수 있을까?

하나의 해답은 물질적인 유형의 선물이 가진 한계를 인식하고, 그보다 무형의 것에 집중하는 것이다. 유형의 선물을 주는 방식에는 위험이 따른다. 언젠가는 누군가가 더 크거나 더 값비싼 선물을 내놓아 우리가 진심으로 준비한 호의도 금세 초라하고 부족한 것으로 전락할 수 있다. 이런 식의 '선물 경쟁'은 결국 누가 더 많이 주느냐, 더 좋은 것을 주느냐를 다투는 힘겨루기가 되고 만다. 그리고 그 결과 사람들은 점점 더 많은 것을 받는 데 익숙해지고 기대치는 갈수록 높아진다. 그렇게 되면 상호적 교환이 지녔던 개인적 의미와 정서적 연결 고리는 점점 사라진다.

하지만 무형의 선물에서 이런 일은 거의 발생하지 않는다. 무형의 선물은 개인적인 본질을 띠기 때문이다. 여기서 말하는 무형의 선물이란 상점이나 온라인에서 살 수 없는 것들이다. 예컨대 우리의 시간, 경청하는 태도, 진심 어린 칭찬, 공감의 표현, 적절한 시기에 건네는 조언, 추천이나 소개, 신뢰 같은 인간적인 것들이다. 누군가의 신뢰를 얻고 싶다면 먼저 그들을 신뢰해야 한다. 누군가 우리의 말을 들어주길 바란다면 우리가 먼저 그들의 말을 들어줘야 한다. 누군가 우리를 도와주길 원한다면 우리가 먼저 그들을 도와야 한다.

무엇을 주느냐 뿐만 아니라 어떻게 주느냐도 중요하다

어떻게 돕고 어떻게 베푸느냐도 중요하다. 한 연구에 따르면 계산서와 함께 박하사탕 1개를 건넨 식당 종업원은 계산서만 달랑 건넨 종업원보다 평균 3퍼센트 더 많은 팁을 받았다. 계산서와 함께 박하사탕 2개를 건넸을 때 팁은 평균 14퍼센트 증가했다. 이는 설득을 시도하는 사람들에게 중요한 통찰을 제공한다. 사람들은 비용보다 의미를 더 중시한다. 박하사탕 2개는 받는 사람의 입장에서 1개보다 더 의미 있게 느껴진다. 사실 박하사탕은 그렇게 비싸지도 않다. 이 연구는 다음과 같은 사실을 일깨워준다. 값비싼 선물이 의미 있을 수는 있지만, 의미 있는 선물이 꼭 비쌀 필요는 없다.

아마도 이 연구 가운데 가장 주목할 만한 통찰은 세 번째 실험 조건에서 나왔다. 식당 종업원이 계산서와 함께 박하사탕 하나를 테이블에 올려두고 간다. 잠시 후 다시 돌아와 박하사탕 하나를 더 준다. 여전히 고객은 박하사탕 2개를 받았지만, 전달 방식은 예상 밖이었다. 결과는 어땠을까? 팁이 무려 20퍼센트 이상 증가했다.[5]

이 결과는 상호성 원칙을 통해 타인을 설득하고자 하는 모든 사람에게 분명한 시사점을 준다. **무엇을** 주느냐도 중요하지만, **어떻게** 주느냐도 그에 못지않게 중요하다. 때로는 유형의 것보다 무형의 것이 더 효과적일 수 있다. 그리고 의미 있고 예상치 못한 방식으로 선물을 주면 같은 선물이라도 받는 이의 눈에는 훨씬 더 큰 가치로 비친다. 그렇게 되면 상대는 자연스럽게 무언가를 되돌려주고 싶은 마음이 생긴다. 하지만 여기서 가장 큰 효과를 내는 요인이 하나 더 있다. 바로 개인화personalisation다.

출장이나 휴가를 마치고 집에 돌아왔다고 상상해 보자. 현관문을 밀고 들어서려는 순간 그동안 도착한 각종 편지, 전단지, 광고지 더미가 문을 가로막는다. 그것들을 한데 모아들고 이렇게 생각한다. "무엇부터 볼까?" 가장 먼저 손이 가는 건 봉투에 수신인의 이름과 주소가 손글씨로 적힌 편지다. 왜일까? 개인화되어 있기 때문이다.

개인화는 설득력을 강화한다. 점점 더 거래 중심적으로 변해가는 세상에서 개인화 수준이 그리 높지 않더라도 눈에 띄는 효과를 낼 수 있다. 텍사스 출신의 심리학자 랜디 가너Randy Garner는 자신의 설문지에 포스트잇으로 손글씨 메모를 붙이자, 응답률이 무려 두 배로 뛰었다는 사실을 발견했다.[6] 이 효과는 누군가가 수고스럽게 이름과 주소를 손글씨로 적은 편지를 우리가 가장 먼저 열어보는 이유와 같다. 대부분의 소통 방식이 우리의 관심을 끌기 위해 경쟁한다. 심지어 각종 청구서처럼 우리의 관심뿐만 아니라 지갑까지 노리는 경우도 있다. 이런 환경에서 손글씨 메모는 '누군가가 나를 위해 정성을 들였다'라는 이유로 단연 돋보인다.

손글씨 메모만이 설득력을 높이는 개인화의 수단은 아니다. 로버트 치알디니는《설득의 심리학 2》[7]에서 다음의 사례를 소개한다. 오사마 빈 라덴의 전 경호원이었던 아부 잔달은 2001년 9월 11일 테러 직후 예멘의 한 감옥에 수감되어 심문을 받았다. 초기 심문에는 의미 있는 정보를 전혀 얻을 수 없었다. 그러던 중 조사관들은 그가 식판에 담긴 음식을 대부분 먹으면서도 과자만은 손대지 않는다는 사실에 주목했다. 알고 보니 그는 당뇨병 환자였다. 이 사실을 알아낸 후 조사관들은 그에게 무설탕 과자를 제공했다. 한 정보 요원은 이것이 그를 설득하는 중요한 열쇠가 되었다고 말했다.

이 행동 하나만으로 그가 마음을 바꾸었는지는 아무도 단정할 수 없다. 하지만 당뇨병 환자인 그에게 무설탕 과자를 제공한 개인화 전략이 중요한 역할을 했을 가능성은 충분하다. 이 사례는 영향력을 행사하는 도구로서 상호성 원칙의 힘을 잘 보여준다. 그리고 이 원칙이 미치는 영향력이 어디까지 확장될 수 있는지도 드러낸다. 상호성은 단지 우리 집단이나 문화권 안에서만 작동하는 것이 아니라 경계를 넘어 타인과의 연결 고리를 만든다.

상호성은 '감사', '교환' 그리고 '영향력'으로 이어진다

우리가 타인에게 사회적 의무감을 느끼는 경우는 대부분 상대가 **먼저** 우리에게 도움을 받거나 자원을 제공받았을 때다. 특히 누군가에게 도움이나 자원을 받는 일을 예상하지 못했거나 그 행위의 의미가 크거나 자신에게 맞춰진 거였다면 그 호의에 보답해야 한다는 의무감을 자연스럽게 느낀다. 그리고 이런 사회적 의무감의 맥락에서 사람들은 감사를 표현하고자 한다. 여기서 중요한 질문이 하나 생긴다. 누군가가, 우리가 먼저 해준 일에 대해 고맙다고 했을 때 우리는 어떻게 반응해야 할까?

영리한 설득가는 절대 이렇게 말하지 않는다. "내가 도와줬으니 이제 갚을 차례예요!" 그렇게 말하는 순간 상대는 다시는 그에게 도움을 요청하지 않을 것이다. 하지만 그렇다고 해서 "별말씀을요", "기꺼이 도와드려야죠", "신경 쓰지 마세요"라고 말하지도 않는다. 왜냐하면 그는 감사 인사를 받은 직후가 상대에게 설득의 힘이 크게 작용하는 순간이라는 걸 잘 알고 있기 때문이다. 사람들은 방금 고마움을 표한 상대의 요청은 대체로 쉽게 수락하는 경향이 있다. 그래서 사업 개발 담당자라면 이 순간을 활용해 미팅 일정을 잡자고 제안할 수도 있다. 재무 상담사는 지인 추천을 요청할 수 있으며 샘과 제이크는 다음 분기 프로젝트 수행에 필요한 자원을 요청할 수 있다. 아니면 콜롬비아 햄버거 매장에서 아이들이 노는 모습을 지켜보는 부모에게 슬며시 커피 한 잔 어떠냐고 물어볼 수도 있다.

KEY POINT

직장에서의 상호성 원칙 활용법

- "누가 나를 도와줄 수 있을까?"라고 묻지 말고, "내가 누구를 도울 수 있을까?"라고 묻는다.
- 지금 하려는 요청이 정말 중요하다면 이메일은 잊어라. 상대에

게 손 편지를 보내거나 직접 전화를 거는 등 개인적인 방식으로 접근한다.

- 누군가에게 진심 어린 감사를 받았을 때 보통 뭐라고 말하는가? 그리고 그 순간에 어떤 말을 하면 도움을 되돌려받거나 다음 선행으로 이어질 수 있을까?

2. 호감 원칙

사람들은 자신이 알고 좋아하는 사람의 요청을 더 쉽게 수락한다

사람들은 자신이 좋아하는 사람이 무언가를 부탁하면 쉽게 "예"라고 말하곤 한다. 누군가를 좋아하게 되는 계기는 다양하지만, 그 중 특히 두 가지가 두드러진다. 공통점과 칭찬이다.

대부분이 누군가를 처음 만난 직후 이상하리만치 친밀감을 느껴본 적이 있을 것이다. 누군가를 만나는 즉시 상대와 연결되었다고 느끼는 감정에는 대체로 공통점이 있다. 같은 학교를 나왔거나 같은 브랜드의 차를 몰거나 비슷한 또래의 자녀가 있거나 공통된 지인을 알고 있거나 심지어 이름이 비슷할 수 있다.

이와 관련된 흥미로운 실험이 있다. 심리학자들이 무작위로 낯선 사람들에게 설문지를 보내며 참여를 요청했을 때 특정 그룹의 응답률이 눈에 띄게 높았다. 랜디 가너가 손글씨 메모를 붙여 설문지를 보냈던 실험과는 다르게 이번에는 똑같이 효과적인 친밀감을 전달하는 전략을 사용했다. 설문을 보낸 사람의 이름이 받는 사람과 비슷했다. 예를 들어

로버트 그리어Robert Greer라는 사람은 밥 그레가Bob Gregar라는 이름의 발신자로부터 설문을 받는다. 신시아 존스턴Cynthia Johnston이라는 여성은 신디 요한슨Cindy Johanson이라는 이름을 가진 발신자에게 설문을 받는다. 하지만 흥미로운 사실은 실험이 끝난 후 어떤 참가자도 이름의 유사성이 설문을 응답하게 만든 요소였다고 인식하지 못했다는 것이다.[8]

상호성 원칙처럼 호감 원칙 역시 사람들 사이를 이어주는 연결 고리다. 그만큼 이 원칙은 상대를 설득하기에 앞서 관계나 네트워크를 먼저 형성해야 하는 상황에서 특히 효과적이다. 예를 들어 협상 상황을 생각해 보자. 한 실험에서 임원들에게 대규모 계약 협상을 맡겼다. 이들 중 절반에게는 '시간은 돈이다'라는 점을 상기시키며 빠르게 본론으로 들어가도록 지시했다. 나머지 절반에게는 본격적으로 논의하기 전 상대에 대해 잠시 알아가고 공통점을 찾아보는 시간을 가지라고 권유했다. 이러한 사회적 투자social investment는 분명 효과가 있었다. 바로 협상에 들어간 집단은 거의 30퍼센트가 합의에 실패했지만, 흥정을 벌이기 전 공통점을 찾는 데 시간을 들인 집단은 불과 6퍼센트만이 합의에 실패했다. 더 흥미로운 건 협상 결과를 분석했을 때 나타났다. 공통점을 찾는 데 시간을 투자한 쪽은 양측 모두에게 더 좋은 조건으로 거래를 이끌었다. 무려 18퍼센트나 더 나은 결과를 얻은 것이다. 협상을 앞두고 동료, 협력사, 잠재 고객과 공통점을 찾는 데 시간을 투자하는 건 단순히 합의에 이를 가능성만 높이는 것이 아니라 합의된 거래에서 더 큰 몫을 차지할 확률도 함께 높인다.[9]

가장 흥미로운 점은 이 모든 실험이 온라인상에서 진행되었다는 사실이다. 팬데믹 이후 오프라인과 온라인 근무 방식이 혼합된 하이브리드 근무 방식이 널리 확산하면서 오늘날 우리가 마주하는 설득 과제의 대부분은 가상 공간에서 이루어진다. 이 연구는 중요한 사실을 다시금 상기시킨다. 화면 속 픽셀 뒤에는 우리와 마찬가지로 타인과 연결되고자 하는 근본적인 동기를 지닌 '사람'이 있다는 것이다. 영향력을 발휘하고자 할 때 속도와 효율성만을 좇으며 인간적인 요소를 무시하거나 간과하는 건 어리석은 일이다.

칭찬

대부분의 사람은 칭찬받는 걸 좋아한다. 하지만 많은 사람이 칭찬을 들은 직후 자신이 얼마나 쉽게 영향을 받을 수 있는지에 대해서는 깊이 생각하지 않는다. 한 연구에 따르면 직장 동료로부터 어떤 부탁을 받기 직전 칭찬받은 사람일수록 그의 부탁을 더 흔쾌히 들어주는 경향이 있었다.[10] 흥미롭게도 사람들은 부탁을 한 사람이 얼마나 호감 가는 인물인지와는 무관하게 그에게 도움을 주고자 했다. 이것은 칭찬이 두 사람 사이에 친밀감이 없어도 효과를 낼 수 있다는 것을 보여준다.

이건 예외적인 사례가 아니다. 수많은 연구가 '아부하여 환심을 사는 것'이 효과적인 영향력 전략이라는 걸 입증했다. 예를 들어 식당 종업원은 고객의 메뉴 선택을 칭찬한 후 더 많은 팁을 받았다. 헤어 디자이너는 손님의 머리를 자신이 직접 손질했으면서도 손님의 헤어스타일을 칭찬한 후 더 큰 팁을 받았다. 다른 연구에 따르면 칭찬에 다른 의도가 숨겨져 있다는 걸 알면서도 사람들은 칭찬에 영향을 받는다.[11]

칭찬은 감정 알아주기emotional validation이기 때문에 호감을 불러일으킨다. 마크 트웨인은 “나는 좋은 칭찬 한마디면 두 달은 기분 좋게 살아갈 수 있다”라고 말했다. 그는 감사와 칭찬의 표현이 사람의 행복감과 자존감을 높인다는 사실을 정확히 짚었다. 칭찬은 일종의 선물이다. 그리고 우리는 모두 선물을 받으면 그에 응답해야 한다는 걸 알고 있다.

물론 빠른 설득 효과만을 노려 아첨이나 얄팍한 아부에 기대야 한다는 말은 아니다. 그럴 수 없는 이유가 있다. 거짓된 칭찬은 설령 일시적으로 효과적일지라도 훨씬 더 진정성 있고 의미 있는 무언가를 방해한다. 바로 상대에게 진심으로 칭찬할 만한 점을 발견하려는 노력을 가로막는다. 아이러니하게도 함께 일해야 하지만 개인적으로 좋아하지 않는 사람에게서조차 좋아하고 칭찬할 만한 요소를 찾아내는 것이 오히려 더 큰 효과를 발휘할 수 있다.

이러한 ‘호감 유발과 경계심 해제charm and disarm’ 전략이 효과적인 이유는 두 가지다. 첫째, 연결 고리를 만든다. 그리고 이 연결 고리는 영향력을 발휘하기 위한 출발점이다. 또한 개인적인 부분에 한정해 칭찬할 필요는 없다. 이를 알고 있으면 불쾌한 상대를 칭찬하는 데 도움이 된다. 예를 들어 그가 일에 헌신하는 모습이나 항상 약속을 지키는 것처럼 업무와 관련된 부분을 칭찬해도 같은 효과를 얻을 수 있다.

둘째, 불편하게 느껴지는 사람에게서도 존경할 만한 부분을 찾는 데 집중하다 보면 그 사람의 다른 호감 가는 면모들이 눈에 들어오기 시작할 수 있다. 이는 매우 중요하다. 호감 원칙은 사람들이 자신이 좋아하는 사람의 말에 더 쉽게 설득된다고 말한다. 하지만 그보다 훨씬 더 쉽게 설득되는 대상이 있다. 바로 자신을 좋아해 주고 그것을 말로 표현해 주는 사람이다.

이 통찰은 많은 영업 전문가가 신봉하는 원칙에 의문을 제기한다. 영업의 제1원칙은 '고객이 당신을 좋아하게 만드는 것'이다. 물론 고객이 영업 직원을 좋아하는 데 나쁠 건 없다. 하지만 내가 보기에는 영업 직원이 고객을 좋아할 때 오히려 훨씬 더 강력한 설득력이 생긴다. 잠시 생각해 보면 그 이유는 분명하다. 누군가가 나를 진심으로 좋아한다면 그는 분명 내 이익을 먼저 생각해 줄 것이기 때문이다. 그런 맥락에서 숨을 고르고, 긴장을 풀며 경계를 낮춰라. 그 순간, 영향력의 문이 조금 더 넓게 열릴 것이다.

KEY POINT

직장에서의 호감 원칙 활용법

- 호감은 공통점과 진심 어린 칭찬에서 비롯되며 이는 제안의 수락으로 이어진다.
- 우리는 좋아하는 사람의 요구를 쉽게 들어주지만, 우리를 좋아하는 사람의 요구는 더 쉽게 들어준다.
- 지금은 좋아하지 않는 사람일지라도 공통점을 발견하고 진심으로 칭찬하는 건 강력한 설득의 열쇠가 될 수 있다.

3. 연대감 원칙

사람은 자신과 같다고 느끼는 사람의 요구를 더 쉽게 들어준다

코로나19 팬데믹은 인간성의 긍정적인 면과 부정적인 면을 동시에 드러냈다. 긍정적인 면부터 보자면 많은 지역 사회가 일시적이나마 더욱 긴밀하게 연결되었다. 사람들은 이웃과 더 많은 이야기를 나누었고, 도움이 필요한 약자들에게 손을 내밀었다. 의사와 간호사 같은 필수 노동자들은 박수를 받았다. 사람들은 왓츠앱에 단체 채팅방을 만들어서 산책하기 좋은 코스나 사워도우를 만드는 방법, 어느 슈퍼마켓에 화장지가 있는지 같은 정보를 공유했다.

하지만 부정적인 면도 있었다. 사회는 분열되었다. 많은 이들이 자국 정부가 채택한 정책을 두고 한탄했다. 규칙을 어기거나 자신에게 유리하게 자의적으로 해석하는 사람들도 있었다. 그중에는 정책을 만든 정책 입안자들도 있었다. 백신을 둘러싼 회의론도 퍼졌다. 너무 빠르게 만들어진 백신이므로 장기적인 효과를 아무도 확신할 수 없다는 주장이었다. 더 극단적인 시각을 가진 사람들도 있었다. 그들에 따르면 애초에 바이러스는 존재하지 않으며 팬데믹은 신세계 질서를 수립하기 위한 명분일 뿐이었다. 백신은 사람들을 보호하기 위한 것이 아니라 통제하기 위한 수단이기 때문에 백신 접종을 피해야 한다는 말까지 나왔다.

긍정적이든 부정적인 면이든 코로나19 팬데믹은 인간의 행동과 인식을 좌우하는 핵심 요소 하나를 분명히 보여주었다. 바로 정체성이다. 당신은 누구인가? 이 질문에 대한 답은 당신이 누구와 연대하고, 누구와 거리를 둘지를 결정하는 데 강력한 영향을 미친다. 그리고 이는 설득이라는 관점에서도 매우 중요한 시사점을 지닌다.

영리한 설득가는 사회적 정체성의 힘과 그로부터 비롯되는 강력한 결속력을 본능적으로 아는 듯하다. 타인을 설득할 때 중요한 건 언제나 증거나 경제적 유인책만은 아니다. 그 주장을 누가 하고 있느냐도 중요하다. 그 사람이 '우리 편'이라고 느껴질 때 비로소 사람들은 마음을 연다. 이것이 바로 연대감 원칙이다.

연대감 원칙은 단순히 유사성에 관한 건 아니다. 그것은 호감 원칙의 영역이다. 연대감은 사람들이 자신을 정의하고, 소속감을 느끼기 위해 사용하는 범주이자 꼬리표와 관련된다. 예를 들어 인종, 민족, 국적, 정치 성향, 종교적 신념 그리고 무엇보다도 가족이 여기에 속한다. 우리가 속한 집단의 누군가가 요청이나 제안을 해올 때 우리는 단지 그 사람을 좋아해서 혹은 그가 우리를 좋아해서 수락하는 게 아니다. 그가 '우리 편'이라는 연대감이 우리의 마음을 그에게로 기울게 만든다.

랭커스터 대학교의 사회심리학자 마크 레빈Mark Levine은 축구 팬들을 상대로 흥미로운 실험을 진행했다. 실험 참가자들이 자신이 응원하는 팀을 얼마나 사랑하는지 이야기를 나누게 한 후 조깅을 하다가 다쳐서 도움이 필요한 사람과 마주치게 했다. 이때 부상자의 셔츠 색상이 실험 참가자들이 응원하는 팀을 상징하는 색과 같으면 실험 참가자들은 그에게 도움을 줄 확률이 훨씬 높았다. 반면 다른 색일 경우에는 그 확률이 현저히 낮았다.[12] 이 현상은 축구 팬에게만 국한되지는 않다고 연구를 통해 입증되었다. 사람들은 정치적 성향이 같은 재무 상담사의 조언을 그렇지 않은 재무 상담사의 조언보다 더 신뢰하고 따르는 경향이 있었다. 미국에서는 자신이 투표한 정당이 집권하고 있을 때 자녀에게 백신을 맞히는 비율이 더 높아진다는 연구 결과도 있다.

물론 결정을 내릴 때 그저 같은 정체성을 공유한 사람보다는 구체적이고 실질적인 통찰을 제공하는 사람의 말에 더 설득되는 경향이 있다. 그럴 수도 있다. 하지만 항상 그런 건 아니다. 이를 뒷받침하는 흥미로운 실험 결과가 있다. 동료인 심리학자 조지프 마크스와 엘로이즈 코플랜드가 실시한 일련의 실험이다.[13]

실험에서 참가자들은 게임을 시작하기 전, 서로의 개인적 견해와 정치적 성향을 포함한 여러 정보를 주고받았다. 이어서 참가자들은 단순한 도형 분류 게임을 진행했다. 이 게임에서 이기면 상금을 받을 수 있다. 게임이 진행될수록 두 명의 참가자가 유독 뛰어난 실력을 보였다. 사실 이 두 사람은 실험자가 투입한 조작 인물이었다. 나머지 참가자들은 이 두 사람의 전략을 그대로 따라 하기만 해도 똑같이 좋은 성적을 거두고 더 많은 상금을 받을 수 있었다. 하지만 문제는 게임을 잘하는 두 참가자가 밝힌 개인적 견해와 정치적 성향이 나머지 참가자들과는 상당히 달랐다는 것이다. 그렇다면 다른 참가자들은 어떤 선택을 했을까? 논리적으로 생각하면 정치적 견해의 차이를 잠시 접어두고, 두 사람을 따라서 게임을 진행해 돈을 더 많이 버는 것이 현명하다. 그러나 실제로는 참가자의 3분의 2가 게임 실력이 뛰어난 두 참가자의 전략을 무시하고, 자신의 직감에 따라 게임을 진행했다. 그들의 직감은 확률적으로 따지자면 동전을 던지는 것과 다를 바 없었다. 황당하게 느껴질 수도 있지만, 이것이야말로 인간다운 반응이다.

마크스와 코플랜드의 연구는 직장에서 영향력을 높이고자 하는 사람들에게 불편하지만 매우 중요한 통찰을 제시한다. 사람들이 의사 결정을 내릴 때 무엇을 우선시하는지 살펴보면 지능은 정체성에 비해 한참 밀려난 2순위에 불과하다.

직업적 정체성과 지역적 유대감

아이디어를 제시하거나 제안에 동의를 구하려 할 때 본론에 들어가기 전 화자와 청중 사이에 존재하는 진정한 연대감을 먼저 부각하는 것이 좋다. 특히 직업적 정체성과 지역적 유대감은 설득 과정에서 매우 중요한 역할을 한다.

직업적으로 공통점이 있다면 이를 강조하는 건 매우 효과적인 설득 전략이다. 설득을 바로 시작하기보다는 화자와 청자 사이에 연대감이 존재한다면 먼저 그 부분에 청중이 집중하도록 주의를 환기하는 것이 좋다. 예를 들어 이렇게 말할 수 있다. "우리는 같은 회사에서 20년을 함께 일해 왔고, 모두가 회사의 이익을 최우선으로 생각합니다." 지역적 요소 또한 중요하다. 사람들은 직장이나 가정을 벗어난 상황에서 자신과 가까운 곳에 사는 사람에게 더 호감을 느끼곤 한다. 예컨대 같은 동네 사람들이 이미 세금을 냈다고 들으면 본인도 세금을 낼 확률이 높다. 공식 서한이나 정치인이 아니라 같은 지역 주민이 투표를 독려하면 유권자 등록률이 높아질 수 있다. 자신과 같은 대학 출신이 설문을 요청하면 설문에 응답할 확률이 높아진다.

접촉과 동기화

그렇다면 연대감이 거의 존재하지 않는 상황에서는 어떻게 해야 할까? 직장은 본래 다양성과 차이가 공존하는 공간이다. 이런 환경에서 소속감을 형성하려면 무엇이 중요할까? 접촉의 빈도와 활동의 동기화가 중요한 핵심 두 가지다.

잦은 접촉은 노출 빈도를 높이고, 이는 신뢰 형성으로 이어진다. 신뢰가 생기면 영향력도 커진다. 결국 누군가를 설득하고 싶다면 그 사람과 자주 얼굴을 마주하는 것이 중요하다. '호흡을 맞추는 일', 즉 동기화도 중요하다. 전쟁터까지 걸어서 이동하는 일은 드물지만 군대가 행진하는 데는 이유가 있다. 모두가 발을 맞춰 함께 걷는 행위는 강한 결속감을 만든다. 이는 오케스트라가 하나의 소리로 합주하는 것과 같다. 능숙한 설득가는 이 원리를 안다. 그래서 혼자 프로젝트나 제안서를 완성한 후 피드백을 요청하기보다 처음부터 함께 만들어가는 과정을 택한다. 예를 들어 영향력을 행사할 상대에게 단순히 어떤 프로젝트나 프로그램에 대해 피드백이나 의견을 요청하는 대신 조언을 구하는 편이 낫다. 피드백을 요청하면 종종 비판이 돌아올 가능성이 높다. 하지만 미국의 문호 솔 벨로가 말했듯 조언을 구하면 동지가 생긴다. 그리고 동지는 자신과 우리를 같은 편이라고 느낀다. '같은 편'이 생기면 설득이 쉬워진다.

KEY POINT

직장에서의 연대감 원칙 활용법

- 상대에게 영향력을 발휘하기 전, 정체성과 관련된 유사점을 먼저 강조한다.
- 연대감을 형성하려면 혼자 작업하기보다는 제안과 아이디어를 함께 만들어갈 기회를 찾는다.
- 피드백보다는 조언을 구한다.

결정 기반의 설득 과제

4. 권위 원칙

사람들은 조언을 구할 때 전문가에 기댄다

1968년 어느 화창한 주말 심리학자 앤서니 두브Anthony Doob와 앨런 그로스Alan Gross는 팔로알토 일대를 차로 다니며 오랫동안 품어온 한 가지 의문을 실험으로 풀어보기로 했다. "앞차가 길을 막고 있을 때 운전자들은 얼마나 자주 경적을 울릴까?" 그들의 연구 결과에 따르면 캘리포니아 운전자들은 상당히 참을성이 없었다. 평균적으로 열 명 중 일곱 명은 앞차 때문에 도로가 정체된다 싶으면 경적을 울렸다. 하지만 흥미롭게도 짜증의 강도가 항상 같지는 않았다. 운전자들은 낡고 값싼 차가 앞을 막고 있을 때는 훨씬 더 자주 경적을 울렸다. 반대로 세련되고 고급스러운 차에는 경적을 훨씬 덜 울렸다. 결국 이 실험은 운전자들이 경적을 울릴지 말지를 결정할 때 앞차의 상대적 '지위'에 대한 인식이 큰 영향을 미친다는 사실을 보여준다.[14]

이런 반응은 자동차에만 국한되지 않는다. 옷차림에도 비슷한 효과가 나타난다. 한 연구에서 정장 차림의 서류 가방을 든 남성이 무단 횡단을 하자 '건너지 마시오' 신호를 무시하고 그를 따라 길을 건넌 사람의 수는 그가 청바지에 티셔츠를 입었을 때보다 세 배 많았다.[15] 또 다른 연구에서는 간호사가 조언을 해줄 때 청진기를 착용하고 있으면 환자들은 그 조언을 더 잘 기억하는 것으로 나타났다.[16]

이러한 연구들은 심리학자들이 말하는 '권위의 장식물trappings of authority'이 얼마나 강력한 영향력을 발휘하는지 보여준다. 권위의 장식물은 사람이 지녔을 때 더 많은 주목을 받게 만드는 외적 단서다. 하지만 어떤 사람이 권위 있는 위치에 있다는 것을 알려주는 단서와 어떤 사람이 권위 그 자체라는 것을 알려주는 단서는 다르다. 예컨대 세련된 고급차나 멋진 정장은 누군가가 지위상 권위를 가진 인물이라는 단서일 수 있지만, 그것이 그 사람의 전문성이나 신뢰성까지 입증하지는 않는다. 그리고 직장에서 영향력을 키우고 싶다면 바로 이 두 가지, 즉 전문성과 신뢰성이 훨씬 더 중요하다.

우리의 지위에 의해 움직이는 사람들은 단지 우리가 보상을 줄 수 있거나 처벌할 수 있기 때문에 복종하는 것일 수 있다. 반면 우리를 진정한 전문가로 인식하는 사람들은 위계나 강요가 아니라 따를 만한 가치가 있다고 생각하기 때문에 설득되는 것이다. 예를 들어 로버트 치알디니의 일련의 연구에 따르면 물리 치료사가 치료실 벽에 자격증을 걸어

두면 환자들이 집에서 그가 지시한 운동 처방을 따를 확률이 30퍼센트 이상 높아졌다. 자동차나 옷차림은 우리가 '권위 있는 위치에 있는 사람'이라는 인상을 줄 수 있다. 하지만 자격증이나 공식 인증은 우리가 특정 분야에서 진정한 권위자라는 걸 보여주는 데 훨씬 효과적이다.[17]

권위가 발휘되는 순간

사람들은 보통 불확실한 상황에 직면하거나 앞으로 무엇을 해야 할지 몰라 불안할 때 다른 사람의 지혜나 전문성을 찾는다. 이는 지극히 자연스러운 반응이다. 우리는 세상의 모든 것을 알 수 없다. 복잡한 세상을 살아가는 데 있어 특정 분야에 재능이나 전문성을 지닌 사람들에게 판단을 맡기는 것이 훨씬 더 효율적이고, 정신적으로도 부담이 덜하다. 이처럼 불확실한 순간, 공인된 권위는 유용한 가치를 발휘한다. 배관공과 정비공이 있고 의사와 회계사가 존재하기 때문에 사회가 이로운 것이다. 그렇다면 권위의 어떤 특성이 타인이 아닌 우리에게 조언과 통찰을 구하게 만드는 것일까? 신뢰성과 신뢰가 특별히 중요한 두 가지 핵심 요소인 것 같다.

신뢰할 수 있는 권위

앞서 4장에서 언급한 나와 내 동료들이 런던에 있는 부동산 중개사들과 함께 진행한 연구를 다시 떠올려보자. 그들은 본격적으로 영업 활동을 하기 전, 자기 경력과 자격을 잠재 고객에게 먼저 소개했다. 그 덕분에 상담 예약률과 계약 체결 건수를 유의미하게 높일 수 있었다. 이처럼 소개는 매우 중요하다. 그리고 무언가를 제안하거나 누군가를 설득하기 전, 반드시 자신의 신뢰성과 전문성을 먼저 드러내야 한다. 이것은 서면 제안서에도 동일하게 적용된다. 제안서의 뒷부분에 팀원들의 이력이나 경력을 간략하게 덧붙이는 건 실수다. 이런 정보는 제안서의 앞부분에 와야 한다. 그 이유는 간단하다. 핵심 메시지가 전달되기 전에 자신의 신뢰성을 드러내 신뢰의 기반을 다져야 하기 때문이다.

그렇다면 1:1 미팅처럼 우리의 전문성을 대신 소개해 줄 사람이 없는 상황에서는 어떻게 해야 할까? 이럴 때는 사전에 메일이나 문자 메시지를 보내 자신의 전문성을 직접 소개하는 것이 효과적이다. 환영 인사와 회의 안건을 간단히 전달하면서 자신의 전문성과 경력을 두 줄 정도로 요약한 소개문을 함께 보내면 된다. 온라인 회의도 좋은 기회다. 화상 회의에서 화면 하단에 표시되는 이름 옆에 공식 직함이나 자격 증명을 함께 표기해 보자. 예를 들어 한 재무 컨설팅 회사는 화상 회의 시 이름 옆에 CFP, APFS 등 공인 자격을 명확히 표시한 결과, 상담 이후 재방문율과 고객 추천 건수가 눈에 띄게 증가했다고 보고했다. 이는 충분한 설득력이 있다. 단순히 '밥'이라고만 표시된 사람보다, '로버트 크랜스턴, FPC'와 같은 공식 자격이 함께 소개된 사람에게 돈을 맡기는 것이 훨씬 더 신뢰감을 주기 마련이다.

신뢰를 얻은 권위

아무리 자격과 경험을 갖춘 사람이라 해도 신뢰를 얻지 못하면 설득력은 떨어질 수밖에 없다. 앞서 언급했듯이 신뢰는 오랜 시간 동안 수차례에 걸친 일관된 상호작용을 통해 형성되는 것이다. 하지만 몇 달이나 몇 년에 걸쳐 신뢰를 쌓을 시간이 없는 상황이라면 어떻게 해야 할까? 심지어 단 몇 분밖에 주어지지 않는다면?

물론 쉽지는 않지만 불가능한 일도 아니다. 여기에는 두 가지 방법이 있다. 첫째, 4장에서 설명한 '양면 주장'을 활용해 제안이나 주장을 정직하고 공정하게 제시하는 것이다. 둘째, 순서를 정확하게 지켜서 양면 주장을 제시한다. 다시 말해 단점을 항상 먼저 밝히고, 그다음에 장점을 설명하는 것이다.

이 전략이 언뜻 이해가 안 될 수 있다. 하지만 자세히 들여다보면 전략 안에 담긴 지혜를 확인할 수 있다. 모든 제안에는 강점과 약점이 공존하기 마련이다. 그럼에도 많은 사람이 자신의 아이디어에서 매력적이고 흥미로운 부분부터 먼저 설명하고, 거의 마지막에 단점이나 약점을 슬쩍 언급하거나 아예 설명조차 하지 않는 실수를 저지르곤 한다. 하지만 초반에 자신의 제안이 가진 약점을 먼저 짚고 넘어가는 사람은 대개 더 신뢰할 만한 사람으로 받아들여진다. 그리고 일단 신뢰할 수 있는 사람이라고 인식되면 그가 이후에 설명하는 감정은 청중에게 더 호의적으로 받아들여진다. 청중은 그가 설명하는 감정을 수용할 준비가 더 잘 되어 있기 때문이다.

이것은 '언어적 유도술linguistic jujitsu'이다. 변호사들이 상대가 약점을 공격하기 전에 먼저 스스로 자기 약점을 언급하는 이유가 여기에 있다. 정치인이 상대 진영 인사를 칭찬하면 여야 모두로부터 더 합리적인 인물로 평가받는 것도 같은 이유다. 제품의 단점을 먼저 언급하는 광고 문구가 오히려 매출을 끌어올리는 이유도 마찬가지다. 예컨대 구강 청결제 리스테린Listerine은 결코 맛으로 호평을 받은 적이 없다. 하지만 '당신이 싫어하는 맛, 하루에 두 번'이라는 광고 문구로 마케팅에 크게 성공했다.

약점을 먼저 제시하고, 강점을 나중에 언급하는 전략에서 가장 중요한 부분은 약점에서 강점으로 전환하는 방법일 것이다. 이때 자주 쓰이는 단어가 바로 '하지만'과 그보다 더 격식 있고 공손한 표현인 '그렇더라도'이다. 상사에게서 '일 잘했다'라는 칭찬을 듣다가 갑자기 '하지만'이라는 단어를 들어본 적 있는 사람이라면 이 단어가 앞에 했던 말을 무력화하는 힘이 있다는 걸 잘 알고 있을 것이다. 작고 해가 없어 보이는 단어는 마치 이렇게 말하는 것 같다. "지금까지 들은 말은 다 잊어도 좋아요. 이제부터 집중하세요. 진짜 중요한 건 지금부터입니다."

숙련된 영향력자가 신중히 고민해야 할 또 다른 요소는 어떤 약점을 먼저 드러낼 것인가다. 물론 그 약점은 소소한 것이어야 한다. 17세기 프랑스 도덕가 프랑수아 드 라로슈푸코François de La Rochefoucauld는 이렇게 말했다. "우리는 큰 결점이 없다는 인상을 주기 위해 작은 결점을 고백해야 한다."[18] 즉, 제안 자체에 심각한 문제가 있다면 사람들을 설득하려 들지 말고, 먼저 그 문제를 해결해야 한다. 하지만 전략적으로 드러낼 수 있는 소소한 약점이나 단점이 있다면 이를 효과적으로 활용할 여지가 있다. 연구에 따르면 설득력 있는 양면 주장은 부정적인 면과 긍정적인 면이 서로 명확하게 연결되어 있을 때 가장 효과적이다. 요약하면 자신의 신뢰성을 높이는 것이 주된 목표라면 어떤 약점을 언급하느냐는 크게 중요하지 않을 수 있다. 그러나 제안 자체의 신뢰성을 높이고자 한다면 스스로 언급한 단점 뒤에 곧바로 장점을 이어서 말해야 한다. 즉, 어두운 구름을 내보였다면 그 곁에 희망의 빛줄기를 함께 보여줘야 한다.

KEY POINT

직장에서의 권위 원칙 활용법

- 아이디어를 제시하거나 무언가를 제안하기 전, 가능한 모든 상황에서 신빙성과 전문성을 먼저 입증해야 한다.
- 먼저 약점이나 단점을 제시하며 양면 주장을 활용해 신뢰를 쌓아야 한다.
- 제안의 감정으로 넘어갈 때는 '하지만'이란 단어를 잊어선 안 된다.

5. 사회적 증거 원칙

사람들은 수많은 자신과 비슷한 다른 사람들을 따라 행동한다

마다가스카르산 바닐라빈 아이스크림 세 스쿱 위에 추아오 초콜릿 조각, 파리 스타일의 설탕 절임 과일, 트러플, 마지팬 체리가 올라가고 마지막에는 아르마냑과 식용 금박이 넉넉하게 뿌려진다. 뉴욕 맨해튼 어퍼이스트사이드의 세렌디피티 3 레스토랑에서 골든 오팔런스 선데Golden Opulence Sundae를 주문하려면 든든한 식욕과 두둑한 지갑을 챙겨야 한다. 가격이 무려 1,000달러(약 139만 원)로 세상에서 비싼 디저트 중 하나다.

터무니없이 호화로운 디저트는 언제나 사람들의 눈길을 사로잡는다. 그래서 부유하고 과시적인 손님들이 꾸준히 찾아와 주문한다. 하지만 비교적 소박한 레스토랑에서는 손님들에게 식사 후 크렘브륄레나 애플파이 한 조각을 디저트로 권하는 일조차 쉽지 않다. 그렇다고 방법이 없는 건 아니다. 화려하게 치장하거나 눈이 휘둥그레질 가격표를 붙이지 않고도 디저트 매출을 확실하게 높일 수 있는 간단한 설득 전략이 있다. 가장 인기 있는 디저트 옆에 '우리 가게에서 가장 인기 있는 디저트입니다'라는 문구를 정직하게 붙여두는 것이다.

수많은 연구에서 이런 정직한 문구 하나만으로도 디저트 판매량이 평균 18퍼센트까지 증가할 수 있다는 것이 밝혀졌다. 남미 지역의 맥도날드 매장에서 실시된 한 연구에서는 그 효과가 훨씬 더 컸다. 메뉴판에 가장 많이 팔린 디저트라고 표시했더니 맥플러리 판매량이 무려 55퍼센트까지 급증한 것이다.[19] 그 이유는 단순하다. 사회적 증거 원칙 때문이다. 이 강력한 설득 원칙은 사람들이 자신과 비슷한 타인이 하는 행동을 보고 그게 옳다고 판단해 따라서 행동한다는 것이다.

사회적 증거 원칙은 디저트 판매에만 국한되지 않는다. 과일과 채소처럼 훨씬 더 건강한 간식의 소비를 장려할 때도 효과적으로 활용할 수 있다. 예를 들어 네덜란드에서 실시한 한 연구에서는 '친구들도 과일을 즐겨 먹는다'라는 말을 들은 초등학생들의 과일 섭취량이 35퍼센트나 증가했다. 물론 아이들은 사춘기 특유의 반항심이라도 작동한 듯 자신이 사과와 오렌지를 좋아하게 된 건 친구들 때문이라는 말만큼은 절대 하지 않았다.[20]

네가 할 수 있는 건, 나도 할 수 있다

타인의 행동이 우리 행동에 이렇게까지 강한 영향을 미치는 데는 여러 가지 이유가 있다. 그중 하나는 2장에서 설명한 세 가지 기본 동기 중 하나인 '정확성'이다. 다른 사람들이 어떤 행동을 하고 있다는 사실은 그것이 단지 사람들이 흔히 하는 행동일 뿐만 아니라 그 상황에서 '옳은 행동'일 수 있다는 강력한 신호로 작용한다. 예를 들어 수백 명이 "불이야!"라고 외치며 건물에서 뛰쳐나온다면 그들을 따라 건물 밖으로 달려 나가는 것이 당연한 선택처럼 느껴진다. 마찬가지로 한 식당 앞에 줄이 길게 늘어서 있으면 '맛있는 집인가 보다'라는 생각이 들 수밖에 없다. 또 하나의 기본 동기인 '연결'도 사회적 증거 원칙이 강력하게 작용하는 데 한몫한다. 한 무리를 따라 행동함으로써 우리는 그 무리의 일원이 된다. 그리고 새로운 사회적 연결 고리가 생기거나 경우에 따라 더 강한 보호를 받게 되는 이점도 얻을 수 있다.

정확성과 연결이라는 유용한 단서 외에도 사회적 증거 원칙은 또 하나의 중요한 단서를 전달한다. 바로 실현 가능성feasibility이다. 자신과 비슷한 많은 사람이 어떤 행동을 하고 있다는 사실은 우리도 그 행동을 할 수 있다는 가능성을 시사한다. 예를 들어 대부분의 동료가 근태 기록과 경비 처리를 제때 마친다면 나 역시 당연히 그렇게 할 수 있을 것이다.

또 가까운 이웃들이 집에서 에너지 소비를 줄이고 있다면 우리 가족도 마찬가지로 에너지 사용량을 줄일 수 있을 것이다. 마지막 사례는 단순한 가설이 아니다. 에너지 소비는 지난 10여 년 동안 사회적 증거 원칙을 실험하는 대표적인 주제 중 하나였다. 그리고 그 결과는 뚜렷했다. 이웃들이 에너지를 절약하고 있다는 사실을 알게 된 가정은 실제로 에너지 사용량을 줄이는 경향이 높다는 것이 입증되었다.[21] 이러한 프로그램은 효과적일 뿐만 아니라 다른 에너지 절감 대책들보다 훨씬 더 저렴하게 시행할 수 있다는 장점도 있다. 그 이유는 명확하다. 많은 사람이 이미 그렇게 하고 있다는 사실을 알면 마치 전기 요금처럼 '우리가 비슷한 행동을 따라 할 수 있을까'라는 의구심이 줄어든다.

다들 하니까, 나도 한다

이제는 무언가가 인기 있다는 사실을 강조하는 것 자체가 널리 쓰이는 인기 전략이 되었다. 그 결과 사회적 증거 원칙에 기반한 설득 방식은 정부와 민간 기업을 막론하고 소통 전략의 핵심으로 자리 잡았다. 예를 들어 자신과 비슷한 사람들이 세금을 냈다는 말을 들으면 사람들이 세금을 납부할 가능성이 높아진다. 여러 인터넷 요금제 중 가장 인기 있는 요금제라고 소개된 상품이 더 많이 선택된다. 비행기 안에서 옆자리 승객 두세 명이 커피를 주문하면 덩달아 커피를 주문할 가능성이 높아진다.[22]

언뜻 보기에 사회적 증거는 그 효과가 워낙 강력해서 모든 설득 전략에 반드시 포함되어야 할 핵심 요소처럼 보인다. 하지만 사회적 증거를 선부르게 사용해서는 안 된다. 사회적 증거는 만능열쇠가 아니다. 실제로 어떤 상황이나 환경에서는 사회적 증거를 제시하는 것이 별다른 효과를 내지 못하거나 아예 무의미할 수도 있다.

첫 번째는 선호하는 것이 이미 뚜렷하게 존재하는 경우다. 우리가 우려했던 대로 남미의 일부 맥도날드 매장의 관리자들은 사회적 증거가 디저트 판매량을 높이는 데 효과가 있다는 것을 확인하고, 햄버거 메뉴판에 똑같이 인기 메뉴를 표시해 보기로 했다. 하지만 몇 주 후 그들로부터 효과가 없었다는 실망 섞인 이메일이 도착했다. 이는 우리의 우려가 사실이었음을 뒷받침해 주는 결과였다. 왜 이번에는 사회적 증거 원칙이 통하지 않았을까? 고객 대부분은 이미 어떤 햄버거를 먹을지 마음을 정하고 매장을 방문하기 때문이다. 그래서 다른 사람들이 무엇을 주문했는지는 이들에게 별 의미 없는 정보였다.[23] 사람들은 대체로 자신이 무엇을 해야 할지 모르는 불확실한 상황에서 다른 사람들의 행동을 참고하려고 한다. 결국 권위 원칙과 마찬가지로 사회적 증거 원칙도 사람들이 불확실성을 느끼거나, 디저트처럼 수많은 선택지에서 하나를 선택해야 하는 상황에서 영향력을 발휘한다.

사회적 증거 메시지가 효과를 내지 못하는 또 다른 상황은 실물이나 대면으로 전달되는 것이 아니라 전자적 방식으로 전달될 때다. 예컨대 한 연구에서는 이메일로 시장 조사 참여자를 모집하면서 참가자에게 250파운드(약 47만 원)를 받을 기회가 있다는 메시지를 전달했다. 이 이메일에는 다양한 설득 메시지가 포함되어 있었다. 예를 들어 '다른 사람들을 도와주세요'라는 이타심에 호소하는 메시지, '이 기회를 놓치지 마세요'라는 손실 회피 심리를 자극하는 메시지, '이미 많은 사람이 참여했습니다'라는 사회적 증거를 제시하는 메시지 등이 있었다. 이 중에서 실질적인 반응을 이끈 건 오직 손실 회피 심리를 자극하는 메시지뿐이었다. 또 다른 온라인 실험에서는 장기 기증자 등록을 권유하는 설득 메시지의 효과를 비교했다. '이 웹사이트를 방문한 수천 명이 장기 기증자로 등록했습니다'라는 사회적 증거를 제시하는 메시지보다 '매일 세 명이 장기 기증자가 부족해서 목숨을 잃습니다'라는 단순한 사실을 전달하는 메시지가 훨씬 더 큰 효과를 냈다.[24]

물론 사회적 증거에 기반한 메시지가 온라인 환경에서 항상 덜 효과적이라는 뜻은 아니다. 하지만 어디까지나 추측이지만 사회적 증거처럼 인간적인 호소에 기대는 설득 메시지는 감정이 배제된 이메일 같은 전자적 채널보다는 편지나 대면처럼 인간미가 느껴지는 채널을 통해 전달될 때 더 큰 영향력을 발휘할 수 있다고 본다.

사회적 증거에 기반한 설득 메시지가 완전히 역효과를 낼 수 있는 상황이 하나 있다. 바로 시정이 필요한, 원하지 않거나 바람직하지 않은 행동을 알리고자 할 때다. 예를 들어보자. 회의가 제시간에 시작되지 않는 일이 잦아지자 점점 답답함을 느끼는 관리자가 있다. 회의에 지각하는 동료들은 모두에게 가장 부족한 자원인 '시간'을 빼앗는 셈이다. 이는 무례할 뿐만 아니라 회의가 늦게 시작하면 성급한 의사 결정 같은 비효율이 발생한다. 그리고 그 여파로 다음 회의도 지연될 수 있다. 이런 상황이 답답한 관리자가 "요즘은 다들 남의 시간을 그다지 존중하지 않는 것 같아요. 회의가 제시간에 시작되는 경우가 거의 없네요"라고 한

탄하는 건 당연하다. 관리자가 무슨 의도로 이런 말을 하는지 분명 이해할 수 있다. 사람들은 이 말을 들으면 회의가 늦게 시작하는 일이 빈번하다는 걸 깨닫는다. 그리고 이로 말미암아 부정적인 영향이 발생할 수 있다는 것을 이해하고, 회의에 지각하는 행동을 바꿀지도 모른다. 하지만 실제로는 정반대의 일이 벌어질 가능성이 더 크다. 회의가 늦게 시작하는 일이 더 자주 발생할 수 있다. 왜일까? 관리자의 말 속에는 훨씬 더 해롭고, 무의식적으로 회의에 늦는 잘못된 행동을 정당화하는 메시지가 숨어 있기 때문이다. 바로 '회의는 절대 제시간에 시작되지 않는다'라는 메시지다.

달갑지 않은 행동이 자주 일어난다는 사실을 강조해 의도와 다른 결과를 초래하는 현상은 회의가 늦게 시작되는 경우에만 국한되지 않는다. 예를 들어 많은 동료가 근태 기록을 제때 제출하지 않거나 연례 조직문화 설문 조사를 아직 완료하지 않았거나 방문객 전용 주차 공간에 무단으로 주차하고 있다는 점을 지적하는 건 바람직한 행동을 줄이기보다는 오히려 더 늘리는 결과를 초래할 가능성이 더 크다.

비슷한 현상은 직장 밖에서도 나타난다. 운전 중 문자를 보내는 사람, 세금을 내지 않는 사람, 쓰레기를 무단 투기하는 사람, 상점에서 물건을 훔치는 사람의 수를 강조하는 건 사회적 증거를 잘못 사용하는 사례로 오히려 역효과를 초래할 수 있다. '봐라, 이렇게 많은 사람이 바람직하지 않은 행동을 하고 있다'라는 메시지가 전달되는 셈이다. 특히 쓰레기 투기 사례는 이를 단적으로 보여준다. 쓰레기는 대개 이미 쓰레기가 버려진 장소에 더 많이 쌓이기 마련이다.

따라서 줄이고자 하는 행동을 오히려 조장할 위험이 있는 사회적 증거에 기반한 설득 메시지는 사용을 피해야 한다. 그보다는 바람직한 행동이 실제로 얼마나 자주 일어나는지를 강조하는 편이 효과적이다. 영국 국가보건서비스National Health Service, NHS는 오래된 문제를 안고 있었다. 많은 환자가 예약을 해놓고도 병원에 나타나지 않거나 사전에 예약을 취소하지 않아 관련된 비용 부담이 상당했다. 이 문제를 해결하고자 일부 보건 관리자들은 '지난달 예약을 어긴 환자 수'를 공개하기도 했다. 하지만 우리의 연구에 따르면 이러한 메시지는 예약 부도율을 줄이기는커녕 오히려 높이는 결과를 낳았다. 많은 사람이 예약하고도 병원에 나타나지 않았다는 사실을 알면 다른 사람들도 그 행동을 해도 괜찮다고 생각하게 된다. '다들 안 오는 걸 뭐'라고 생각하는 것이다. 두 번째 이유도 있었다. 예약 부도율을 알리는 안내문은 병원 대기실 벽에 부착되었다. 그래서 정작 그 포스터를 본 사람들은 시간을 지켜 병원을 찾은 환자들이었다. 즉, 메시지 내용도 적절하지 않았고 전달 대상도 잘못됐던 셈이다. 이후 NHS는 '대부분 환자가 예약 시간에 맞춰 도착합니다' 또는 '예약을 취소하셔야 한다면 24시간 전에 알려주세요'라고 안내 문구를 변경했다. 그 결과 예약 부도율은 눈에 띄게 줄었다.[25]

KEY POINT

직장에서의 사회적 증거 활용법

- 홀로 사람들을 설득하려 애쓸 필요는 없다. 다른 사람들이 실제

로 어떻게 행동하고 있는지를 보여주기 위해 인기 신호와 추천 사례를 활용해야 한다.

- 사회적 증거를 제시할 때는 설득하고자 하는 사람의 상황과 잘 맞는 사례를 사용해야 한다. 예컨대 소상공인을 설득하고 싶다면 다른 소상공인의 사례를 들어야 한다.
- 원하지 않는 행동이 아니라 바람직한 행동으로 시선을 돌려 역효과를 피해야 한다.

행동 기반의 설득 과제

6. 약속과 일관성 원칙

사람들은 한 번 한 약속에 맞춰 일관되게 행동해야 한다는 개인적이고 사회적인 압박을 경험한다

1980년대 어린 시절을 보낸 많은 아이처럼 나도 시리얼 제조사들이 주최하는 각종 경품 이벤트에 참여하곤 했다. 경품은 BMX 자전거나 캠핑 장비, 팝 음악 잡지 〈스매시 히츠Smash Hits〉의 1년 정기 구독권 등 다양했다. 하지만 경품 이벤트의 구조는 늘 비슷했다.

먼저 과제가 있다. 아이들은 그림을 그리거나 이야기를 쓰거나 간단한 문제를 풀어야 했다. 시리얼을 '특별한 장소'에서 먹는 사진을 찍어 제출해야 하는 경우도 있었다(어떤 설탕 범벅인 시리얼을 만드는 회사가 이런 경품 이벤트를 주최했는지는 기억나지 않지만 어느 일요일 아침 우리 남매가 교회에 시리얼 그릇을 들고 가겠다고 엄마를 설득하려다 실패했던 기억은 아직도 생생하다). 그다음은 구매 증명이다. 경품 이벤트에 응모하려면 시리얼 포장지에 인쇄된 응모권을 잘라 모아야 했다. 용량이 클수록 응모권도 많이 들어 있었다. 이것은 시리얼 소비를 촉진했다. 마지막은 우열을 가리는 한 줄 글쓰기였다. '골든 너겟, 슈레디즈, 라이스 크리스피 중 무엇이든 좋으니 왜 이 시리얼을 좋아하는지 열 단어 이내로 써 주세요'라는 식이었다.

무언가를 좋아하는 이유를 몇 마디로 설명하는 건 생각보다 노력이 필요하다. 어린 시절 순진했던 나는 만약 경품에 당첨된다면 내가 쓴 문장이 시리얼 브랜드의 다음 마케팅 문구로 사용될 거라고 철석같이 믿었다. 이제는 시리얼 제조사들이 진행한 경품 이벤트의 목적이 무엇인지를 안다. 그것은 사실상 '영향력과 설득의 마스터클래스'였다. 수천 명의 아이가 부모에게 시리얼을 사달라고 졸라대게 만들고, 그 시리얼을 왜 좋아하는지 곰곰이 생각하게 만든 후 자필로 정성껏 적어 제조사에 직접 우편까지 보내게 한다. 그러고도 자전거를 탈 확률은 거의 없다. 영향력 전략으로 보면 이건 그야말로 천재적이다.

시리얼 제조사 경품 이벤트의 뛰어난 설득력은 약속과 일관성 원칙에 기반한다. 사람은 약속을 한 번 하면 그 약속에 맞춰 행동해야 한다는 개인적이고 사회적인 심리적 압박을 느낀다. 특히 자발적으로 한 약속이고, 어느 정도의 노력이 수반되는 약속일수록 그 심리적 압박은 크다. 이건 단지 '뽀드득, 톡톡, 바삭'거리는 아침 식사에만 해당하는 얘기가 아니다. 우리는 자신이 한 약속에 맞춰 일관된 행동을 하며 스스로에게 뿌듯함을 느낀다. 그리고 인간의 근본적인 심리적 욕구인 자아 만족감을 충족시킨다. 이것이 다가 아니다. 약속을 지키는 사람은 자신이 속한 집단 내에서 좋은 평가를 받는다. 신뢰할 만한 사람, 믿음직한 사람, 책임감 있는 사람으로 여겨진다. 이러한 평가는 직장뿐만 아니라 인생 전반에서 매우 중요한 자산이 된다.

약속과 일관성 원칙은 타인을 설득하고자 하는 사람이라면 누구나 활용할 수 있는 강력한 설득 도구다. 이 원칙을 효과적으로 활용하려면 설득자는 상대에게 처음부터 큰 약속을 요구하기보다는 작고 사소한 약속부터 이끌어내야 한다. 예를 들어 연구자들이 교통안전 당국자로 가장해 집마다 찾아가 '안전 운전'이라고 적힌 대형 표지판을 집 앞에 설치해 달라고 요청했을 때 대부분의 사람이 거절했다. 하지만 단 한 지역에서만은 예외적인 반응이 나타났다. 이 지역 주민들은 보기에도 부담스러운 이 요청에 놀랄 만큼 쉽게 응했다. 아이들이 많은 동네라 자녀가 도로에서 안전하게 뛰놀고 자전거를 탈 수 있도록 도로 안전에 유독 민감했던 것일 수도 있다. 아니면 최근에 사고나 아찔한 상황이 발생해 지역 주민들이 도로 안전의 중요성에 관심이 높아졌던 것일 수도 있다. 그러나 정작 사람들이 이처럼 큰 약속에 선뜻 동의했던 실제 이유는 따로 있었다. 그 전주, 일부 지역 주민들은 자동차 창문에 '교통안전 캠페인을 지지합니다'라는 문구가 적힌 작은 엽서를 붙여달라는 요청을 받았다. 이 소소한 자발적 행위가 '초기 약속'이 되었고, 며칠 후 훨씬 더 큰 요청인 대형 표지판 설치를 부탁받았을 때 처음의 행동과 일관성을 유지하려는 심리 때문에 수용하게 된 것이었다.

작게 시작해 확장한다

작은 약속이 더 큰 행동으로 이어진 또 하나의 사례는 2012년에 두 명의 의사 루퍼트 던바-리스Rupert Dunbar-Rees와 수라지 바시Suraj Bassi와 함께 진행한 연구에서 발견되었다.[26] 우리의 목표는 단순했다. 의료 센터나 일반 의원에 예약하고 나타나지 않는 환자의 수를 줄이는 것이었다. 한 실험에서는 접수 담당자들에게 환자의 예약된 시간과 날짜를 직접 말로 확인해 달라고 요청했다. 이렇게 구두 약속을 유도하는 방식은 효과가 크지 않지만 분명 긍정적인 결과를 가져왔다. 예약 내용을 직접 말한 환자들은 그렇지 않은 환자들보다 예약을 어길 확률이 3퍼센트 낮았다. 하지만 앞서 소개한 시리얼 경품 이벤트나 도로 안전 표지판 설치와 마찬가지로 단순한 구두 약속이 아닌 더 능동적이고 수고스러운 약속을 요구했을 때 훨씬 더 큰 효과가 나타났다. 보통 접수 담당자는 환자에게 예약 정보를 적은 카드를 건넨다. 우리는 이 방식을 바꿔보았다. 접수 담당자가 예약 정보를 메모해 주는 대신 빈 카드를 환자에게 건네고 직접 예약 날짜와 시간을 쓰게 한 것이다. 이 단순한 변화로 예약 부도율은 무려 18퍼센트나 감소했다.

비슷한 유형의 문제는 코로나19 팬데믹 기간에도 나타났다. 봉쇄 조치로 많은 사람이 재택근무를 하게 되었다. 하지만 빠른 인터넷과 온라인 회의 플랫폼 덕분에 대부분 업무는 원격으로 진행될 수 있었다. 그리고 많은 기업과 기관들이 영업과 네트워킹 도구로 웨비나Webinar를 적극적으로 활용하기 시작했다. 그러나 곧 한 가지 중요한 사실을 깨달았다. 온라인 웨비나에 '등록한' 잠재 고객과 실제로 '참가한' 잠재 고객은 전혀 다른 사람이었다. 일부 기업은 참가 등록자의 무려 75퍼센트가 실제로는 웨비나에 참석하지 않는다고 보고했다. 기업의 명성이나 업계 내 위상이나 뛰어난 연사 섭외 등이 참가율을 높이는 데 분명 도움이 된다. 하지만 이와 더불어 약속과 일관성 원칙을 활용하는 방법도 효과적이다. 한 금융 기관은 웨비나 참가 등록자들에게 게스트 연사의 답변을 듣고 싶은 질문을 미리 제출해 달라고 요청해서 웨비나 참가율을 높이는 데 성공했다. 이 사소한 약속 하나만으로도 참가 등록을 해 놓고 실제로 웨비나에 참가하지 않는 비율이 절반 가까이 줄어든 것이다.

사람들을 아이디어에 동참시키고, 나아가 그들의 약속과 의지를 행동으로 이어지게 하려는 이들이라면 몇 가지 중요한 통찰을 얻을 수 있다. 첫 번째는 상대의 직접적인 참여 중요성이다. 일을 완수하기 위해 모든 것을 스스로 처리하고 싶은 욕구는 누구에게나 존재한다. 하지만 이런 방식은 오히려 설득하려는 사람만 그 아이디어에 더 깊이 몰입하게 만들고, 정작 동참시키려는 사람의 몰입도는 낮아질 수 있다. 따라서 변화의 초기 단계에서 작지만, 자발적이고 노력이 수반되는 약속을 이끌어내는 것이 중요하다. 그렇게 해야 사람들이 자신의 행동을 일관되게 유지하려는 심리가 작동할 수 있는 환경이 만들어진다.

두 번째는 약속을 공개적으로 하는 것이다. 한 연구에서 연구자들은 일부 가구에 에너지 절약에 동참하겠느냐고 묻고, 다양한 에너지 절약 팁을 제공했다. 그러나 안타깝게도 좋은 의도와 조언만으로는 행동 변화를 이끌어내기에 충분하지 않았다. 반면 다른 집단에는 같은 질문과 팁을 제공하면서 '공익적이고 에너지 절약에 앞장서는 가정'이라는 명단에 이름을 공개하겠다고 약속했다. 그러자 효과는 즉각 나타났다. 에너지 사용을 실제로 줄인 가구의 수가 눈에 띄게 증가한 것이다.[27]

이러한 결과를 바탕으로 상대로부터 끌어낸 어떤 약속이 실제 의미 있는 행동으로 이어질 가능성을 평가하려면 다음 세 가지를 반드시 점검해야 한다. 첫째, 그 약속은 자발적으로 이뤄진 것인가? 둘째, 그 약속을 지키기 위해 노력과 수고가 수반되는 구체적인 행동이 요구되는가? 그리고 무엇보다 중요한 셋째, 그 사실을 알고 있는 사람이 또 있는가? 자발적이고, 노력과 수고가 필요한 행동을 수반하며 공개적으로 알려진 약속이 언제나 행동 변화로 이어진다고 단언할 수는 없다. 하지만 이 세 가지 요소가 없다면 약속과 일관성 원칙을 이용해 기대하는 영향력을 발휘하기는 어렵다고 분명히 말할 수는 있다.

KEY POINT

직장에서의 약속과 일관성 원칙 활용법

- 사람들은 자아를 긍정적으로 유지하고 사회적으로 바람직한 정체성을 지키기 위해 자신이 한 약속과 스스로 정의한 성격에 부합하려는 동기가 있다.
- 제안이나 주장이 상대가 이전에 공개적으로 밝힌 약속이나 가치관과 일치할수록 더 매력적으로 느껴진다.
- 뛰어난 설득자는 자발적이고 노력이 필요한 약속을 상대에게서 먼저 끌어내고, 그것을 공개적인 약속으로 만드는 데 주력한다.

7. 희소성 원칙

사람들은 얻기 어려울수록 더 원한다

영국 왕실 결혼식의 인기를 측정하는 방법에는 여러 가지가 있다. 온라인과 TV 중계방송의 시청률은 가장 뚜렷한 척도다. 행렬 경로를 따라 좋은 자리를 차지하려고 며칠 전부터 줄을 서는 관람객의 숫자도 하나의 척도다. 장식용 깃발, 유니언잭 모자, 각종 기념품 판매량도 또 다른 척도다. 이 마지막 척도에 따르면 2005년 4월 찰스 왕세자(현 찰스 3세)와 카밀라 파커볼스의 결혼은 모두에게 환영받은 행사는 아니었다. 런던 시내와 왕실 도시 윈저에 있는 상점들은 티 타월, 머그잔, 기타 결혼 기념품의 판매가 부진하다고 보고했다. 하지만 결혼식을 며칠 앞두고 상황은 달라졌다. 왕실 기념품과 수집품을 사려는 사람들이 점점 늘어나기 시작한 것이다. 두 사람을 향한 얼어붙은 대중의 마음이 갑작스럽게 녹아내린 걸까? 그럴 수도 있다. 하지만 매출이 급증한 더 그럴듯한 이유는 일주일 전 교황 요한 바오로 2세가 서거한 사건일 수 있다. 찰스 왕세자가 여왕을 대신해 장례식에 참석할 수 있도록 버킹엄궁은 결혼식을 하루 연기한다고 발표했다. 그 결과 기념품 가게들은 잘못된 날짜가 인쇄된 상품을 잔뜩 떠안게 되었다.

일부는 기회를 놓치지 않고, 날짜가 잘못 인쇄된 기념품을 사들이기 시작했다. 왕실 결혼식을 보도하려고 윈저에 와 있던 기자들은 양손 가득 쇼핑백을 들고 기념품 가게를 나서는 사람들에게 왕실 지지자인지 물었다. 대부분은 아니라고 답했다. 이들이 기념품을 산 이유는 결혼식과는 큰 관련이 없었다. 그저 날짜가 잘못 찍힌 기념품은 더 희귀해질 것이고, 나중에 가치가 더 올라갈 거라고 생각했기 때문이었다.

희소성의 법칙

대부분의 사람은 희소한 것일수록 더 갖고 싶어 한다. 어떤 것의 수량이 줄어들고 있다거나 공급이 부족하다거나 기회가 제한된 시간 동안만 주어진다는 사실을 알게 되면 우리는 그것을 더 원한다. 그리고 그것을 가질 수만 있다면 기꺼이 더 많은 돈을 낼 마음까지 먹는다. 비니 베이비Beanie BabiesTM, 축구 선수 컬렉션 카드, 에르메스 버킨백, 특정 스마트폰 모델 등을 떠올려보면 이해가 쉬울 것이다.

흥미롭게도 무언가가 실제로 희소하지 않아도 충분히 영향력을 발휘할 수 있다. 때로는 영향력을 행사하는 데는 희소할지도 모른다는 인식만으로도 충분하다. 이를 잘 보여주는 사례가 코로나19 팬데믹 초기의 상황이다. 봉쇄 조치가 내려지자마자 마트에는 파스타, 손 세정제, 화장지 같은 일상용품의 수요가 급증하고 있다는 소문이 퍼졌다. 이 소문과 함께 실제 수요도 급격히 늘었고, 사람들은 필요 이상으로 물건을 사들이기 시작했다. 실상은 재고 부족이 수요를 일으킨 게 아니었다. 재고가 부족하다는 소문으로 평소 재고가 충분했던 물건에 수요가 몰리면서 실제 재고 부족 현상이 생긴 것이다. 재고가 부족하다는 소문이 돌기 시작하면서 가장 문제가 되었던 품목은 화장지였다. 위생 때문이 아니라 크기 때문이었다. 파스타나 수프처럼 크기가 작은 제품은 동이 나더라도 진열대에 빈 곳이 조금 생길 뿐이다. 하지만 부피가 큰 화장지는 수요가 몰려 품절되면 매장 한 통로 전체가 텅 빈 것처럼 보인다. 텅 빈 화장지 진열대를 본 사람들은 마치 세상의 종말이 가까이 온 듯한 공포를 느꼈고, 다른 생필품까지 사재기하기 시작했다. 이로 말미암아 실제로는 부족하지 않았던 다른 제품들까지도 희소하다는 잘못된 인식이 더 퍼지게 되었다.

실제든 소문이든 어떤 물건이나 기회가 희소하다는 사실이 그것을 더 원하게 만드는 여러 이유가 있다. 그중 하나는 5장에서 이미 살펴본 손실 회피 성향이다. 다시 상기하자면 어떤 메시지를 전달할 때 그것을 통해 얻을 수 있는 이익을 강조하는 것보다 잃게 될지도 모를 손실을 강조하는 편이 더 설득력이 크다. 금융업계의 유쾌하면서도 교훈적인 말이 있다. "새벽 4시에 고객에게 전화를 걸어 지금 행동하면 2만 달러(약 2,800만 원)를 벌 수 있다고 말하면 그 고객은 당신을 해고할 것이다. 하지만 지금 행동하지 않으면 2만 달러를 잃는다고 말하면 평생 고객이 될 것이다." 이 두 상황은 고객도 같고 금액도 같다. 바뀐 건 단 하나뿐이다. 이익에 초점을 맞췄느냐, 손실에 초점을 맞췄느냐다.

희소성이 사람들에게 영향을 주는 또 다른 이유는 자유가 제한될 때 본능적으로 반발하려는 성향 때문이다. 누구나 10대 시절 술집에 몰래 들어가 술을 마시거나 청소년 관람 불가 영화를 몰래 볼 때 느꼈던 조마조마한 짜릿함을 기억할 것이다. 하지만 막상 성인이 되어 자유롭게 할 수 있게 되면 그 짜릿함은 금세 사라진다. 사람들이 일반적으로 보이는 제한에 대한 반응이 자동차, 주방, 휴대 전화 같은 제품을 생산하는 제조사들이 한정판이나 특별판으로 내놓는 이유이기도 하다. 그들은 사람들이 고유한 특성이나 제한된 수량에 자연스럽게 끌린다는 걸 안다.

슈퍼마켓에서 특정 제품에 대해 1인당 최대 2개까지만 구매할 수 있도록 제한할 때 매출이 오르는 것도 같은 이유다. 이렇게 하면 평소에 하나만 사던 고객들도 구매 수량에 제한이 걸린 순간 2개를 집어 든다.

이것이 영향력을 발휘하려는 사람과 메시지를 전달하려는 사람에게 주는 시사점은 분명하다. 제안이나 주장에 실제로 희소하거나 독특한 부분이 있다면 그것을 청중에게 분명히 드러내야 한다. 업무나 프로젝트에 동료들이 더 적극적으로 참여하게 만들고 싶다면 기회의 희소성을 강조해 보자. "이런 프로젝트에 참여할 기회가 자주 오는 게 아니에요." 또한 메시지에 '금요일까지 할인 판매입니다'처럼 기간을 한정하거나 '딱 10개 남았습니다'처럼 수량을 한정할 수 있다면 수량을 한정하는 편이 영향력을 발휘하는 데 더 효과적이다.

특성과 속성뿐만 아니라, 특정 정보를 '희소한 것'처럼 제시하는 방식도 설득력을 높이는 데 도움이 될 수 있다. 한 연구에서 소고기 도매업자에게 악천후로 호주산 소고기 공급에 차질이 생길 수 있다고 했더니 주문량이 두 배 이상 늘었다. 같은 정보를 전달하면서 다른 사람들은 모르게 독점적으로 알려주는 거라고 했더니 주문량은 무려 여섯 배로 뛰었다. 호주산 소고기가 귀해질 뿐만 아니라 그 정보 자체도 귀해졌다.[28] 그리고 그 정보는 사실이었다. 이러한 결과는 중요한 시사점을 준다. 새롭고 독점적인 정보를 가지고 있고, 그것을 공유하는 데 아무 제약이 없다면 그 정보로 혜택을 볼 수 있는 사람에게 가능한 한 일찍 알려주자. 그것만으로도 강력한 영향력을 발휘할 수 있다.

KEY POINT

직장에서의 희소성 원칙 활용법

- 기회가 적거나 점점 줄어들수록 더 가치 있게 느껴진다.
- 실제로 희귀하거나 독점적인 출처에서 나온 정보라면 그 사실을 강조한다.
- 기간을 한정하는 것보다 수량을 한정하는 것이 더 큰 설득력을 발휘한다.

8장

영향력 실천

The practice of influence

지난 20여 년 동안 영향력과 설득의 심리를 연구하고 그에 관해 글을 쓰며 사람들을 가르쳐 왔다. 그동안 수없이 많은 사람에게 이런 질문을 받았다. “어떻게 하면 타인에게서 더 자주 ‘예’라는 답을 끌어낼 수 있나요?” 그 수를 세는 건 이제 의미가 없을 정도다. 아마 수백 번은 족히 넘을 거고, 어쩌면 수천 번에 이를지도 모른다. 그중에서도 단연 가장 많이 들은 질문이 하나 있다. “사람들을 더 잘 설득할 수 있는 가장 효과적인 한 가지 방법이 있다면 뭔가요?”

나는 이 질문에 사실대로 대답하면 듣고 싶어 할 사람이 거의 없다는 사실을 금세 깨달았다. 왜냐하면 사람을 설득하는 데는 누구에게나 통하는 만능 공식 같은 건 없기 때문이다. 영향력 방정식이 보여주듯 타인에게 영향력을 행사하고 설득하는 과정은 복잡하고 유동적이다. 이 과정에는 증거와 경제적 유인책, 감정이라는 세 가지 요소를 적절히 조합해야 하며 그와 동시에 상황과 맥락도 고려해야 한다. 이런 설명을 하면 몇몇 사람들의 눈빛이 금세 흐려지는 걸 느꼈다. 요즘처럼 모든 걸 단순화하려는 세상은 철학이나 전제, 원칙 같은 걸 설명하는 데 어울리지 않는 것 같다. 사람들이 진짜로 원하는 건 당장 써먹을 수 있는 간단한 요령이다. 그래서 나는 "사람들을 설득하고 싶다면 가장 먼저 해야 할 일은 당신의 요청에 인간미를 더하는 겁니다"라고 답한다.

놀랍게도 많은 사람이 이 답에 만족하는 듯 보였다. 어떤 이들은 고맙다는 말을 남기고, 삶의 수준을 높이는 데 도움이 되는 더 많은 꿀팁을 찾아 바쁜 일상으로 되돌아갔다. 하지만 모두가 그런 건 아니었다. 일부는 '하나만 꼽는다면?'이라는 질문 자체에 문제가 있다는 걸 알아차렸다. 단 하나의 해법을 찾으려는 태도가 얼마나 현실과 동떨어져 있는지 그런 대답이 얼마나 쓸모없을 수 있는지를 본 거다.

이런 사람들은 조금 더 구체적인 질문을 던졌다. 8장에서는 그런 질문 중에서도 특히 자주 받았던 열 가지를 다루려고 한다. 그러니 8장은 책 속의 'Q&A 세션'이자 '고민 상담소'라고 생각해도 좋다. 우리가 흔히 겪는 영향력의 고민에 대해 실용적이고 당장 써먹을 수 있는 조언이 되길 바란다.

첫 번째 질문

내 업무는 견적을 내고, 제안서를 쓰며 잠재 고객과 협상하는 것이다. 가격을 논의할 때마다 우리 팀은 종종 이런 얘기를 한다. "우리가 먼저 가격을 제시하는 게 나을까, 아니면 상대가 먼저 카드를 내보이도록 기다리는 게 좋을까?" 뭐가 맞는 걸까?

딱 잘라 말할 수 있는 정답은 없다. 그래도 도움이 될 만한 통찰은 몇 가지 있다. 예전에 어떤 사업가가 협상 초반을 권투 경기 시작에 비유하는 걸 들은 적이 있다. 서로 잽도 안 날리고 빙빙 돌기만 하는 시간 말이다. 아무도 먼저 가격을 제시하지 않으려는 이유는 괜히 먼저 나섰다가 협상에서 손해를 볼지 걱정되기 때문이다. 그런데 설득의 과학을 보면 상대가 먼저 제안하길 기다리기보다는 먼저 가격을 제시하는 쪽이 훨씬 유리한 경우가 많다. 다른 조건이 같다면 판매자든 구매자든 상관없이 이 원칙은 대체로 맞아떨어진다.

공장 매각을 주제로 연이어 진행한 모의 협상에서 판매자가 먼저 가격을 제시한 경우 평균 매각가는 2,480만 달러(약 345억 원)였다. 반면 구매자가 먼저 가격을 제안하도록 기다린 경우 평균 매각가는 1,970만 달러(약 275억 원)로 떨어졌다. 이 차이를 만든 주된 요인은 바로 '**앵커**anchor'로 알려진 효과 때문이다. 앵커란 협상 초반에 제시된 숫자가 이후의 논의에 미묘하게 영향을 미치는 현상을 말한다. 처음 제시된 숫자가 아무리 임의적인 것이라 해도 사람들은 거기서 크게 벗어나지 못한다. 예컨대 한 실험에서 참가자들에게 와인 한 병의 가격을 추정해 보라고 했다.

가격을 추정하기 전, 참가자들은 숫자 90과 10이 적힌 공이 절반씩 들어 있는 주머니에서 공 하나를 무작위로 뽑았다. 90번 공을 뽑은 사람들은 와인의 가격을 훨씬 더 높게 추정했다.[1] 이 실험은 우리에게 중요한 사실을 일깨워준다. 머리로는 무언가의 가치를 처음 제시된 숫자와 무관하게 평가해야 한다는 걸 알고 있지만 실제로는 그 첫 번째 숫자에서 벗어나지 못한다.

만약 상대가 먼저 가격을 제시해 버렸다면 어떻게 해야 할까? 이런 경우에는 협상에 들어가기 전, 자신이 제안한 가격이 정당하다는 근거를 미리 글로 정리해 두는 것이 좋다. 이것을 눈앞에 두면 상대의 첫 제안을 들을 후 자신의 판단을 의심하게 되는 상황에서도 중심을 잃지 않는 데 도움이 된다.

두 번째 질문

협상에 도움이 되는 다른 요령이 있을까?

두 가지가 있다. 첫 번째는 숫자의 정밀도다. 컬럼비아 경영대학원의 말리아 메이슨Malia Mason 교수는 협상에서 더 나은 결과를 얻고 싶다면 제안 금액을 반올림하지 말고, 구체적인 금액을 제시하라고 조언한다. 사람들은 구체적인 숫자 뒤에는 구체적이고 합당한 이유가 있다고 생각하는 경향이 있고, 그 제안에 이의를 제기할 가능성도 낮아진다. 그리고 그 제안을 반박할 때도 더 유화적인 태도를 보인다.

메이슨 교수가 진행한 연구에서는 중고차 구매자들에게 세 가지 중 하나의 가격이 제시되었다. 실험 참가자들에게 제시한 세 가지 가격은 '2,000파운드(약 373만 원), 1,865파운드(약 348만 원), 2,135파운드(약 398만 원)'였다. 이후 실험 참가자들에게 자신이 제안하고 싶은 구매 가격을 말해보라고 했다. 구체적인 숫자가 붙은 가격을 제시받은 실험 참가자들은 평균적으로 제시 가격보다 10퍼센트 낮은 금액을 제안했다. 반면 반올림된 가격을 제시받은 실험 참가자들은 평균 23퍼센트가 낮은 금액을 제안했다. 흥미롭게도 설령 제시된 가격 자체가 더 낮더라도 구체적인 숫자를 사용했을 때 최종 판매가는 더 높게 형성되는 경향이 있었다.[2] 따라서 차고에 세워둔 낡은 포드를 팔 생각이라면 희망 가격을 2,000파운드라고 하는 대신 1,927파운드처럼 구체적으로 제시하는 편이 더 유리할 수 있다. 반대로 오래된 중고차를 구입하려고 한다면 지나치게 구체적인 가격을 제시하는 판매자에게는 특히 주의를 기울일 필요가 있다.

두 번째는 '어떻게' 협상할 것인가가 아니라 '어디에서' 협상할 것인가다. 스포츠 팬이라면 누구나 알겠지만, 모든 조건이 동일하다면 홈 경기를 치르는 홈 팀이 원정 팀보다 유리한 경기를 펼치는 경향이 있다. 학술지 〈조직 행동과 인간 결정 프로세스Organisational Behavior and Human Decision Processes〉에 실린 일련의 연구는 이런 원리가 비즈니스 협상에서도 적용될 수 있다는 것을 시사한다.[3] 한 연구에서 실험 참가자들에게 구매자와 공급자의 역할을 나누어 일련의 계약 조건을 두고 협상하게 했다. 예상대로 협상의 핵심은 가격이었다. 구매자는 최대한 적은 금액을 지불하려 했고, 공급자는 가능한 한 많은 금액을 받으려 했다. 그런데

이 실험에서 한쪽 협상자에게는 '홈 팀' 역할이 부여되었다. 자신의 이름과 회사 로고가 눈에 띄는 곳에 배치되어 있었고, 원하는 자리에 앉을 수 있었다. 화이트보드에는 자사 관련 정보가 게시되어 있었고, 사무실 열쇠까지 갖고 있었다. 반면 '원정 팀' 역할을 맡은 협상자들은 상대가 준비될 때까지 임시 공간에서 대기해야 했다.

스포츠팀의 경우처럼 '개최지 이점'를 부여받은 협상자들은 구매자든 판매자든 관계없이 더 나은 결과를 얻는 경향이 있었다. 연구진은 설득력 있는 협상가가 되는 데 '장소'가 중요한 변수로 작용할 수 있다고 말한다. 익숙한 공간은 자신감을 높이지만, 낯선 환경에서는 자신감이 떨어지기 쉽기 때문이다. 따라서 다음에 협상하게 된다면 상대를 내 공간으로 초대하는 것이 더 유리한 결과를 이끌어내는 데 도움이 될 수 있다. 결국 '내가 누구인가'는 '어디에 있는가'에 따라 달라질 수 있다.

세 번째 질문

직장에 정말 끔찍한 사람이 있다. 시비를 걸기 일쑤고, 이중적인 데다 자기 아이디어가 아닌 건 깎아내리거나 아예 무시한다. 문제는 그 사람이 경영진에게 신뢰받고 있고, 영향력도 크다는 점이다. 좋아하지도 않고 함께 일하고 싶지도 않은 사람과 어떻게 업무 관계를 맺어야 할까?

예전에 누군가가 저녁 시간 내내 괴팍하고 고집스러우며 비협조적인 직장 동료에 대해 불평한 적이 있다. 책에 담기 부적절한 말도 여럿 나왔다. 솔직히 말하면 술은 아무 도움이 되지 않았다. 시간이 지날수록

레드 와인은 직장 동료를 향한 그의 혐오감을 더 키울 뿐이었다. '그래도 그 사람에게 호감 가는 면이 하나쯤은 있지 않느냐'라고 가볍게 물으면 그는 그 직장 동료에 대해 또 다른 비난만 쏟아낼 뿐이었다.

이해는 간다. 누구나 직장에서 함께 일해야 하지만 솔직히 피하고 싶은 사람을 만나게 된다. 문제는 그 사람을 헐뜯고 깎아내린다고 해서 상황이 나아지는 건 아니라는 데 있다. 결국 다음 날이 되면 그 사람과 어떻게 협력해서 일을 마무리할 것인지 결정해야 한다.

설득을 연구하는 학자들은 효과적이면서 다소 직관에 반하는 전략 하나를 제시한다. 마음에 들지 않는 사람에게서 호감이 갈 만한 점을 찾아내고, 그에게 직접 말하라는 것이다. 물론 말처럼 쉬운 일은 아니다. 대부분의 사람은 자신의 관점을 반박하는 이유보다 지지할 이유를 더 쉽게 떠올린다. 하지만 함께 일할 사람을 스스로 선택할 수 있는 경우는 많지 않다. 그래서 다음의 두 단계를 따를 것을 제안한다.

첫 번째 단계는 우리가 어떻게 생각하든 또는 무엇을 들어왔든 간에 누구에게나 결점을 상쇄할 만한 긍정적인 자질이나 특성이 최소한 하나쯤은 있다는 사실을 인정하는 것이다. 어딘가에는 그 사람을 좋아하는 사람이 분명히 있다. 그 긍정적인 자질이나 특성을 찾아내기만 하면 된다. 그것이 꼭 개인의 성격일 필요는 없다. 업무에 임하는 태도, 이전 프로젝트에서 거둔 성과 혹은 특정 목표에 대한 헌신 같은 것이라도 충분하다. 호감이 갈 만한 부분을 찾아냈다면 두 번째 단계는 그것을 상대에게 어떻게든 전달하는 것이다. 타이밍을 신중하게 선택해야 하는 것이 중요하다. 가능하면 조용히, 개인적인 자리에서 전하는 것이 좋다.

그러나 도저히 직접 말할 엄두가 나지 않는다면 두 사람 모두와 연결되어 있고, 그 말을 자연스럽게 전할 가능성이 있는 사람에게 알려주는 것도 하나의 방법이다.

이 '호감 유발과 경계심 해제' 전략을 제대로 실행한다면 예상치 못한 긍정적인 효과를 하나 더 누리게 될 수 있다. 함께 일하기가 불편했던 사람의 괜찮은 면에 집중하다 보면 그 사람에 대한 불편한 감정이 조금씩 누그러질 수 있다. 그리고 그 사람 역시 당신을 훨씬 더 긍정적으로 바라보게 될 가능성이 크다.

네 번째 질문

최근에 승진하면서 이제는 나에게 보고하는 직원들이 생겼다. 그런데 근무 평가 기간 동안 그들에게 부정적인 피드백이나 안 좋은 소식을 전달해야 할지도 모른다는 생각에 벌써 마음이 무겁고 부담스럽다. 도움이 될 만한 조언이 있을까?

피드백은 긍정적이든 부정적이든 직장과 가정에서 피할 수 없는 일부다. 승진에 성공했는지, 새로운 고객을 확보했는지, 모두가 주목하는 새로운 프로젝트팀에 뽑혔는지 등 결과를 기다리는 시간은 희망과 공포, 기쁨과 절망 사이를 오고 가는 감정의 롤러코스터와 같다. 물론 소식을 전하는 사람의 입장도 절대 편하지 않다. 특히 긍정적이지 않은 소식을 전할 때 더욱 그렇다. 심지어 나쁜 소식의 원인과는 아무 관련이 없고, 그저 소식을 전달하는 역할일 뿐인데도 불편한 마음을 피하기 어렵다.

고전적인 관리자 매뉴얼은 세 단계로 구성된 접근법을 제안한다. 첫 번째는 그런 결정을 내리게 된 근거를 먼저 설명해 상대가 나쁜 소식을 받아들일 준비를 하도록 돕는 것이다. 두 번째는 실제 피드백을 전달하는 단계다. 세 번째는 '보강shoring'이라 불리는 단계다. 이 단계에서는 "생각보다 나쁘진 않을 거예요" 같은 말로 공감을 나타내고, 긍정적인 측면을 강조해서 나쁜 소식의 충격을 완화하려고 시도한다.

나는 좋은 말로 나쁜 소식의 충격을 덜어내는 방식의 효과에 대해서 사실 좀 회의적이다. 이 방식의 효과는 소식을 듣는 사람이나 소식을 전하는 사람에 따라 달라질 수 있기 때문이다. "좋은 소식부터 들을래요, 나쁜 소식부터 들을래요?"라고 물으면 대부분은 나쁜 소식부터 듣고 싶어 한다. 부정적인 피드백을 먼저 받아야 그 후 대화가 조금 더 가볍고 긍정적인 분위기로 마무리될 수 있다고 생각하는 듯하다. 하지만 나쁜 소식을 전달하는 사람은 대체로 반대로 생각한다. 먼저 긍정적인 이야기를 꺼내면 상대에게 좋은 인상을 줄 수 있고, 이어지는 나쁜 소식을 전할 때 생길 수 있는 개인적이거나 사회적 부담에서 자신을 보호할 수 있다고 믿는 듯하다.

나쁜 소식을 좋은 이야기로 감싸 충격을 완화하는 방식의 최대 수혜자가 누구인지 따로 설명할 필요는 없다. 바로 부정적인 피드백을 전하는 사람이다. 그래서 나는 어떤 결과를 원하는지를 먼저 생각해 보길 권한다. 만약 주요 목표가 상대의 부정적인 감정 반응을 최소화하는 것이라면 나쁜 소식을 먼저 전하는 것이 좋다. 하지만 관리자나 상사로서 피드백의 목적이 상대방의 행동을 변화시키는 데 있다면 오히려 나쁜 소식을 마지막에 전하는 편이 더 나을 수 있다. 단, 어느 쪽이든 부정적인 피드백에는 반드시 상황을 개선하거나 바로잡기 위한 구체적이고 현실적인 계획이 함께 제시되어야 한다.

다섯 번째 질문

가상 회의나 하이브리드 근무가 일상이 된 지금, 대면하지 않고 화면을 통해 소통할 때 어떻게 하면 타인에게 더 효과적으로 영향력을 발휘할 수 있을까?

우리 팀은 이런 질문을 자주 받는다. 악수하거나 눈을 마주치거나 직접 만나 자연스럽게 대화를 나눌 수 없는 상황에서 어떻게 상대에게 영향력을 발휘할 수 있을까? 하이브리드 근무가 일상화된 지금, 충분히 나올 만한 질문이다. 신규 고객을 설득하든 급여 인상을 협상하든 비즈니스 네트워크를 구축하든 화면을 통해 이런 일을 해내기에는 분명 어려움이 있다. 하지만 불가능한 건 아니다. 다음은 그런 경우를 대비해 기억해 두면 좋은 몇 가지 조언이다.

카메라 예절은 중요하다. 봉쇄 조치로 수업이 온라인으로 전환된 후 우리 대학에서 누군가가 카메라 위에 붙일 수 있는 눈 모양의 스티커를 배포하는 센스를 발휘했다. 카메라에 눈을 달아 사람처럼 보이도록 한 것이다. 화면에 우표 크기의 얼굴 수십 개가 빼곡히 떠 있을 때는 시선을 어디에 둬야 할지 혼란스러웠다. 하지만 이 방법은 집중력을 잃지 않고 카메라를 응시하는 데 도움이 되었다.

음량 변화에도 주의가 필요하다. 화상 회의나 전화 통화를 할 때 평소보다 크게 말하는 사람이 많다. 코로나19 팬데믹 기간에 실시된 연구에 따르면 사람들은 줌이나 팀즈에서 대면 상황보다 평균 15퍼센트 더 크게 말하는 것으로 나타났다.[4] 가상 환경에서는 음량을 즉각적으로 조절하기 어렵다. 그래서 처음에는 마이크 음량을 낮게 설정하고, 필요하면 상대가 더 크게 말해달라고 요청할 수 있게 하는 것이 바람직하다. 반대로 처음부터 소리를 크게 설정하면 음량 조정이 더 어렵다.

가상 환경에서는 자신이 경청하고 있다는 신호를 전달하기 어렵다. 그러나 '잘 듣고 있다'라는 인식은 영향력을 발휘하는 데 핵심적인 요소다. 예를 들어 식당에서 손님의 주문을 그대로 따라 말하는 종업원은 그렇지 않은 종업원보다 팁을 최대 70퍼센트까지 더 많이 받는 것으로 나타났다.[5] 왜 그럴까? 이유는 단순하다. 모방은 심리적 거리감을 줄이고, 상대가 이해받고 있다고 느끼게 한다. 이 전략은 가상 환경에서도 효과가 있다. 연구에 따르면 언어 패턴을 맞춰주는 전략은 영상 통화 초반에 특히 효과적이고, 후반으로 갈수록 그 효과가 떨어지는 경향이 있다. 따라서 화상 회의가 시작된 초반에 상대가 사용하는 핵심 단어를 적어 두었다가 그 단어를 회의 중에 그대로 다시 사용하는 건 더 영향력 있는 연결 고리를 형성하는 데 도움이 된다.

마지막으로 자기중심적인 태도는 피해야 한다. 우리는 종종 이메일을 쓰거나 장을 보거나 아이를 꾸짖는 등 여러 일을 동시에 하면서도 화면 속 상대는 우리에게 온전히 집중하고 있다고 믿곤 한다. 하지만 실제로는 그렇지 않을 가능성이 크다. 그래서 중요한 건 상호성 원칙이다. 상대가 나에게 집중하길 바란다면 먼저 내가 그에게 집중해야 한다. 그리고 잊지 말아야 할 건 이메일이나 영상이 아무리 효율적이라 해도 본질적으로는 온기 없는, 비인간적인 소통 방식이라는 것이다. 다음에는 키보드와 화면 대신 전화를 걸거나 직접 만나 대화하는 것이 더 나은 선택일 수 있다.

여섯 번째 질문

프로젝트 매니저로서 팀원들이 프로젝트 일정에 맞춰 따라오도록 하는 데 어려움을 겪곤 한다. 프로그램이나 사업 일정이 지연되거나 아예 중단되는 일도 적지 않다. 그러다 보니 끊임없이 팀원들을 독촉하게 되고, 이것이 내 평판에 영향을 미치기도 한다. 사람들에게 일할 동기를 주면서도 좋은 인상을 유지하려면 어떻게 해야 할까?

사람들을 설득해 아이디어에 동참하게 했다고 해서 그들이 끝까지 몰입해서 프로젝트를 완수할 거라고 기대하기 쉽다. 하지만 설득과 끈기는 서로 다른 문제다. 그래서 동기가 약해지고 집중력이 흐트러지는 순간을 대비해 다시 추진력을 회복할 수 있는 몇 가지 전략을 준비해 두는 것이 중요하다. 이에 대한 힌트는 의외로 초밥집과 마라톤 주자들에게서 얻을 수 있다.

아옐릿 피시배크Ayelet Fishbach는 심리학자이자 동기 부여 분야의 세계적 권위자다. 그녀는 사람들이 어떤 과업을 끝까지 완수하려는 열의를 보이는 경우는 앞으로 남은 노력의 크기보다 지금까지 이뤄낸 작은 진전에 집중할 때라는 사실을 밝혔다. 심리학자들은 이러한 주의의 전환을 '작은 영역 원칙small-area principle'이라고 부른다.

피시배크가 진행한 한 연구에서 어떤 초밥집은 일부 고객에게 빈칸이 10개 있는 쿠폰을 나눠주고, 점심을 먹을 때마다 쿠폰에 도장을 하나씩 찍어주었다. 도장 10개를 다 받으면 고객은 쿠폰을 무료 식사권으로 교환할 수 있었다. 반면 또 다른 일부 고객에게는 이미 도장이 모두 찍힌 쿠폰을 주고, 식사할 때마다 쿠폰에서 도장을 하나씩 지워갔다. 그 결과 쿠폰에 도장을 모으는 고객들이 쿠폰에 도장이 지우는 고객들보다 초밥집을 거의 두 배 빠른 속도로 다시 찾았다.[6] 곰곰이 생각해 보면 이 결과는 당연하다. 과업 수행률이 10퍼센트에서 20퍼센트로 올라가면 진도가 두 배로 늘어난 것이다. 하지만 70퍼센트에서 80퍼센트로 올라가면 비율상 진도는 훨씬 작다. 하지만 절반 지점을 지나면 관점이 달라진다. 마라톤 주자들은 13마일(약 20킬로미터) 지점을 통과하면 사고의 흐름이 바뀐다. 그때부터는 얼마나 뛰었는지가 아니라 얼마나 남았는지를 세기 시작한다.

사람들이 '작은 영역'에 집중할 때 동기 부여가 더 잘 유지되는 경향이 있다는 사실을 고려하면 프로젝트 매니저는 진행 상황을 보고하거나 공유할 때 뭐가 되었든 작은 숫자를 강조하는 게 좋다. 프로젝트 초반에는 "이미 목표의 20퍼센트를 달성했어요"라고 말해야지 "아직 80퍼센트 남았습니다"라고 말해서는 안 된다. 절반 고지를 넘긴 시점에는 언어를 바꿔야 한다. "80퍼센트 완료됐습니다"보다는 "이제 20퍼센트만 남았어요"라고 말하는 편이 훨씬 더 효과적이다.

영업 관리자들에게도 이 '작은 영역에 집중하는' 전략은 유용하다. 직원들이 매출 목표나 실적 목표를 달성하겠다는 동기를 꾸준히 유지하는 데 도움이 된다. 예를 들어 초반에는 "1주일밖에 지나지 않았는데, 이미 분기 목표의 15퍼센트를 달성했어요"라고 말한다. 그리고 목표에 가까워졌을 땐 이렇게 말할 수 있다. "목표까지 이제 10퍼센트밖에 안 남았어요."

일곱 번째 질문

지난 평가에서 이런 피드백을 받았다. 사무실에서 내가 가장 많이 아는 사람인 건 맞지만, 사람들에게 설득력 있게 다가가지는 못한다는 것이다. 상사는 내가 좀 더 카리스마 있게 보여야 한다고 말했다. 그런 게 정말 가능한 일일까?

당신만 그런 게 아니다. 그 누구도 그의 천재성을 의심하지 않았지만 알베르트 아인슈타인도 사람들을 사로잡는 카리스마 있는 전달자로 평가받지 못했다. 그의 강의는 수강생이 손에 꼽을 정도로 적었다. 수강생이 너무 적은 어느 날에는 학교 측에서 강의를 아예 취소했다는 소문도 돌았다. 많은 사람이 그렇듯 아인슈타인 역시 지식이 풍부하다고 해서 전달력까지 좋은 건 아니라는 걸 직접 경험했다. '카리스마'라는 마법의 소스가 없으면 실력과 상관없이 사람들에게 외면받기 쉽다.

옥스퍼드 사전은 카리스마를 '타인의 헌신을 불러일으킬 수 있는 강력한 매력이나 매혹'이라고 정의한다. 하지만 이런 화려한 설명은 오히려 더 많은 의문을 낳는다. 무엇이 헌신을 이끌어내는가? 존재감을 어떻게 만들어낼 수 있을까? '강력한 매력'이란 도대체 무엇을 뜻하는 걸까? 이런 질문에는 심리학 연구가 훨씬 더 도움이 된다. 연구자들은 카리스마를 구성하는 세 가지 핵심 요소가 있다고 말한다.

첫 번째는 '외향적 주도력surgency'이다. 이것은 아이디어를 에너지 넘치고 긍정적으로 표현하는 능력을 말한다. 그렇다면 어떻게 그런 표현이 가능할까? 손의 움직임이 중요한 역할을 하는 듯하다. 한 연구팀은 TED 강연자들의 영상을 소프트웨어로 처리해 소리를 없애고 막대 그림으로 바꾼 애니메이션으로 만들었다. 이 애니메이션을 사람들에게 보여주었더니 손을 많이 움직이는 강연자가 더 에너지 넘치고 열정적으로 보인다는 평가를 받았다. 더 중요한 건 실험 참가자들이 이 애니메이션을 보고 강연자가 실제 강연에서 얼마나 많은 박수를 받았는지를 꽤 정확히 예측했다는 것이다. 손짓이 많았던 강연자가 실제로 더 많은 박수를 받았다. 또 다른 연구에 따르면 가장 인기 있는 TED 강연자들은 같은 주제로 발표한 덜 인기 있는 강연자들보다 손짓을 거의 두 배 더 많이 사용한 것으로 나타났다. 손의 움직임은 일종의 '제2의 언어'로 작용하며 강연자의 카리스마에 대한 단서를 제공한다. 그것은 말 그대로 강연자가 주제나 상황에 대해 얼마나 진심인지를 보여주는 신호다.

두 번째로 카리스마 있는 사람들은 비유와 일화를 더 자주 사용한다. 이는 감정을 주제로 다룬 장과도 연결된다. 마지막으로 이들은 상황에 즉각적으로 대응하는 능력, 즉 임기응변에도 능하다.

카리스마는 타고나는 능력이라기보다 학습할 수 있는 기술과 특성의 집합일 가능성이 크다. 가장 좋은 시작은 발표나 설득의 순간에 비유와 일화를 더 자주 활용해 보는 것이다. 설득은 머릿속에서만 일어나는 일이 아니다. 손끝에서도 일어난다.

여덟 번째 질문

타인에게 영향을 미칠 때 우리가 어떤 단어를 사용하는지는 확실히 중요하다. 청중에게 특히 매력적으로 들리는 단어들이 있을까? 피해야 할 단어는 무엇일까?

1974년 미국의 심리학자 엘리자베스 로프터스Elizabeth Loftus는 '단어의 힘'에 대한 연구로 유명해졌다. 한 실험에서 그녀는 실험 참가자들에게 자동차 사고 장면이 담긴 짧은 영상을 보여준 후 자동차가 얼마나 빠르게 달리고 있었는지 추측하게 했다.[7] 일부에게는 "차가 앞차에 부딪혔을 때 속도가 얼마나 됐다고 생각하세요?"라고 물었다. 또 다른 일부에게는 '부딪혔다' 대신 '충돌했다', '박았다', '세게 들이받았다' 같은 단어를 사용했다. 영상은 같았지만, 단어가 달라졌을 뿐인데 '박았다'나 '세게 들이받았다'라는 표현을 들은 사람들이 사고 차량의 속도를 훨씬 더 빠르게 추정했다. 이것은 대수롭지 않게 넘길 사소한 일이 아니다. 손해배상을 산정할 때 '속도'는 핵심 요소로 판사는 피해자에게 더 많은 배상금을 지급하고, 가해자에게 더 엄한 형량을 내리는 경향이 있다.

로프터스의 초기 실험은 설득 과정에서 단어가 얼마나 중요한 역할을 하는지 보여준다. 단어는 단순한 의사소통 수단이 아니라 영향력을 행사하기 위한 도구다. 때로는 단어 자체보다 형태가 더 큰 힘을 가지기도 한다. 한 연구에서는 사람들에게 행동을 유도할 때 동사보다 명사가 더 효과적일 수 있다는 사실이 확인되었다. 하버드 대학교의 토드 로저스Todd Rodgers는 미국 시민들에게 "투표하는 게 얼마나 중요하다고 생각하세요?"가 아니라 "유권자가 되는 게 얼마나 중요하다고 생각하세요?"라는 질문을 하자 실제 투표소를 찾은 사람이 눈에 띄게 늘었다.[8] 투표율 증가는 박빙의 선거 결과를 뒤바꿀 수 있을 정도였다. 이 연구는 단어가 개인의 행동을 이끌어내는 데 그치지 않고, 사회 전체를 움직이고 형태를 바꿀 수도 있다는 것을 보여준다.

시제도 중요하다. 연구에 따르면 온라인 후기는 과거형보다 현재형으로 작성되었을 때 더 신뢰할 만하다는 인상을 준다. 이는 온라인 인플루언서들이 팔로워들에게 시간 감각이 살아 있는 현재 시점에 가까운 후기를 남기도록 유도하면 더 큰 효과를 볼 수 있다는 뜻이다. 오프라인 사업자들도 이 점을 활용할 수 있다. 식당이라면 고객에게 후기를 남기도록 요청할 때 가능한 한 '지금'에 가까운 시점을 명시하도록 유도하는 것이 좋다. 예를 들어 '방금 이 식당에 다녀왔어요'라든가 '오늘 연인과 함께 다녀왔어요' 같은 문장이다.

흥미롭게도 자주 쓰이는 단어 중 더 신중하게 사용해야 하는 단어가 있다는 연구 결과가 있다. 바로 '새로운new'이라는 단어다. 일부에게는 매력적이고 호기심을 자극하는 단어일 수 있지만, 또 다른 일부에게는 '검증되지 않은', '경험이 부족한', '아직 대중화되지 않은' 그다지 매력적이지 않은 의미로 다가올 수 있다. 물론 만약 스스로를 혁신적인 사고방식의 소유자나 얼리어답터라고 생각하는 사람들을 겨냥한 제안이라면 '새로운'이라는 단어는 잘 맞을 수 있다. 하지만 대부분의 사람은 그렇지 않기 때문에 이 단어는 신중히 써야 한다.

아홉 번째 질문

다국적 기업에서 다양한 국가 출신의 동료들과 함께 일하고 있다. 다른 문화권 사람들을 설득할 때 효과적인 전략은 무엇인가?

영향력은 전 세계적인 관심사다. 그래서 누군가를 설득하거나 누군가에게 설득당할 때 각자의 타고난 문화적 배경이 미치는 영향을 고려하는 건 당연하다. 이와 관련해 머릿속에 떠오르는 세 가지 영향력 전략이 있다.

첫 번째, 기반을 다져야 한다. 과학 연구는 우리가 직관적으로 알고 있는 사실을 입증했다. 인종과 문화가 다양한 집단에서 생활하고 일하는 사람들은 인류를 구성하는 다양한 특성에 더 쉽게 공감한다는 것이다. 다양한 배경을 지닌 구성원들은 대체로 타인의 요청에 더 협조적이고 더 큰 배려심을 나타낸다. 그러나 문화적 포용성이 조직 내 자연스럽게 퍼지길 기대할 수는 없다. 관리자가 앞장서야 한다. 신입 직원들이 조직 안에 다양한 성격과 배경을 가진 사람들과 초기에 자주 교류할 수 있는 환경을 조성해야 한다. 물론 이건 쉽지 않은 일이다. 하지만 그 노력은 '강화된 신뢰'라는 부수적인 효과로 이어질 수 있다. 4장에서 언급했듯 동료들과의 사회적 교류를 자주 이끌고 유지하며 장려하는 관리자는 더 호감 가고 생산적이라고 평가될 뿐만 아니라 더 믿을 수 있으며 영향력 있다고 여겨진다. 이것은 동일한 문화권의 사람들뿐만 아니라 다른 문화권의 사람들에게도 마찬가지다.

두 번째, 유사성을 활용한다. 로버트 치알디니의 호감 원칙을 떠올려 보자. 이 원칙에 따르면 사람들은 자신과 비슷하다고 느끼는 사람의 요청에 더 쉽게 호응한다. 일부에서는 사람들의 유사성 선호 경향이 조직의 문화적 다양성을 해칠 수 있다고 우려한다. 즉, 자신과 비슷한 문화권의 사람에게만 협조하게 될 위험이 있다는 것이다. 하지만 한 가지 기억해 둘 만한 연구가 있다. 사람들은 인종이나 문화적 유사성보다 신념과 가치의 유사성에 더 큰 영향을 받는다는 것이다. 따라서 누군가를 설득하려고 할 때 그것이 상대가 중요하게 여기는 신념이나 가치와 어떻게 맞닿아 있는지를 강조하면 설득력을 높이는 데 유리한 기반을 마련할 수 있다. 특히 상대에 대해 직접적인 권한이나 지위상 영향력이 없을 때 더 효과적이다.

세 번째, 국가별로 직장에서 영향력이 작동하는 방식의 차이를 이해한다. 글로벌 금융 그룹은 보상이나 인정이 제공되지 않는 과업에 대해 타 문화권의 동료를 도와주도록 직원을 설득하는 데 어떤 요인이 작용하는지 분석했다. 미국, 영국, 캐나다처럼 개인주의 문화권에서는 과거 자신에게 도움을 준 사람의 요청에 더 쉽게 호응하는 경향이 나타났다. 반면 중국, 인도네시아, 일본과 같은 집단주의 문화권에서는 요청하는 사람이 자신의 부서에 있는 누군가, 특히 직급이 높은 사람과 연결되어 있을 때 요청을 더 수월하게 받아들였다. 지중해나 남미 국가에서는 가족이나 친구와 연관된 사람의 요청을 더 쉽게 받아들이는 경향이 있었다. 독일이나 스칸디나비아 문화권에서는 요청이 조직의 공식 규칙이나 정책과 부합한다는 걸 강조할 때 설득력이 가장 높게 나타났다.[9]

열 번째 질문

나는 고객 서비스 책임자다. 솔직히 예산 삭감으로 최근 몇 년간 고객 서비스 수준이 떨어졌다. 고객의 인식을 좀 더 긍정적으로 바꾸려면 어떻게 해야 할까?

가장 먼저 하고 싶은 조언은 시작이 좋았든 나빴든 상관없이 고객 경험을 잘 마무리하라는 것이다.

대부분의 사람은 마지막에 벌어진 뜻밖의 일 때문에 좋은 경험 전체가 망가졌던 기억이 있다. 친구들과 레스토랑에서 즐거운 저녁을 보내고 있는데, 종업원의 실수로 누군가의 무릎에 커피를 쏟아 분위기가 싸늘해졌던 적이 있을 수 있다. 아니면 평화로운 휴가가 귀국 항공편이 취소되면서 지친 아이들과 불편한 공항 의자에 앉아 다음 항공편을 오랫동안 기다렸던 경험도 있을 수 있다. 이런 상황에서 망가지는 건 경험 자체가 아니다. 즐거운 식사와 테이블에 둘러앉아 웃던 순간은 그대로 남아 있다. 햇살 가득한 휴양지에서 편안하게 즐겼던 일주일간의 휴식도 사라지지 않았다. 다만 극적인 순간과 마지막 순간이 우리의 기억에 유독 강하게 새겨지기 때문에 전체 경험이 달라 보이는 것이다. 사람들은 가장 즐거웠던 순간이나 가장 고통스러웠던 순간과 마지막 순간을 주로 기억한다. 그 외의 모든 순간에 관한 기억은 이 두 가지 순간에 관한 기억에 가려져 희미해진다.

우리는 이를 '피크엔드peak-end' 효과라고 부르며 한 경영자에게 유용한 통찰을 제공했다. 그는 자신의 사업에 방해가 되고 갈수록 피해가 되는 문제로 고민하다가 나에게 전화를 걸어왔다. 그는 주방 시설을 갖춘 고급 오두막집이 있는 영국 캠핑장을 운영하고 있었다.[10] 코로나19 팬데믹으로 시행된 봉쇄 조치가 완화된 직후, 캠핑장과 카라반 파크에 붐이 일었다. 야외에서 자급자족하는 여행이라는 콘셉트는 복잡한 여행 규정과 제한된 항공편, 값비싼 재입국 검사 등을 피하고자 했던 가족들에게 매력적인 대안이 되었다. 고객들은 캠핑장을 떠나는 길에 '생각보다 너무 재밌게 놀다 간다'라고 자주 이야기했다. 그는 이 기회를 놓치지 않고, 고객들에게 '집에 도착하면 온라인 후기를 남겨달라'고 재치있게 요청했다. 실제로 많은 고객이 온라인 후기를 남겼다. 하지만 예상 밖의 일이 벌어졌다. 많은 고객이 야영장을 떠날 때는 직원들에게 극찬을 아끼지 않았는데, 1~2주가 지나면서 마음이 바뀌었는지 온라인 후기는 뜻밖에 미지근한 경우가 많았다. 그는 답답한 마음을 털어놓았다.
"도무지 이해가 안 돼요. 떠날 때는 눈을 반짝이며 웃고 가던 사람들이 후기를 쓸 때는 마음이 바뀌는 거예요. 혹시 우리 캠핑장을 다른 데랑 착각한 걸까요?"

조심스럽게 몇 가지 질문을 하니 문제가 무엇인지 금세 드러났다. 손님이 많아지면서 하우스키핑 직원들의 업무 부담이 커졌고, 이들은 객실 정리 속도를 높이기 위해 퇴실하는 손님들에게 침대 시트를 벗기고, 사용한 리넨과 수건을 세탁소에 직접 반납해달라고 요청했다. 이것은 캠핑장에서 대체로 즐겁게 시간을 보냈던 고객들의 마지막 기억이 되었다. 일주일쯤 지나 후기를 쓸 때 그 마지막 기억이 그들의 머릿속에 크게 남아 있으며, 그 결과 캠핑장에서 행복했던 고객은 후기를 쓰면서 별점 1~2개를 뺐다. 이 문제의 해결책은 아주 간단했다. 체크아웃할 때 침구를 정리해서 세탁소로 직접 반납하게 하는 대신 체크인할 때 침구를 제공해 직접 잠자리를 정리하도록 하는 것이었다. 이렇게 하면 고객은 마지막 순간, 침구를 세탁소에 반납해야 하는 수고로움이 아닌 행복한 기억만을 안고 야영장을 떠날 수 있다.

고객이 당신의 회사 또는 서비스를 어떻게 기억할지 좌우하는 데 있어 고객과의 소통 마지막 단계에 특히 신경 쓰라는 조언을 하고 싶다. 다시 말해 고객이 기분 좋게 경험을 마무리할 수 있도록 해야 한다. 물론 그렇다고 해서 이전 단계의 서비스 품질을 소홀히 해도 된다는 뜻은 아니다. 하지만 출발이 다소 나빴더라도 좋게 마무리하면 고객에게 전체적으로 긍정적인 기억을 남기는 데 큰 도움이 될 수 있다.

9장

직장에서 윤리적으로 영향력 발휘하기

Influencing (ethically) at work

헨리 웰스Henry Wells가 무덤에서 통탄했는지는 아무도 알 수 없다. 하지만 그가 150년 전에 설립한 은행이 무려 14년 동안 삼백만 명 넘는 고객을 상대로 벌어진 사기 행각에 가담했다는 2016년 9월의 뉴스는 그가 무덤 속에서 탄식할 충분한 이유가 되었을 것이다.

웰스는 지조 있는 사람이었다. 장로교 목사의 아들로 태어난 그는 구두 수선 수습공으로 사회에 첫발을 디뎠다. 이 소박한 시작과 함께 타인을 돕고자 했던 그의 열망은 그의 도덕적 인격을 형성하는 데 밑거름이 되었을 것이다. 그는 어렸을 때부터 심각한 말더듬증과 틱장애로 고생했다. 그래서 젊었을 때부터 이 두 약점을 극복하고자 미국 동부 도시들을 돌며 다양한 방법을 시도했다. 그는 마침내 효과적인 방법을 찾았고, 자신과 비슷한 발화 문제로 고통받는 사람들에게 자신의 기술을 아낌없이 전수했다. 그 무렵 그는 윌리엄 파고William Fargo를 만났고, 뒤이어 마차 운전사였던 존 버터필드John Butterfield와 인연을 맺었다. 세 사람은 '명예와 원칙'을 바탕으로 운송 회사를 설립했고, 아메리칸 익스프레스American Express Company라고 이름을 붙였다. 그렇다. 바로 그 '아메리칸 익스프레스'다. 이 회사는 소포를 정확히 제때 전달하고 문서를 신속하고 정확하게 전달하는 데 큰 자부심을 느꼈다. 이후 이들은 골드러시로 들끓던 캘리포니아에 주목했고, 웰스파고Wells Fargo를 설립했다. 이 은행은 미국에서 가장 신뢰받는 금융 기관 중 하나로 성장했다.

하지만 오랜 시간에 걸쳐 어렵게 쌓은 신뢰는 순식간에 무너졌다. 2016년의 추문은 웰스파고에 막대한 타격을 입혔다. 고객들이 원하지도, 필요하지도 않은 금융 상품에 가입하도록 설계된 부적절한 직원 인센티브 제도 때문에 은행은 수십억 달러의 벌금과 합의금을 물게 되었다. 경영진은 직원들에게 고객 한 명당 8개의 상품을 판매하라는 의미에서 '고 포 그레이트Go for Gr-Eight'라는 구호 아래 실적을 강하게 압박했다. 그 결과 수백만 개의 예금 계좌와 신용 카드가 고객의 동의 없이 불법으로 개설되었다. 은행의 비윤리적인 행태와 무너진 평판에 분노한 투자자들과 고객들은 주식을 팔고 계좌를 해지했다.

이렇듯 막대한 손실에도 불구하고, 이러한 비윤리적인 관행은 드문 일이 아니다. 에너지 기업 엔론Enron은 회계 부정을 저지른 끝에 파산했다. 자동차 제조사 폭스바겐Volkswagen은 배출 가스 시험을 조작하기 위해 디젤 차량에 '임의 조작 장치defeat device'를 설치했다. 그 여파로 차량 판매량은 평소의 16분의 1 수준으로 급감했고, 긍정적 평판 지수는 70퍼센트에서 마이너스 80퍼센트로 곤두박질쳤다.[1] 국제축구연맹FIFA의 경영진과 관계자들도 부패에 연루됐다. 그들은 대회 개최지 선정이나 고가의 중계권 배정 과정에서 뇌물을 받고 표를 행사했다. FIFA의 평판은 지금까지도 회복되지 못하고 있다.

대부분의 조직적 부정행위는 개인의 일탈에서 시작된다. 테라노스Theranos의 창립자 엘리자베스 홈즈Elizabeth Holmes는 정확하지도 않고 결함투성이인 혈액 검사 기술을 '혁신'으로 포장해 전 직원을 속였다. 기만당한 투자자들과 상처 입은 직원들 그리고 이를 의심한 대중은 산업 사기, 기만, 공모 혐의로 맞섰다. 퀘스트넷QuestNet의 창립자 비제이 에스와란Vijay Eswaran은 불법 피라미드 구조를 기반해 허위 약속과 오도된 판매 방식으로 구성된 다단계 마케팅 사기를 설계했다. 각국은 이에 대해 법적 조치와 전국 단위의 영업 금지로 대응했다. 전 골드만삭스Goldman Sachs 이사 라자트 굽타Rajat Gupta는 기밀 내부 정보를 헤지 펀드 매니저들에게 유출했고, 이들은 그 정보를 이용해 막대한 이익을 챙겼다. 그는 결국 징역 2년 형과 500만 달러(약 70억 원)의 벌금형을 선고받았다.

이러한 대형 스캔들이 왜 반복해서 발생하는지 곱씹어볼 필요가 있다. 법원이 부과하는 막대한 벌금은 물론, 심각한 평판 손상이 충분히 강력한 억제력이 될 법도 하다. 미국 증권거래위원회Securities and Exchange Commission, SEC가 약 600개 기업을 조사한 결과, 기업의 부정행위가 공론화되면 해당 기업은 평균적으로 시장 가치의 40퍼센트를 잃는 것으로 나타났다.[2] 소비자 대상 설문 조사에서도 열 명 중 여덟 명이 '기업의 윤리성이 나의 구매 결정에 직접적인 영향을 미친다'라고 답했다. 그런데도 비윤리적인 관행은 여전히 적지 않게 벌어지고 있다.

컨설팅 회사 EY의 조사에 따르면 문제는 인식의 부족이 아니다.[3] 대부분 기업과 구성원들은 비윤리적 행위가 발각될 경우 평판에 심각한 타격을 입을 수 있다는 사실을 잘 인지하고 있다. 그런데도 일부는 위험을 감수하려 한다. 왜일까? 여러 요인이 있겠지만 특히 두 가지가 핵심적이다. 첫째는 단순한 경제적 유인책이다. 비윤리적 행위가 발각될 위험보다 그 행위를 통해 얻을 수 있는 보상이 더 크다면 누군가는 그 위험을 감수한다. 둘째는 자기 설득이다. 비윤리적인 행위를 저지르는 사람 중 상당수는 '나는 절대 들키지 않을 것'이라고 스스로를 믿는다.

*

타인에게 영향을 미치는 능력은 성공의 핵심이다. 동시에 이 능력은 도덕적 딜레마를 수반한다. 전달하는 메시지의 본질을 바꾸지 않고도 증거를 제시하고, 인센티브를 설계하고, 특정 감정을 자극하는 것만으로 상대를 설득할 수 있다는 건 상당히 매력적이다. 특히 그것이 변화의 속도를 앞당긴다면 더욱 그렇다. 신속함과 긴급함이 중시되는 시대에 이런 전략은 매력적일 수밖에 없다. 그러나 충분한 고민 없이 오늘 당장 누군가를 설득하는 데만 몰두한다면 내일은 원하지 않는 대가를 치러야 할지도 모른다. 그 대가는 금전적 손실일 수도 있고, 도덕적 후회일 수도 있으며 때로는 그 둘 모두일 수도 있다.

이러한 부정적인 결과의 가능성 때문에 일부 사람들은 모든 영향력은 교묘하게 사람이나 상황을 조작하는 능력이라고 생각하고, 자신이 갖춰야 할 역량으로 간주하지 않으려 한다. 하지만 이러한 생각은 또 다른 문제로 이어진다. 영향력이 없다면 변화도 없다. 설득이 사라진 환경에서는 진보 또한 기대할 수 없다. 이론적으로는 아무것도 하지 않는 것이 매력적으로 보일 수 있다. 하지만 실제로 영향력에는 반의어가 없다. 아무것도 하지 않는 것도 결국은 무언가를 선택하는 것이다. 무시하거나 참여하지 않기로 하는 것 역시 하나의 영향력 전략이다. 영향력 실천이라는 관점에서 보면 우리 모두 그 과정에 직접적으로나 간접적으로 관여하고 있거나 그 흐름에 휩쓸리고 있는 셈이다. 스위스 제네바 대학교의 윤리학자 크리스틴 클라비Christine Clavien는 영향력 실천을 세 가지 접근 방식으로 분류할 수 있다고 제안한다.[4]

- 목표 지향적 영향력 혹은 상대 중심 접근 방식은 설득자의 유일한 관심사가 오직 상대방에게 도움이 되는 것이어야 한다는 관점을 지지한다.
- 설득자 중심 접근 방식은 철저히 자기중심적이고 부패 성향을 띠고 있으며 오직 영향력자의 개인 이익만을 위해 설계된 영향력 전략을 옹호한다.
- 사회적 접근 방식은 모두에게 이익이 돌아가는 방향으로 영향력을 행사해야 한다는 관점을 지지한다.

이러한 접근 방식들은 영향력을 발휘하고자 하는 사람들에게 선택지를 간결하게 정리해 준다. 나는 대부분이 모든 관계자에게 이로운 방향으로 영향력을 추구하는 세 번째 접근 방식을 택할 거라고 믿고 있다. 어쩌면 내가 순진한 건지도 모른다. 하지만 영향력 실천에 관한 접근 방식을 분류하는 것과 실제로 그것을 실행에 옮기는 건 전혀 다른 문제다. 그리고 위 접근 방식에는 누가 혹은 무엇이 설득을 시도하고 있는지를 고려하지 않는다. 설득의 주체가 기관인지, 개인인지, 누군가를 대리하는지 혹은 독립적인지에 대한 논의가 빠져 있다.

다행히 이런 고민을 덜어줄 프레임워크와 체크 리스트가 마련되어 있다. 여기 두 가지를 소개한다. 첫 번째는 주로 조직을 위한 것이고, 두 번째는 개인을 위한 것이다. 하지만 두 가지 모두 공통된 취지와 정신을 공유하고 있다.

조직이 지켜야 할 원칙들

대부분 조직과 기관은 책임감 있고 윤리적인 방식으로 행동하려고 노력한다. 무엇보다 원칙을 지키고 명예롭게 사업을 운용하는 것이 중요하고, 실제로 이롭다는 사실도 알고 있다. 많은 조직이 윤리 위원회를 운영하며 임직원이 윤리적 가치에 부합하는 행동을 하도록 감독하고 지원한다. 일부 조직은 이사회 회의에 윤리 기준을 정기 안건으로 포함하기도 한다. 하지만 실제로 윤리와 원칙에 대한 논의는 특정한 사안이나 위험이 발생했을 때 그때그때 이뤄진다. 이러한 논의나 토론이 어떤 방식으로 이뤄지든 건설적이고 유익한 논의를 진행하는 데 지침과 방지책을 제공할 프레임워크나 체크 리스트가 도움이 된다. 다행히 무료로 이용할 수 있는 프레임워크나 체크 리스트가 많다. 그중 하나로 내가 함께 일하는 행동과학자 올리비아 패티슨이 개발한 트러스트 TRUST 프레임워크를 주목할 만하다.[5]

패티슨의 트러스트 프레임워크는 진실trust, 존중respect, 무이uncontestable, 파급 효과spillovers, 투명성transparency, 다섯 가지 요소로 구성되어 있다. 이 사회와 팀은 사업 관행과 업무 방식을 윤리적 관점에서 검토할 때 이 다섯 가지 요소를 기준으로 삼을 수 있다.

진실: 사업 관행, 제품 및 절차가 진실에 기반을 두고 있는가?

패티슨은 진실이라는 개념이 주관적일 수 있다고 인정했다. 하지만 건전한 조직은 진실과 정직의 정신에 따라 움직여야 한다고 주장한다. 다시 말해 조직은 자사의 정책, 관행 그리고 제품이 고객, 동료, 지역 사회를 의도적으로 오도하거나 기만하지 않도록 행동해야 한다.

존중: 사업 관행은 선택의 자유와 개인의 자율성을 존중하고 있는가?

패티슨은 조직과 기업이 선택의 자유와 개인의 자율성을 존중하고 보호해야 한다고 믿는다. 조직의 이익, 특히 금전적이고 상업적인 활동의 이익은 적절하고 가능한 부분에서 사업 관행이 선택의 자유와 개인의 자율성을 박탈할 가능성을 최소화해야 한다. 특정 집단이 어떤 선택을 하기 어렵게 만들거나 어떤 선택을 했을 때 더 큰 비용을 부담하게 해서는 안 된다. 예를 들어 신규 고객이나 구독자에게만 할인 요금을 제공하고, 장기 고객과 충성 고객에게는 같은 서비스에 더 높은 요금을 부과하는 경우는 존중 원칙을 준수하지 못한 것이다. 이와 비슷하게 기존 고객이 서비스나 구독을 해지하기 어렵게 만들어 놓은 사업 관행도 패티슨의 존중 원칙을 준수하는 데 실패한 것이다.《넛지》의 저자 리처드 탈러와 캐스 선스타인Cass Sunstein은 이를 '슬러지sludge'라고 부른다.[6]

무이: 공개적으로 사업 관행을 옹호할 수 있는가?

윌리엄 셰익스피어의《베니스의 상인》에서 란슬롯 고보는 이렇게 말한다. "살인은 오래 숨길 수 없다. 결국 진실은 드러난다." 이것은 기업에도 그대로 적용될 수 있다. 하지만 EY의 조사에 따르면 많은 기업 임원이 비윤리적인 행동을 들키지 않고 넘어갈 수 있다고 믿는다. 패티슨의 트러스트 프레임워크는 공개적으로 도전을 받았을 때 충분히 방어할 수 있을 정도로 조직의 정책과 관행을 세심하게 살필 것을 권한다.

파급 효과: 의도했든 의도하지 않았든 그로 말미암아 생길 수 있는 잠재적 결과를 충분히 고려했는가?

오늘 실행한 정책이나 사업 전략이 앞으로 어떤 결과를 초래할지, 그로 말미암아 피해나 부작용이 생기지 않을지 확신할 수 있는 사람은 없다. 비즈니스, 투자, 기업가 정신을 집중적으로 다루는 세계적인 언론 매체 〈포브스〉는 예기치 않은 부정적 결과의 원인을 네 가지로 정리했다. 무지, 인간적 실수, 미래보다 현재의 니즈를 우선시하는 태도, 가치관의 불일치다. 바람직하지 않은 파급 효과를 줄이는 방법의 하나는 사전 부검pre-mortem을 실시하는 것이다. 사전 부검은 정책 입안자들과 임원들이 자신들의 프로젝트가 처참할 만큼 잘못되었다고 가정하고, 그런 일이 일어나게 된 가능한 이유를 상상해 보는 사고 과정이다. 이후에 팀은 의도하지 않은 부정적인 결과를 막기 위한 대비책을 사전에 계획한다. 이 방식이 전혀 문제가 없는 건 아니지만, 유감스러운 결과가 발생할 가능성을 최소화할 수 있다. 그리고 나중에 조직이나 기업이 미래에 비윤리적인 관행으로 비난받게 될 때도 그 비난 수위를 완화하는 데 도움이 될 수 있다.

투명성: 사업 관행, 제품 및 절차는 개방적이고 투명한가?

사업 관행, 제품 및 정책은 모두 투명하게 실행되어야 한다. 만약 그럴 수 없다면 모두 다시 검토해 볼 필요가 있다. 시민과 소비자는 정부든 기업이든 공정하고 개방적인 조직을 강하게 선호한다. 이처럼 투명성에 대한 사회적 요구가 커지면서 2023년 은행, 금융 기관, 보험사 등 금융 기관을 감독하는 영국 금융행위감독청Financial Conduct Authority, FCA은 소비자 보호에 관한 기준을 높이고 더 확실하게 정의하기 위해서 소비자 의무consumer duty 정책을 도입했다. 이 정책의 핵심은 개방성과 투명성을 추구하고 고객에게 실질적인 이익을 제공하는 것이다.

개인을 위한 체크 리스트

애리조나 주립대학교의 심리학자 그레고리 니더트 박사는 사람들이 어떻게 타인을 설득하는지 관찰하고 세 가지 유형으로 나누었다. 첫 번째는 '**미숙자**bunglers' 유형이다. 이들은 스스로 정당하게 영향력을 행사할 기회를 만들지만, 그 기회를 인지하지 못하거나 제대로 활용하지 못했다. 두 번째는 '**책략가**smugglers' 유형이다. 이들은 자신에게만 이익이 되도록 영향력을 활용하려 한다. 세 번째는 '**탐지자**detective' 유형이다. 이들은 단기적이고 장기적인 영향력을 확보하고, 모든 관계자에게 이익이 되도록 행동한다. 지금부터 각 유형을 좀 더 자세히 살펴보자.

영향력 미숙자

몇 년 전 우리 팀은 CT 스캐너, X선 기기, 초음파 장비 등 고급 의료 진단 장비를 제조하는 한 기업과 함께 프로젝트를 진행한 적이 있다. 그 기업은 우리가 자사의 사업을 더 잘 이해할 수 있도록 영업 및 서비스 팀을 동행하며 현장을 관찰하도록 했다. 이 팀은 병원, 치과, 동물병원을 방문해 고객의 요구 사항을 파악하고 장비 유지 보수를 지원하는 업무를 맡고 있었다. 그중에서도 유난히 기억에 남는 하루가 있다.

아무 일도 없는 것처럼 평범한 하루가 시작되었다. 회사 직원은 커피를 마시며 우리가 하루 동안 방문할 여러 고객과 현장에 관해 설명했다. 하지만 그의 치밀한 계획은 한 통의 다급한 전화로 무산되고 말았다. 전화를 건 사람은 중요한 고객으로 숙련된 방사선사였다. 그는 그날 오후 의대생들을 대상으로 실습 교육을 진행할 예정이라고 설명했다. 그 주초, 그는 출장길에 오르기 전 학생들이 실습할 수 있도록 여분의 변환기(탐촉자)를 주문해 달라는 요청을 남겼다. 하지만 실습 교육이 잡힌 날 아침 병원에 도착하니 아무도 그 요청을 처리하지 않았다는 사실을 알았다. 과연 이 회사가 이번 실습 교육과 불가피하게 따라올 난처한 상황을 수습할 수 있을까?

나는 영업 담당자와 고객의 통화를 우연히 들었다. 그는 고객에게 자신이 할 수 있는 모든 조치를 취하겠다고 말하며 한 시간 안에 다시 연락하겠다고 약속했다. 그는 곧바로 일을 시작했다. 당시만 해도 몇 시간 안에 배송되는 온라인 배송 서비스가 일반화되기 전이었다. 게다가 이런 의료 장비는 아무나 사용할 수 있는 물건이 아니었고, 정해진 절차를 따라야 했다. 회사의 주요 보관 시설은 너무 멀리 있어 신속한 대응이 어려웠다. 그는 대신 인근에 있는 지역 사무소에 전화를 걸어 예비 장비가 있는지 문의했다. 다행히 몇 개의 변환기를 확보했고, 그는 남은 수량을 '빌릴' 수 있을지 확인하고자 근처에 있는 다른 고객들에게 전화를 걸었다. 한 시간이 채 지나기 전에 그는 고객에게 다시 전화해 실습 교육에 필요한 변환기를 모두 확보했고, 지금 직접 배송하러 가는 길이라고 알렸다. 우리는 테이크아웃 커피를 주문하고, 차로 두 시간이 걸리는 길을 달리기 시작했다. 그는 슈퍼 히어로가 된 기분이었고, 나는 그가 변환기를 확보하는 모습을 곁에서 지켜본 덕분에 간접적으로나마 슈퍼 히어로가 된 듯한 기분을 느낄 수 있었다.

우리는 변환기를 수거하느라 여기저기를 경유했고, 몇 시간 후 마침내 그 고객에게 도착했다. 그때 그의 얼굴에는 안도감과 감사함이 만연했다. 그는 "오늘 아침에 출근했을 때는 실습 교육을 취소하는 수밖에 없겠다고 생각했어요"라고 말했고, 이어서 상황을 설명했다. "정말 큰 일 날 뻔했는데 덕분에 살았습니다. 진심으로 감사드립니다. 정말 고맙습니다."

영업 직원은 "전혀 번거로운 일이 아닙니다. 모두 서비스의 일부라고 생각하시면 됩니다. 누구에게라도 당연히 이렇게 했을 거예요"라고 대답했다.

미소를 지으며 안도한 고객을 뒤로하고, 나는 방금 큰 노력을 들여 도운 그 고객에 대해 영업 직원에게 물었다. 직원은 "그 사람은 실습 교육 담당자라서 꽤 중요하고 영향력도 있어요. 하지만 최종 결정권자는 그 사람 상사예요. 정말 까다로운 사람이죠. 그리고 우리 같은 영업 사원에게는 별로 관심도 없죠. 약속 잡기도 정말 힘든 사람이에요"라고 말했다.

나는 그가 눈치를 챌지, 눈치를 챈다면 그게 언제일지 궁금해하며 조용히 있었다. 자신에게 도움을 줬던 사람의 정당한 요청을 거절할 사람은 거의 없다. 특히 상호성 원칙을 떠올려보면 영업 직원이 능숙하게 도움을 줬던 것처럼 그 도움이 예상 밖이고 의미 있는 방식으로 제공되었다면 그 사람의 요청을 거절하기는 더 어렵다. 물론 바로 그 순간에 상사의 미팅을 요구했다면 그건 부자연스럽고 부적절하게 보였을 것이다. 다음에 다룰 그레고리 니더트가 제시한 두 번째 영향력자 유형의 영역을 침범하는 것이었을 테니 말이다. 그렇기는 하지만 나는 며칠 동안 그가 고객에게 전화를 걸어 실습 교육에 관해 물어볼지 궁금했다. 그리고 그 고객이 자신에게 진심으로 고마워하고 있다는 신호를 포착하고,

그의 상사와 미팅을 잡는 데 도움을 줄 수 있을지 물어볼지도 궁금했다. 나는 그가 그 고객에게 전화만 한다면 그에게 감사한 마음이 가득한 고객은 반드시 그 귀중한 미팅이 성사되도록 최선을 다할 거라고 자신 있게 말할 수 있다.

때로는 타인을 성공적으로 설득하느냐 마느냐는 타이밍이 결정할 수도 있다. 상사가 우연히 기분이 좋았거나 원래는 인색한데 지난달 수익이 높아서 재무 담당자가 예외적으로 후해졌을 수도 있다. 하지만 우리가 직접 그런 순간을 만들 수도 있다. 앞서 만난 곤경에 처한 누군가를 돕기 위해 최선을 다했던 우리의 영업 직원처럼 도움이 필요한 사람에게 유용한 정보를 제공하거나 어려움에 부닥친 사람을 도와주거나 고객에게 훌륭한 서비스를 제공하는 것이다. 이렇게 노력해서 도움을 준 후 고맙다는 인사를 받고, 그저 어깨를 으쓱하며 "별거 아니에요"라고 말하기는 쉽다. 하지만 그렇게 말하는 순간, 타인을 설득할 수 있는 절호의 기회를 스스로 흘려보낼지도 모른다. 그레고리 니더트의 말을 빌리자면 당신은 그 귀한 기회를 실수로 '망쳐버리는' 셈이다.

영향력 책략가

미숙자와는 달리 책략가는 전혀 다른 유형의 인물이다. 책략가는 영향력을 행사할 기회를 악용하거나 심지어 아예 조작해서 만들기도 한다. 그리고 타인을 희생시키는 한이 있더라도 그 기회를 자신의 이익을 위해 이용한다. 이런 유형은 주변에 흔하다. 이를테면 정보를 고의로 은폐하는 동료, 누구와 어떤 정보를 나눌지 고민하며 선택적으로 정보를 공유하는 사람, 동료나 고객을 서로 경쟁하게 만드는 사람이 있다. 물론 노골적으로 거짓말을 퍼트리는 사람도 있다.

하지만 책략가의 모든 행동이 반드시 사전에 계획된 건 아니다. 2000년 봄 영국은 심각한 석유 대란에 직면했다. 시위대가 정유소를 봉쇄하면서 석유 공급에 차질이 생기기 시작했다. 기업들은 점점 더 절박해졌고, 학교와 직장의 출석률은 떨어졌고, 상점은 손님을 찾기 어려워졌고, 일부 공공 서비스는 운영 중단 위기에 놓였다. 이 부족 사태는 다른 영역에도 영향을 미쳤다. 운전자들의 행동이 변했다. 어느 주유소에 석유가 들어왔다는 소문이 돌면 그 주유소 앞에는 긴 차량 행렬이 생겼다. 상황이 악화하자 일부 운전자들의 행동은 점점 더 극단적인 양상으로 바뀌었다. 뉴스 보도에 따르면 어떤 운전자들은 봉쇄를 뚫고 새벽에 석유가 주유소에 도착할 거라는 소문을 믿고, 대기 행렬 맨 앞자리를 차지하기 위해 차 안에서 밤을 지새우기도 했다. 또 어떤 이들은 연료 탱크에 아직 75퍼센트가량의 석유가 남아 있었지만, 멀리 떨어진 정비소 겸 주유소에 석유가 있다는 얘기를 듣고는 장거리 운전까지 감행했다. 그 정도면 당장 차를 운행하는 데 지장이 없었는데도 말이다. 이미 살펴본 바와 같이 희소성은 그것이 실제든 소문이든, 우리의 행동에 강력하게 영향을 준다. 희소하다고 생각되는 대상이 자신에게 당장 부족하지 않더라도 말이다.

석유가 공급되고 있다는 소문이 일부 주유소를 중심으로 순식간에 퍼져 나갔다. 운이 좋았던 주유소 업주들은 이 기회를 틈타 큰 수익을 올릴 수 있었다. 어떤 업주에게는 이 유혹이 너무 컸다. 자신이 처한 상황을 인지한 그는 주유소 앞에 점점 길어지는 차량 행렬을 보며 직원들에게 주유 가격을 인상하라고 지시했다. 당시 상황을 고려하면 주유 가격이 약간 오른다고 해서 불만을 품는 사람은 거의 없었을 것이다. 하지만 그는 가격을 무려 여섯 배 가까이 인상했다. 대부분의 고객은 분노했지만, 일부는 어쩔 수 없이 값을 치르고 주유했다. 몇 시간 만에 석유는 모두 팔려 나갔지만, 그 행동은 그에게 치명적인 결과를 낳았다. 대부분의 사람이 그 주유소를 보이콧했다. 일부는 한 걸음 더 나아가 그가 얼마나 비양심적인 업주인지를 최대한 많은 사람에게 알리는 데 힘을 쏟았다. 그 결과 그는 단골 고객 대부분을 잃었고, 손상된 평판은 곧바로 폐업으로 이어졌다.[7]

하지만 주유소 업주의 행동이 어느 정도는 이해가 된다. 현대 사회는 우리를 종종 딜레마에 빠뜨린다. 결과를 충분히 따져볼 시간도 없이 신속하게 때로는 즉각적으로 결정을 내려야 하는 상황이 자주 발생한다. 이런 상황에서는 가장 먼저 떠오르는 생각이 가장 효율적일 수 있다. 그것이 가장 효과적이고, 심지어 가장 수익성이 높을 수도 있다. 하지만 그렇다고 해서 그것이 가장 윤리적이라고는 할 수 없다.

영향력 탐지자

단기적으로 영향력을 발휘해 타인을 설득하는 데 성공했다고 해서 항상 장기적인 대가를 치러야 한다는 뜻은 아니다. 상대와 지속적인 관계를 형성하고 유지하는 쪽으로 영향력을 행사하는 것도 충분히 가능하다. 그렇게 하면 사람들은 오늘뿐 아니라 내일도 기꺼이 설득당하고 싶어질 수 있다. 그레고리 니더트는 이런 방식으로 영향력을 행사하는 사람을 '영향력 탐지자' 유형으로 분류한다.

영향력 탐지자는 한 걸음 물러서서 상황을 면밀히 살핀다. 그리고 주어진 상황에서 영향력 방정식을 구성하는 세 가지 변수 중 어떤 변수를 활용할 수 있는지 살핀다. 증거와 정보를 어떻게 구성하면 설득력 있게 전달할 수 있을까? 사람들이 이용당하고 있다는 느낌을 받지 않고 자발적으로 동참하도록 유도할 수 있는 경제적 유인책에는 무엇이 있을까? 정확한 판단을 내리고 타인과 연결되어 있다고 느끼며 스스로를 긍정적으로 인지하도록 유도하려면 설득 대상의 어떤 감정에 호소해야 할까?

재정적으로도, 도덕적으로도 파산한 주유소 업주의 이야기로 다시 돌아가 보자. 그가 단 몇 초라도 멈춰 서서 영향력 탐지자처럼 생각했다면 어떤 선택을 했을까? 그는 직원들에게 지역 주민과 단골 고객을 우선으로 응대하라고 지시할 수 있었다. 그렇게 하면서 자신이 기존 고객과 그들의 충성심을 얼마나 소중히 여기는지를 분명히 전달할 수 있었을 것이다. 또한 그는 도움이 필요한 운전자들을 착취하지 않겠다는 의지를 담은 문구를 공개적으로 내걸 수도 있었다. 그 행동은 자신의 이익에 반하지만, 지역 사회에서 호감과 신뢰를 받는 사업가로서 평판을 높이는 데 큰 도움이 되었을 것이다. 그리고 가격을 올리는 대신 직원들이 고객에게 매장에서 추가로 물품을 구매해 줄 수 있는지 정중히 물어볼 수도 있었다. 이런 방식은 위기 상황을 틈타 이득을 보려 했던 다른 주유소 업주들의 행동과는 뚜렷한 대조를 이뤘을 것이고, 아마도 일부 고객은 자신을 돈벌이 수단으로 이용하지 않았다는 사실에 진심으로 고마움을 느꼈을지도 모른다.

주유소 업주는 그렇게 행동하면서 윤리적으로 영향력을 행사하는 데 기준을 제시하는 세 가지 원칙을 함께 보여줄 수도 있었을 것이다. 이 세 가지 원칙은 직장에서 윤리적으로 영향력을 행사하는 데 도움이 되는 전략인지를 판단하는 가장 유용하고 간결한 체크 리스트 역할을 한다. 놀랍지 않게도 이 역시 이제 익숙한 3의 법칙을 따른다.

1. 이 접근 방식은 진실한가?
2. 현명한 선택인가?
3. 그것은 소위 '가장 아끼는 여동생 테스트'를 통과하는가(누군가가 똑같은 전략을 내가 사랑하는 사람에게 사용해도 괜찮다고 생각할 수 있을까)?

타인에게 영향력을 행사하고 설득하는 능력이 없어서는 안 될 핵심 기술이라는 데는 의심의 여지가 없다. 이는 특히 직장 내에서 더욱 그렇다. 직장에서의 영향력은 리더십, 관계 형성, 성공적인 협상, 효과적인 영업과 마케팅 그리고 변화의 중심에 놓여 있다. 그래서 영향력과 설득 기술은 관리자들이 중요하게 여기는 역량 중 하나고, 링크드인 설문 조사에서도 항상 상위권에 등장한다. 일이라는 게 결국 어떤 결과를 만들어내는 거라면 영향력은 그것을 가능하게 만드는 주요 수단이다. 그리고 영향력은 효과적이고 윤리적으로 사용될 때 사람들의 관심을 사로잡고, 회의적인 사람들을 설득하며 망설이는 사람들의 마음을 움직여 변화를 이끄는 일종의 초능력이다.

하지만 우리가 사람들에게 영향력을 행사할 수 있다고 해서 항상 그렇게 해야 한다는 뜻은 아니다. 적어도 영향력이 불가피하게 초래하는 윤리적 딜레마와 그 파장을 충분히 고민하지 않은 채 영향력을 행사해서는 안 된다. 만약 우리가 지혜롭지 못한 길을 택한다면 결국 버려지는 쪽은 다름 아닌 우리 자신이 될 수도 있다는 걸 각오해야 한다.

에필로그

이 책은 어떻게 하면 더 영향력 있는 사람이 될 수 있는지에 관한 책이다. 주로 직장 내에서의 영향력에 초점을 맞추고 있지만, 여기서 다루는 교훈과 통찰은 개인적인 삶에서 사람들을 설득하고 영향력을 발휘하는 데도 똑같이 적용될 수 있다. 이 책의 핵심 주장은 다음과 같다. 누구나 영향력 방정식을 적용하면 직장에서 더 영향력 있는 사람이 될 수 있다는 것이다. 마치 빨강, 노랑, 파랑이라는 세 가지 원색을 다양한 비율로 조합하여 수많은 색을 만들어낼 수 있는 것처럼 영향력 방정식은 증거, 경제적 유인책, 감정을 상황에 맞게 적절히 조합함으로써 효과적으로 맞춤화된 영향력 전략을 다양하게 설계할 수 있도록 돕는다.

하지만 영향력을 행사하는 원칙과 도구를 아무리 깊이 이해하고 있다고 해도 그것만으로 설득의 성공이 보장되는 건 아니다. 그 이유는 간단하다. 아는 것과 행동하는 건 전혀 다르기 때문이다. 여기서 영향력의 달인이 되고자 하는 사람이라면 반드시 답할 수 있어야 하는 중요한 질문 하나가 제기된다.

— 영향력이 있는지 어떻게 알 수 있을까?

$$\text{영향력} = \frac{\text{증거} + \text{경제적 유인책} + \text{감정}}{\text{맥락}}$$

영향력 방정식이 이 질문에 답하는 데 도움이 될 수 있다. 먼저 감정에 대해 생각해 보자. 사람의 기분과 감정 상태는 하루 동안 끊임없이 변한다. 이는 우리가 하루 동안 마주하는 다양한 상황과 환경에 반응한 결과다. 예를 들어 어떤 일을 잘 해냈다는 긍정적인 피드백을 받으면 자신감이 높아지는 경험을 할 수 있다. 이런 감정은 타인을 설득하는 능력을 끌어올릴 수 있다. 반대로 신랄한 비난이나 비꼬는 말은 자신감을 꺾고, 의심과 불확실성을 불러일으킬 수 있다. 그리고 타인에게 영향력을 행사하기 직전에 이런 감정을 느끼는 건 타인을 설득하는 데 별 도움이 되지 않는다.

따라서 진정한 영향력의 달인은 청중의 감정 상태를 살피는 것만큼이나 자신의 감정 상태도 면밀히 점검한다. 청중이 메시지를 받아들일 준비가 되어 있는지를 확인하는 것처럼 그는 자신의 감정 상태가 설득의 효과에 어떤 영향을 미칠 수 있는지를 인지하고 조율한다. 다시 말해 영향력을 발휘하려면 먼저 감정적으로 누군가를 설득할 준비가 되어야 한다.

이번에는 경제적 유인책을 살펴보자. 현대 사회는 영향력을 가진 이들에게 풍부한 보상을, 그렇지 못한 이들에게는 상대적으로 적은 보상을 세공한다. 영향력을 가진다는 건 그 영향력의 전리품을 누릴 수 있거나 최소한 그것을 누릴 기회를 가질 수 있다는 것을 의미한다. 금전적 보상은 쉽게 떠올릴 수 있지만 인센티브는 반드시 금전적인 형태로 주어지는 건 아니다. 비금전적 보상 역시 우리가 영향력을 가지고 있다는 신호다. 교육이나 멘토링 프로그램에 선발되어 역량을 키울 기회를 얻거나 상사로부터 인정과 격려를 받거나 직업으로나 개인적으로 네트워크가 확장되면서 새로운 기회들이 생기는 것도 마찬가지다. 이 모든 것이 우리가 현재 영향력이 있거나 그 영향력이 점점 커지고 있다는 명확한 신호다.

이런 맥락에서 영향력은 철저히 자기 잇속을 차리는 행위로 이해될 수도 있다. 실제로 어느 정도는 그렇다. 혹자는 영향력이 완전히 사적인 이익만을 추구하는 행위라고 단정할지도 모른다. 물론 이것이 소수에게는 사실일 수도 있다. 하지만 전적으로 이타적인 동기로 영향력을 키우고, 그 커진 영향력을 사적인 이익보다 더 큰 대의를 지지하고 개선하는 데 사용하는 사람들도 있다. 자선 단체, 구호 활동가, 평화 유지군에게 많은 사람의 삶을 개선할 수 있는 자원을 지원하는 데 반대할 사람은 거의 없을 것이다. 하지만 대부분의 사람에게 영향력은 단지 하나의 도구에 불과하다. 물론 중요한 도구이기는 하지만 그저 우리의 직업적이고 개인적인 여정을 조금 더 수월하게 만들어주는 도구일 뿐이다.

마지막은 증거다. 영향력 방정식에서 이 변수가 아마도 우리가 얼마나 영향력이 있는지를 가장 명확하게 보여주는 지표일 것이다. 우리가 영향력을 지녔다는 사실은 어느 순간부터 사람들이 우리에게 조언이나 통찰을 구하러 오는 일이 우리가 남에게 도움을 구하는 일보다 많아졌다고 깨닫는 순간 명확히 드러난다. 이것은 단순히 팔로워가 많은 것과는 다르다. 물론 소셜 미디어에서 팔로워 수는 인기 그리고 나아가 잠재적인 영향력을 가늠하는 하나의 척도로 여겨질 수 있다. 그러나 직장에서 더 큰 영향력을 발휘하고, 사람들이 우리의 말에 귀를 기울이고, 우리를 진지하게 대하고, 실제로 행동하게 만드는 것이 목표라면 수천 명의 팔로워는 필요 없다. 진정으로 필요한 건 '올바른 사람들'이 우리를 찾아와 조언과 통찰을 구하도록 만드는 설득 전략이다. 바로 그때 우리는 스스로 진정한 영향력이 있다는 걸 알게 된다. 물론 시간이 걸릴 수 있지만, 충분히 달성할 수 있는 일이다. 단지 약간의 사전 구상과 준비, 계획이 필요할 뿐이다.

— 영향력을 어떻게 키울 수 있을까?

영향력을 키우려면 영향력 방정식을 계획적이고 신중하게 활용해야 한다. 안타깝게도 현대인은 끊임없는 압박 속에 살고 있기에 대부분은 타인을 어떻게 설득할지 충분히 계획하고 깊이 있게 고민할 여유를 갖지 못한다. 그러나 그 대가는 크다. 실수와 기회의 상실이라는 결과로 이어질 가능성이 높기 때문이다. 그래서 계획하지 않는다는 건 곧 실패를 계획하는 것이나 다름없다.

그러니 정말로 영향력을 키우고 싶고, 그를 위한 계획을 짤 시간이 조금이라도 있다면 마지막으로 한 가지 제안을 하고자 한다. 바로 '직장에서의 영향력'을 점검하는 체크 리스트다. 자연스럽게도 이 체크 리스트는 세 가지 간단한 단계로 구성되며 영향력을 높이는 데 도움이 될 것이다.

1단계: 목표 설정

첫 번째는 자신이 무엇을 원하는지 고민하되 구체적으로 정의한다. 당연한 말처럼 들릴 수 있지만 사람들은 놀랍게도 영향력 목표를 지나치게 포괄적이거나 모호하게 표현하곤 한다. "고객이 우리가 만든 콘텐츠에 관심을 보이고 참여하게 만들고 싶어." "우리 팀이 서로를 더 신뢰하게 만들고 싶어." "경영진이 우리를 더 지지하도록 설득하고 싶어." "우리는 고객층에 더 효과적으로 영향력을 행사할 필요가 있어." 이 모든 목표는 의심할 여지 없이 바람직하다. 하지만 동시에 다르게 해석할 여지가 많고 오해를 낳기 쉽다. 이럴 때 유용한 방법의 하나가 바로 '비디오-토크video-talk'라는 기법이다. 이 기법은 영향력 목표를 스마트폰으로 촬영할 수 있을 정도로 구체적인 장면으로 묘사하는 것이다. 스스로에게 이렇게 질문하자. "내가 바라는 결과나 목표를 스마트폰 카메라로 찍는다면 어떤 장면이 찍히고 무슨 소리가 들릴까?" 이 질문에 대한 답변은 훨씬 더 명확하고 구체적인 영향력 목표로 이어진다. 그리고 그렇게 정리된 목표는 '직장에서의 영향력' 체크 리스트의 2단계를 훨씬 더 수월하게 만든다.

— 2단계: 생각하기

구체적인 목표가 설정되었다. 이제 영향력 방정식의 각 변수를 하나씩 차례대로 검토하고, 그 목표에 어떻게 적용할 수 있을지 생각해 보자. 우선 주장을 뒷받침하는 증거부터 살펴보자. 주장의 타당성을 높이기 위해 증거를 무엇에 비교하는 것이 좋을까? 누가 주장하는 것이 가장 효과적일까(그 사람이 자신이 아닐 수도 있다는 사실을 열린 마음으로 받아들이자)? 그리고 3의 법칙을 기억하자. 최대 세 가지 요점이나 요약으로 증거를 전달하는 게 가장 효과적이다.

이제 주장을 뒷받침하는 데 사용할 수 있는 경제적 유인책에 대해 생각해 보자. 그것을 어떻게 활용할 수 있을지도 고민하자. 설득하려는 사람들에게 경제적 유인책이 더 매력적으로 다가가도록 제공되는 시점과 빈도를 어떻게 설정할까? 사람들이 얻게 되는 걸 강조해서 경제적 유인책을 제시할지 아니면 잃게 될 것을 중심으로 이야기할지도 신중히 따져보자. 잃게 될 것을 중심으로 이야기할 생각이라면 주인의식의 중요성을 잊어서는 안 된다. 그리고 청중과 유대감을 유지하고, 소외감을 느끼지 않도록 메시지를 전달하는 방법에 관해 세심한 주의를 기울여야 한다.

마지막으로 주장을 펼치기 전, 청중이 어떤 감정 상태에 놓이는 게 그들을 설득하는 데 도움이 될지 구체적으로 생각해 보자. 그것은 공포감일 수도 있고 호기심, 경외감, 기쁨, 공감일 수도 있다. 혹은 그 외의 전혀 다른 감정일 수도 있다. 영향력을 전달할 수단으로 적절한 비유나 일화가 있는지도 고민해 보자.

3단계: 조정하기

앞서 두 단계를 충분히 고민했다면 이제 영향력 전략을 구성하는 데 필요한 모든 재료는 갖춘 셈이다. 이제 남은 건 맥락을 고려하여 그 상황에 맞는 증거, 경제적 유인책, 감정을 적절히 조합하는 것이다. 예를 들어 청중이 예산이나 생계비와 같은 문제에 가장 민감하게 반응한다면 감정이나 증거보다 경제적 유인책을 우선시하는 편이 효과적이다. 반대로 청중이 변호사나 과학자처럼 감정보다 사실을 중시하는 사람들이라면 경제적 유인책이나 감정보다는 증거를 앞세우는 것이 더 나은 영향력 전략이다(참고로 판사나 변호사를 상대할 때는 그들이 식사했는지 먼저 확인하는 것이 좋다). 청중이 제안을 사람과 인간관계에 어떤 영향을 미칠지를 가장 중요하게 여긴다면 감정이라는 변수를 경제적 유인책이나 증거보다 앞에 두어야 한다.

결국 영향력 방정식을 어떻게 활용할지는 증거, 경제적 유인책, 감정이라는 세 가지 변수에 자신이 처한 상황의 맥락, 무엇보다 자신만의 스타일을 조합해 결정한다. 영향력 방정식은 타인을 설득하는 획일적인 방식을 제시하기 위해 설계된 것이 아니다. 사실 그 정반대다. 나는 영향력 방정식을 우리가 직장 생활을 하면서 마주하게 될 수많은 다양한 상황에 맞춰 영향력 전략과 전술을 조율할 수 있도록 돕는 하나의 사고방식으로 제시하고자 한다. 그리고 그것이 개인의 정체성, 가치관, 진정성을 해치지 않아야 하는 건 말할 필요도 없다.

이것이 중요한 이유는 영향력이란 결국 사람과 사람 사이에서 비로소 힘을 발휘하기 때문이다.

감사의 글

책을 쓰는 과정이란 마감 기한의 압박과 자기 의심의 순간들 그리고 텅 빈 화면을 앞에 두고 마치 마법처럼 단어들이 떠오르기를 바라며 보내는 수많은 시간으로 가득 차 있다. 그럼에도 나는 책 쓰기가 유난히 고양감을 주는 경험이라 생각하며 그렇게 느끼는 작가가 나뿐만은 아닐 거라 믿는다(물론 원고가 완성되고 나면 그 기분은 조금 달라지긴 한다). 운 좋게도 나는 이전 책들에서 로버트 치알디니, 노아 골드스타인, 조지프 마크스와 함께 공동 저자로 작업하며 이러한 어려움들을 함께 나눌 수 있었다. 지금도 나는 우리가 쓴 책들이 꾸준히 사랑받는 데 있어 결정적인 역할을 한 건 전적으로 그들의 통찰력과 지혜, 명성 덕분이라고 굳게 믿는다. 나의 기여는 그에 비하면 미미할 뿐이다. 이 자리를 빌려 세 사람 모두에게 깊은 감사를 전한다.

나는 다시 혼자서 책을 쓰게 될 거라고는 전혀 생각하지 않았다. 그러던 어느 날 프로파일 북스Profile Books의 담당 편집자 클레어 그리스트 테일러에게서 뜻밖의 전화를 받았다. 그녀는 〈이코노미스트〉를 위한 새로운 시리즈를 기획하고 있었고, 내가 그 프로젝트에 참여할 의향이 있는지를 물었다. 오랫동안 존경해 온 신문사와 출판사를 위해 글을 쓸 수 있고, 클레어와 다시 함께 작업할 수 있다는 제안은 그 자체로 매우 매력적이었다. 게다가 클레어는 도저히 거절하기 어려운 사람이기도 하다(아마도 그런 이유로 이 책은 정작 그녀에게 필요하지 않을지도 모르겠다). 그래서 이 감사의 글은 그녀에게 바치는 말로 시작하고 싶다. 다시 한번 집필을 제안하고, 집필하는 내내 방향을 제시하며 든든한 버팀목이 되어주어 진심으로 감사드린다. 또한 프로파일 북스의 폴 포티, 조지아 포플렛, 필리파 로건, 앤드루 프랭클린에게도 감사를 전한다. 그리고 〈이코노미스트〉의 자니 민튼 베도스, 톰 스탠디지, 마틴 아담스, 스티븐 서머빌, 시릴리아 나왈카, 피오눌라 듀건에게도 깊이 감사드린다.

나의 훌륭한 팀에게도 깊은 감사를 전한다. 소피 아머, 엘로이즈 코플랜드, 데이비드 크라이튼 밀러, 안드레아 파인스-앨린, 클라라 페더라스, 보벳 고든, 아만다 헨우드 박사, 닉 홉슨 박사, 그레그 나이더트 박사, 아라민타 네일러, 니나 노리스, 키스 오브라이언 박사, 올리비아 패티슨, 오언 파월, 세바스찬 로카 알렉스 러스비, 캐서린 스콧, 줄리언 시워드, 에일리 반더미어, 오드리 본 뤼크만. 이들과 함께 일할 수 있다는 건 진심으로 즐거운 일이다. 이들은 항상 목적과 즐거움, 도전과 발견이 어우러진 업무 환경을 나와 함께 만들어 나갔다. 고객에게 훌륭한 서비스를 지원하고, 실용 행동 과학의 세계가 지닌 최고의 가능성을 몸소 보여주는 사람들이다. 특별히 고마움을 전하고 싶은 분들도 있다. 사실 확인과 참고 자료 정리에 큰 도움을 준 오드리 본 뤼크만, 책의 구조를 잡는 데 아이디어를 제공하고 감정 심리학에 대한 전문성을 나눠준 닉 홉슨, 책의 초기 작업에 함께 했을 뿐 아니라 자신의 윤리 연구 일부를 이 책에 맞게 각색할 수 있도록 너그럽게 허락해 준 올리비아 패티슨에게 깊이 감사드린다.

지난 20여 년 동안 이 프로젝트를 함께 진행하며 나에게 영감을 주고, 많은 것을 가르쳐 주었으며 친구가 되었고, 동료이자 협력자가 되어준 수많은 이들로부터 참으로 행운처럼 귀중한 조언과 통찰, 아낌없는 지지와 다양한 기회를 얻을 수 있었다. 모두에게 감사를 전하고 싶지만, 어쩔 수 없이 몇몇 소중한 이름이 빠질 수도 있을 것이다. 이는 결코 의도한 바가 아니며 다음 인쇄본에서는 반드시 그분들의 이름을 제대로 담도록 하겠다. 이 자리를 빌려 감사하고 싶은 사람들의 이름을 하나씩 불러 보겠다. 윙 아, 알렉스 에이컨, 마이크 올드리치, 아담 얼터, 키스 앤더슨, 데비 안드롤리아, 비키 애슈워스, 브랜던 반스, 존 배라소 상원의원, 닉 배런, 수라지 바시, 팀 배철러, 매트 배터즈비, 카렌 비티, 스콧 베리나토, 리처드 베번, 알렉스 빅, 옥타비우스 블랙, 롭 블래키, 바스티앵 블랭, 바네사 본즈, 크리스 브레이디, 아니타 브라가, 브라이언 브레넌, 니콜 브리가디, 존 번치, 이안 버브리지, 패트릭 캄팔-린달, 이오인 캐넌, 데임 루이즈 케이시, 말리크 찰리드, 크리스 채프먼, 알렉스 체스터필드, 마기 클라크, 대니얼 크루, 브루스 데이슬리, 마르코 델 만치노, 레베카 델, 폴 돌런, 셰릴 도넬리, 커스티 도넬리, 닉 다운, 피터 더피, 루퍼트 던바-리스, 아담 에드워즈, 셰인 엘리슨, 토르벤 에멀링, 앙투안 페레르, 대니 핑켈스타인 경, 베키 젠틀, 스티븐 제라드, 디미트리

오스 게오르기오풀로스, 댄 거트사코프, 롭 기비, 키스 글래디스, 노아 골드스타인, 알리 골즈워디, 케이트 고메스, 카렌 곤살코랄레, 로렌 고든, 아담 그랜트, 데보라 그린, 블라드 그리슈케비시어스, 알렉스 과리엔토, 데이비드 할펀, 헤더 핸콕, 앨리슨 핸키, 하라구치 아키라, 셰런 하드캐슬, 팀 하포드, 번 하니시, 윌 힐드, 앤디 헤지, 프레드 호켄조스, 팀 헐스, 대니얼 카너먼, 가이 가와사키, 루이즈 킨, 알렉스 칼디, 입시타 쿠라르, 루스 킬릭, 아담 킹글, 힐러리 킷슨, 위르겐 클로프, 미셸 클로츠, 마틴 나이트, 안나 코츠와라, 존 램버트, 줄리 라르델리, 캐시 라지, 베티 라우, 레이철 르 수어, 얀 르리슈, 짐 러빈, 에릭 레비, 댄 리스트먼, 앤서니 마돈나, 티에리 말레, 헬렌 맨킨, 대니얼 마르코스, 코스타스 마르키데스, 조지프 마크스, 조너선 마셜, 카르티 마르텔리, 앨런 맥두걸, 수 맥켈러, 폴 매케나, 밥 매켄지, 존 필립 마틴, 해나 맥쿠오이드-메이슨, 스테판 마이어, 롭 메트칼프, 앤드루 미들턴, 존 '미치' 미첼, 애니 몽마르케트, 리 몰리, 엘리 멀홀랜드, 닐 멀라키, 오데드 넷저, 제임스 니콜스, 마이크 노턴, 제프 낫, 올리비에 울리에, 레베카 파르콜라조-러지, 에드 퍼시벌, 베네데타 페토, 닉 포프, 매디 퀸런, 앨런 램지, 카렌 레피트, 킴 로이즈, 에이미 스코지, 더그 스콧, 미라 샤, 딜 시두, 앨런 스노, 앨리스 소리아노, 짐 수터, 엠마 스털링, 나이절 스티븐스, 마거릿 스토햄, 매슈 스토크, 캐스 선스타인, 티메아 타르치, 매슈 테일러, 사라 토빗, 카라 트레이시, 디미트리오스 치비코스, 키아라 바라차니, 마리엘 빌라마우, 이보 블라예프, 누알라 월시, 토니 웨어, 아니아 비에츠코프스키, 나이절 윌콕슨, 릭 울프, 수 입, 토드 자보드닉.

끝으로 린지 마틴과 로버트 치알디니에게 감사를 전한다. 지금껏 내가 운 좋게도 만나온 많은 이들 가운데 개인적으로도 직업적으로도 단연 두 분이 가장 특별하다. 이 책을 두 분께 바친다.

참고문헌

2장 영향력의 역사

1. A. Roccati, "Dating Ptahhotep's maxims (Note Letterarie VI)", Orientalia, 83(2) (2014), pp. 238-40.
2. V.H. Mair and L. Tzu, Tao Te Ching: The Classic Book of Integrity and the Way (Bantam, 2012).
3. E.M. Cope and J.E. Sandys (eds), Aristotle: Rhetoric, Vol. 2 (Cambridge University Press, 2010).
4. S. Danziger, J. Levav and L. Avnaim-Pesso, "Extraneous factors in judicial decisions", Proceedings of the National Academy of Sciences, 108(17) (2011), pp. 6889-92.
5. R. Dunkle, "Overview of Roman Spectacle" in P. Christesen and D.G. Kyle (eds) A Companion to Sport and Spectacle in Greek and Roman Antiquity (Wiley, 2013), pp. 377-94.
6. W. Shakespeare, All's Well That Ends Well (Routledge, 2019).
7. O. Wilde, The Picture of Dorian Gray (Oxford University Press, 2006).
8. K. Lewin, "Frontiers in group dynamics: concept, method andin social science; social equilibria and social change", Human1(1) (1947), pp. 5-41.
9. L. Festinger, A Theory of Cognitive Dissonance (Evanston, IL: Row,1957).
10. B.F. Skinner, "Operant behavior", American Psychologist, 18(8) (1963),503-15.
11. S.E. Asch, "Studies of independence and conformity: I. A minorityone against a unanimous majority", Psychological Monographs:and Applied, 70(9) (1956), pp. 1-70.
12. M. Sherif et al., Intergroup Conflict and Cooperation: The Robbers Cave(University Book Exchange, 1961).

13. C. Rogers, Client-Centered Therapy (Hachette, 2012).
14. D. Carnegie, How to Win Friends and Influence People (Simon & Schuster, 1936).
15. R.B. Cialdini, Influence: The Psychology of Persuasion (HarperCollins, 2021).

3장 영향력: 의미, 오해 그리고 동기

1. N. Machiavelli, The Prince (1513) (Hertfordshire: Wordsworth Editions, 1993).
2. J.J. Skowronski and D.E Carlston, "Negativity and extremity biases in impression formation: a review of explanations", Psychological Bulletin, 105(1) (1989), p. 131.
3. S. Martin and J. Marks, Messengers: Who We Listen To, Who We Don't, and Why (Random House, 2019).
4. J. Zenger and J. Folkman, "Feedback: the powerful paradox", White paper, Zenger Folkman (2015).
5. D. Ramsey, "UC San Diego experts calculate how much information Americans consume", physorg.com (December 14th 2009).
6. S. Kemp, "Digital 2021: Global Overview Report", datareportal.com (January 27th 2021). datareportal.com/reports/digital-2021-global-overview-report
7. R.R. Briefel and C.L. Johnson, "Secular trends in dietary intake in the United States", Annual Review of Nutrition, 24 (2004), pp. 401-31.
8. Pangolin facts, WWF. www.worldwildlife.org/species/pangolin
9. "Illegal wildlife trade crisis", Zoological Society of London.
10. Influence at Work (2021). Data on file.
11. A.A. Long, Epictetus: A Stoic and Socratic Guide to Life (OxfordPress, 2002).
12. P.W. Schultz et al., "The constructive, destructive, and reconstructiveof social norms", Psychological Science, 18(5) (2007), pp. 429-34.
13. Hansard, "Businesses: Small and Medium-Sized Enterprises", Vol. (May 6th 2014). hansard.parliament.uk/Lords/2014-05-06/ debates/14050619000597/ BusinessesSmallAndMedium-SizedEnterp rises#contribution-14050619000291
14. H.A. Simon, Models of Bounded Rationality: Empirically Grounded Economic Reason, Vol. 3 (MIT Press, 1997).
15. J.B. Harvey, "The Abilene paradox: the management of agreement", Organisational Dynamics, 3(1) (1974), pp. 63-80.

16. I.L. Janis, "Groupthink", IEEE Engineering Management Review, 36(1) (2008), p. 36.
17. M.D. Alicke and O. Govorun, "The better-than-average effect" in M.D. Alicke, D.A. Dunning and J.I. Krueger (eds), The Self in Social Judgment (Psychology Press, 2005), pp. 85-106.
18. A.M. Grant and D.A. Hofmann, "It's not all about me: motivating hand hygiene among health care professionals by focusing on patients", Psychological Science, 22(12) (2011), pp. 1494-9.

4장 증거를 활용한 영향력 발휘

1. W.E. Deming, The New Economics for Industry, Education, Government (MIT Press, 1994).
2. D.A. Garvin, Managing Quality: The Strategic and Competitive Edge (Simon & Schuster, 1988).
3. M.P. Jiménez-Aleixandre and S. Erduran, "Argumentation in science education: an overview" in S. Erduran and M.P. Jiménez-Aleixandre (eds), Argumentation in Science Education: Perspectives from Classroom-Based Research (Springer, 2007), pp. 3-27.
4. E. Ogbonna and L.C. Harris, "Leadership style, organisational culture and performance: empirical evidence from UK companies", International Journal of Human Resource Management, 11(4) (2000), pp. 766-88.
5. J.K. Aronson, "Anecdotes as evidence", BMJ, 326(7403) (2003) p. 1346.
6. D. Kahneman, J.L. Knetsch and R.H. Thaler, "Anomalies: theeffect, loss aversion, and status quo bias", Journal ofPerspectives, 5(1) (1991), pp. 193-206.
7. S.M. Smith and R.E. Petty, "Message framing and persuasion: aprocessing analysis", Personality and Social Psychology22(3) (1996), pp. 257-68.
8. N.H. Anderson and A.A. Barrios, "Primacy effects in personalityformation", Journal of Abnormal and Social Psychology, (2) (1961), pp. 346-50.
9. Influence at Work (2012). Data on file.
10. N.P. Miller (ed.), Tacitus: Annals XV (Bristol Classical Press, 1994).
11. S. Martin and J. Marks, Messengers: Who We Listen To, Who We Don't,Why (Random House, 2019).
12. Influence at Work (2008). Data on file.

13. F. J. Flynn, "How much should I give and how often? The effects of generosity and frequency of favor exchange on social status and productivity", Academy of Management Journal, 46(5) (2003), pp. 539-53.
14. B.F.S. Southard and B.A.S. Southard, "Edward Everett, 'Gettysburg Address' (19 November 1863)", "Abraham Lincoln, 'Gettysburg Address' (19 November 1863)", (2009).
15. A. Lincoln, The Gettysburg Address (Penguin, 2009).
16. D.C. Feiler, L.P. Tost and A.M. Grant, "Mixed reasons, missed givings:costs of blending egoistic and altruistic reasons in donation requests", Journal of Experimental Social Psychology, 48(6) (2012), pp. 1322-8.
17. S.B. Shu and K.A. Carlson, "When three charms but four alarms: identifying the optimal number of claims in persuasion settings", Journal of Marketing, 78(1) (2014), pp. 127-39.

5장 경제적 유인책을 활용한 영향력 발휘

1. E. Fehr and A. Falk, "Psychological foundations of incentives", European Economic Review, 46(4-5) (2002), pp. 687-724.
2. M. Mackerras and I. McAllister, "Compulsory voting, party stability and electoral advantage in Australia", Electoral Studies, 18(2) (1999), pp. 217-33.
3. K.N. Kirby, "Bidding on the future: evidence against normative discounting of delayed rewards", Journal of Experimental Psychology: General, 126(1) (1997), pp. 54-70.
4. I. Mathauer and I. Imhoff, "Health worker motivation in Africa: the role of non-financial incentives and human resource management tools", Human Resources for Health, 4(24) (2006), pp. 1-17.
5. L.J. Bellamy, "Exploring the relationship between major hazard, fatal and non-fatal accidents through outcomes and causes", Safety Science, 71(B) (2015), pp. 93-103.
6. M.T. Wolf and J.W. Burdick, "Artificial potential functions for highway driving with collision avoidance", in IEEE International Conference on Robotics and Automation (IEEE, 2008), pp. 3731-6.
7. Influence at Work (2018). Data on file.
8. Ibid.
9. U. Gneezy, S. Meier and P. Rey-Biel, "When and why incentives (don't) work to modify

behavior", Journal of Economic Perspectives, 25(4) (2011), pp. 191-210.
10. C.K. Hsee et al., Unit asking: a method to boost donations and beyond, Psychological Science, 24(9) (2013), pp. 1801-8.
11. R.H. Thaler, "Mental accounting matters", Journal of Behavioral Decision Making, 12(3), (1999), pp. 183-206.
12. R.L. Soster, A.D. Gershoff and W.O. Bearden, "The bottom dollar effect: the influence of spending to zero on pain of payment and satisfaction", Journal of Consumer Research, 41(3) (2014), pp. 656-77.
13. H. Bembenutty, "Sustaining motivation and academic goals: the role of academic delay of gratification", Learning and Individual Differences, 11(3) (1999), pp. 233-57.
14. N. Novemsky and D. Kahneman, "The boundaries of loss aversion", Journal of Marketing Research, 42(2) (2005), pp. 119-28.
15. E.R. Frederiks, K. Stenner and E.V. Hobman, "Household energy use: applying behavioural economics to understand consumer decision- making and behaviour", Renewable and Sustainable Energy Reviews, 41(Jan) (2015), pp. 1385-94.
16. D. Kahneman, "Prospect theory: an analysis of decision under risk", Econometrica, 47(2) (1979), p. 278.
17. A.J. Rothman et al., "The influence of message framing on intentions to perform health behaviors", Journal of Experimental Social Psychology, 29(5) (1993), pp. 408-33.
18. H. Leventhal, R. Singer and S. Jones, "Effects of fear and specificity of recommendation upon attitudes and behaviour", Journal of Personality and Social Psychology, 2(1) (1965), pp. 20-29.
19. T. Hossain and J.A. List, "The behavioralist visits the factory: increasing productivity using simple framing manipulations", Management Science, 58(12) (2012), pp. 2151-67.
20. Ibid.
21. D. Kahneman, J.L. Knetsch and R.H. Thaler, "Anomalies: theeffect, loss aversion, and status quo bias", Journal ofPerspectives, 5(1) (1991), pp. 193-206.
22. M.I. Norton, D. Mochon and D. Ariely, "The 'IKEA effect': whenleads to love", Journal of Consumer Psychology, 22(3) (2012), pp. 453-60.
23. P. Dolan and R. Metcalfe, "Measuring subjective wellbeing: recommendations on measures for use by national governments", Journal of Social Policy, 41(2) (2012), pp. 409-27.
24. R. Katz and T.J. Allen, "Investigating the Not Invented Here (NIH) syndrome: a look at

the performance, tenure, and communication patterns of 50 R&D Project Groups", R&D Management, 12(1) (1982), pp. 7-20.
25. B. Flyvbjerg and D. Gardner, How Big Things Get Done: The Surprising Factors that Determine the Fate of Every Project, from Home Renovations to Space Exploration and Everything in Between (Signal, 2023).
26. B. Flyvbjerg, "What you should know about megaprojects and why: an overview", Project Management Journal, 45(2) (2014), pp. 6-19.
27. G. Castignani et al., "Driver behavior profiling using smartphones: a low-cost platform for driver monitoring", IEEE Intelligent Transportation Systems Magazine, 7(1) (2015), pp. 91-102.

6장 감정을 활용한 영향력 발휘

1. H. Damasio et al., "The return of Phineas Gage: clues about the brain from the skull of a famous patient", Science, 264(5162) (1994), pp. 1102-5.
2. P.J. Schoemaker, "The expected utility model: its variants, purposes, evidence and limitations", Journal of Economic Literature 20(2) (1982), pp. 529-63.
3. N. Schwarz and G.L. Clore, "Feelings and phenomenal experiences", in E.T. Higgins and A.W. Kruglanski (eds), Social Psychology: Handbook of Basic Principles (Guildford Press, 1996), pp. 433-65.
4. A. Bechara and A.R. Damasio, "The somatic marker hypothesis: a neural theory of economic decision", Games and Economic Behavior, 52(2) (2005), pp. 336-72.
5. V. Griskevicius et al., "Fear and loving in Las Vegas: evolution, emotion and persuasion", Journal of Marketing Research, 46(3) (2009), pp. 384-95.
6. J.A. Russell, A. Weiss and G.A. Mendelsohn, "Affect grid: a single- item scale of pleasure and arousal", Journal of Personality and Social Psychology, 57(3) (1989), pp. 493-502.
7. J.S. Lerner, D.A. Small and G. Loewenstein, "Heart strings and purse strings: carryover effects of emotions on economic decisions", Psychological Science, 15(5) (2004), pp. 337-41.
8. D.T. Wegener, R.E. Petty and S.M. Smith, "Positive mood can increase or decrease message scrutiny: the hedonic contingency view of mood and message processing",

Journal of Personality and Social Psychology, 69(1) (1995), p. 5.

9. J.S. Lerner and L.Z. Tiedens, "Portrait of the angry decision maker: how appraisal tendencies shape anger's influence on cognition", Journal of Behavioral Decision Making, 19(2) (2006), pp. 115-37.
10. B. Scott et al., "Health in our hands, but not in our heads: understanding hygiene motivation in Ghana", Health Policy and Planning, 22(4) (2007), pp. 225-33.
11. J. Haidt, (2003). "The moral emotions", in R.J. Davidson, K.R. Scherer and H.H. Goldsmith (eds), Handbook of Affective Sciences (Oxford University Press, 2003), pp. 852-70.
12. Influence at Work (2016, 2017, 2018). Data on file.
13. N. Ambady et al., "Surgeons' tone of voice: a clue to malpractice", Surgery, 132(1) (2002), pp. 5-9.
14. B. Lotto and Cirque du Soleil, "How we experience awe, and why it", TED Talk (April 2019).
15. P.K. Piff et al., "Awe, the small self, and prosocial behavior", Journal ofand Social Psychology, 108(6) (2015), p. 883.
16. V. Bohns, You Have More Influence Than You Think: How WeOur Powers of Persuasion, and Why It Matters (WW2021).
17. M.M. Roghanizad and V.K. Bohns, "Ask in person: you're lessthan you think over email", Journal of Experimental Social69 (2017), pp. 223-6.
18. L. Nayak et al., "A picture is worth a thousand words: needsfor multimedia radiology reports in a large tertiary carecenter", Academic Radiology, 20 (2013), pp. 1577-83.
19. "Missing person posters redesigned for more impact and will nohave word 'missing'", SkyNews (May 25th 2022).
20. D. Gentner and A.B. Markman, "Structure mapping in analogy and", American Psychologist, 52(1) (1997), p. 45.

7장 설득 원칙

1. R.B. Cialdini, Influence: The Psychology of Persuasion (HarperCollins, 2021).
2. Influence at Work, "Persuasion pilots: using the science of persuasion to drive sales results", www.influenceatwork.com/ wp-content/uploads/2020/03/Persuasion-Pilots-

McDonalds-Arcos- Dorados-INFLUENCE-AT-WORKpdf.pdf

3. N.J. Goldstein, V. Griskevicius and R.B. Cialdini, "Reciprocity by proxy: a novel influence strategy for stimulating cooperation", Administrative Science Quarterly, 56(3) (2011), pp. 441-73.
4. Ibid.
5. D.B. Strohmetz et al., "Sweetening the till: the use of candy torestaurant tipping", Journal of Applied Social Psychology, (2) (2002), pp. 300-9.
6. R. Garner, "Post-it® note persuasion: a sticky influence", Journal ofPsychology, 15(3) (2005), pp. 230-7.
7. R. Cialdini, Pre-Suasion: A Revolutionary Way to Influence and(Simon & Schuster, 2016).
8. D.A. Dillman, Mail and Internet Surveys: The Tailored Design Method, update (John Wiley, 2011).
9. M. Morris et al., "Schmooze or lose: social friction and lubrication inmail negotiations", Group Dynamics: Theory, Research and Practice, (1) (2002), pp. 89-100.
10. N. Grant, L.R. Fabrigar and H. Lim, "Exploring the efficacy ofas a tactic for securing compliance", Basic and AppliedPsychology, 32(3) (2010), pp. 226-33.
11. E. Chan and J. Sengupta, "Insincere flattery actually works: a dualperspective", Journal of Marketing Research, 47(1) (2010), pp. 112-33.
12. M. Levine et al., "Identity and emergency intervention: how socialmembership and inclusiveness of group boundaries shape helping behavior", Personality and Social Psychology Bulletin, 31(4) (2005), pp. 443-53.
13. J. Marks, E. Copland et al., "Epistemic spillovers: learning others' political views reduces the ability to assess and use their expertise in nonpolitical domains", Cognition, 188 (2019), pp. 74-84.
14. A.N. Doob and A.E. Gross, "Status of frustrator as an inhibitor of horn-honking responses", Journal of Social Psychology, 76(2) (1968), pp. 213-18.
15. M. Lefkowitz, R.R. Blake and J.S. Mouton, "Status factors in pedestrian violation of traffic signals", Journal of Abnormal and Social Psychology, 51(3) (1955), pp. 704-6.
16. G. Castledine, "Nursing's image: it is how you use your stethoscope that counts!", British Journal of Nursing, 5(14), (2014), p. 882.
17. R.B. Cialdini, "The science of persuasion", Scientific American, 284(2) (2001), pp. 76-81.

18. F. de La Rochefoucauld, Oeuvres complètes de La Rochefoucauld, Vol. 1 (Garnier, 1883).
19. Influence at Work (2109). Data on file.
20. F.M. Stok et al., "Don't tell me what I should do, but what othersthe influence of descriptive and injunctive peer norms on fruit consumption in adolescents", British Journal of Health Psychology, 19(1) (2014), pp. 52-64.
21. J.M. Nolan, J. Kenefick and P.W. Schultz, "Normative messages promoting energy conservation will be underestimated by experts ... unless you show them the data", Social Influence, 6(3) (2011), pp. 169-80.
22. S. Martin, "98% of HBR readers love this article", Harvard Business Review, 90 (2012), pp. 23-25.
23. Influence at Work (2109). Data on file.
24. "Applying behavioural insights to organ donation", Report,Insights Team (2013).
25. S.J. Martin, S. Bassi and R. Dunbar-Rees, "Commitments, norms andcreams: a social influence approach to reducing did not attends (DNAs)", Journal of the Royal Society of Medicine, 105(3) (2012), pp. 101-4.
26. Ibid.
27. W. Abrahamse et al., "A review of intervention studies aimedhousehold energy conservation", Journal of Environmental25(3) (2005), pp. 273-91.
28. A. Knishinsky, "The effects of scarcity of material and exclusivityinformation on industrial buyer perceived risk in provoking a purchase decision", unpublished doctoral dissertation (Arizona State University, 1982).

8장 영향력 실천

1. How You Really Make Decisions, BBC 2, Horizon series (2013-14).
2. M.F. Mason et al., "Precise offers are potent anchors: conciliatoryand attributions of knowledge in negotiations",of Experimental Social Psychology, 49(4) (2013), pp. 759-63.
3. G. Brown and M. Baer, "Location in negotiation: is there a home field?", Organisational Behavior and Human Decision Processes, (2) (2011), pp. 190-200.
4. A. Koester, "Why face-to-face communication matters: a comparisonface-to-face and computer-mediated communication", in COVID-19, Communication and Culture

(Routledge, 2022), pp. 115-34.
5. M. Lynn, "Mega tips 2: twenty tested techniques to increase your", eCommons, Cornell University Library (2011).
6. M. Koo and A. Fishbach, "The small-area hypothesis: effects ofmonitoring on goal adherence", Journal of Consumer39(3) (2012), pp. 493-509.
7. E.F. Loftus and J.C. Palmer, "Reconstruction of automobilean example of the interaction between language and memory", Journal of Verbal Learning and Verbal Behavior, 13(5) (1974), pp. 585-9.
8. C.J. Bryan et al., "Motivating voter turnout by invoking the self", Proceedings of the National Academy of Sciences, 108(31), (2011), pp. 12653-6.
9. W. Wosinska et al. (eds), The Practice of Social Influence in Multiple Cultures (Psychology Press, 2000).
10. D. Kahneman et al., "When more pain is preferred to less: adding a better end", Psychological Science, 4(6) (1993), pp. 401-5.

9장 직장에서 윤리적으로 영향력 발휘하기

1. K. Korosec, "Volkswagen's US auto sales got crushed in November", Fortune.com (December 1st 2015).
2. J.M. Karpoff, J.R. Lott and E.W. Wehrly, "The reputational penalties for environmental violations: empirical evidence", Journal of Law and Economics, 68 (2005), pp. 653-75.
3. "Growing beyond: a place for integrity", 12th Global Fraud Survey, Ernst & Young (2012).
4. C. Clavien, "Ethics of nudges: a general framework with a focus on shared preference justifications", Journal of Moral Education, 47(3) (2018), pp. 1-17.
5. O. Pattison, "An ethical framework", unpublished dissertation (University of Bath, 2020).
6. R.H. Thaler and C.R. Sunstein, Nudge: The Final Edition (Yale University Press, 2021).
7. "Fuel price protests", BBC News (May 22nd 2008). news.bbc.co.uk/2/hi/in_depth/world/2000/world_fuel_crisis/default.stm

KI신서13838
설득의 심리학 5

1판 1쇄 인쇄 2025년 10월 21일
1판 1쇄 발행 2025년 10월 31일

지은이 스티브 마틴
옮긴이 장진영
펴낸이 김영곤
펴낸곳 (주)북이십일 21세기북스

정보개발팀장 이리현 **정보개발팀** 이수정 현미나 이지윤 양지원
외주편집 이보라 **디자인** 표지 THIS-COVER 조판 푸른나무디자인
마케팅 김설아
영업팀 정지은 한충희 장철용 강경남 황성진 김도연 이민재
해외기획실 최연순 소은선 홍희정
제작팀 이영민 권경민

출판등록 2000년 5월 6일 제406-2003-061호
주소 (10881) 경기도 파주시 회동길 201(문발동)
대표전화 031-955-2100 **팩스** 031-955-2151 **이메일** book21@book21.co.kr

(주)북이십일 경계를 허무는 콘텐츠 리더

21세기북스 채널에서 도서 정보와 다양한 영상자료, 이벤트를 만나세요!
페이스북 facebook.com/jiinpill21 블로그 blog.naver.com/21c_editors
인스타그램 instagram.com/jiinpill21 홈페이지 www.book21.com
유튜브 youtube.com/book21pub

ISBN 979-11-7357-548-8 03320